量子通信之殇

量子通信工程失败的原因和教训

徐令予 著

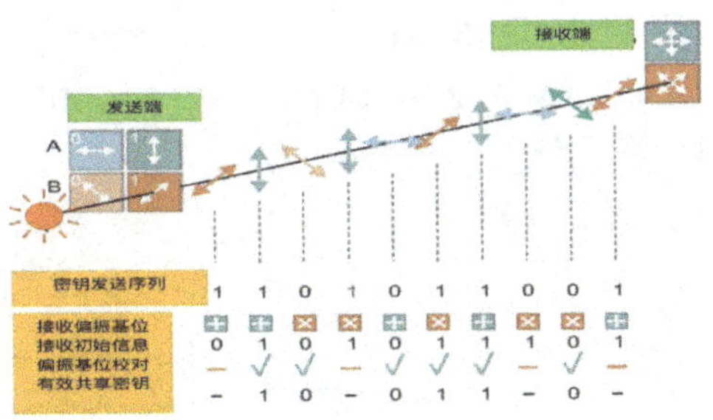

谎言，是最致命的病毒；
真相，是最有效的疫苗。

把知道的真相告诉大家，是一种正义；
把明白的常识告诉大家，是一种责任；

量子通信之殇
　　中国量子通信工程失败的原因和教训

著　　者/徐令予
国际书号/ 979-8-218-11742-9
出版发行/IngramSpark
联系电话/US and Canada: +1 (855) 997-7275
电邮地址/ ingramsparksupport@ingramcontent.com
印　　刷/Lightning Source LLC
开　　本/148mmx210mm
字　　数/203 千字
出版日期/2023 年 1 月

目录

自序

2020 年 11 月 18 日，美国国家安全局发表了一篇关于量子密钥分发和量子密码术《Quantum Key Distribution(QKD) and Quantum Cryptography(QC)》的政策报告。至此，西方发达国家的军事情报机关对量子通信全都关闭了大门，因此这份报告就是对量子通信(QKD)的死刑判决书！

QKO 根本没有工程建设的必要性，也完全不具备技术可行性。QKD 的技术基础是 BB84 协议，该协议的理论安全性一直是有争议的，QKD 在实施过程中受物理条件的限制又在多处违背了 BB84 协议的安全框架，导致量子通信产品的安全漏洞比筛子还要多，量子通信工程的实际安全性远低于传统密码技术。由此可知，量子通信工程的失败有其必然性。

中国首个量子通信工程项目—京沪量子保密通信干线在 2017 年完工，接着又建了京汉、汉广、武合等干线项目。5 年多过去了，这上万公里的量子通信工程是"门前冷落车马稀，转眼已成烂尾楼。"没有付费用户的这些"量子通信"干线连日常的运行维护费用都要靠政府财政支付，工程资金的还本付息根本不可能，全部投资打了水漂。

没有付费用户是"量子通信"工程最大的悲哀，它的危害性远较经济亏损还要严重。中国西部地区的某些高铁项目也有亏损，但是好歹还有一定数量的乘客，铁路部门的部分亏损可以看作对乘客和高铁沿线地区的补贴。如果一项服务连免费都无人问津，那真成了无可救药的烂尾楼工程，而这正是量子通信工程今日之下场！

量子通信最伟大意义就是它毫无意义！"As Awesome As It Is Pointless."这是国际著名的信息安全大师 Bruce Schneier 对量子通信最精辟的评价。

从科技层面来看，量子通信工程犯的都是一些基本常识性错误，有的甚至错误都算不上，其荒唐可笑与 60 年前的大炼钢铁运动可有一比。从某种程度来看，量子通信工程化其实就是新时代的大跃进。

"历史不会重复自己，但总是押着同样的韵脚。"从表面上看，量子通信工程化与大炼钢铁并不相同，但这两者的底层逻辑是贯通的，它们构成了一部历史闹剧的主旋律。

这部历史剧的帷幕开启于一个甲子之前。1957 年 11 月，毛泽东到莫斯科参加十月革命胜利四十周年庆典及各国共产党和工人党代表会议。在莫斯科会议上，有人提出来，以后不要提社会主义阵营以苏联为首了，要以苏联和中国为首，或者以中国和苏联为首。

毛泽东当时还算清醒，说不行还是以苏联为首。为什么？大概有策略上的考虑，说是谦虚也可，说是"垂帘"也行。当然这背后还有一个更重要的原因，中共当时囊中羞涩，自知没钱难当老大哥。毛泽东深知要做社会主义阵营的老大就必须不惜一切代价把中国经济搞上去，所以人还在莫斯科，毛泽东就迫不及待地电话打回国内，为即将到来的"大跃进"吹风。

毛泽东认定工业要"以钢为纲"，钢铁产量成了赶超英国的主要标志。1957 年当时的钢产量是 535 万吨，1958 年翻一翻生产 1070 万吨钢，1959 年再翻一倍多就能达到 2500 万吨，以钢产量作为指标中国就能二年超过英国。这个前景太诱人了，于是一场轰轰烈烈的"大炼钢铁"运动就成了大跃进的重头戏。

很快全国范围内形成了千军万马炼钢铁、土高炉遍地开花的局面，进入高潮时小土高炉更是发展到数百万座。这些土高炉主要用于炼铁，但大多数地方并无铁矿石，于是千方百计搜罗各种废铁，以至于老百姓家中铁锅、铁铲、铁锁等铁器都当成废铁投进了土高炉，烧结成完全不能用的铁疙瘩。

1958 年的全民大炼钢造成国民经济比例严重失调，成为国民经济接下来三年中遭受严重困难的直接诱因，大跃进终成大倒退，中共最终也没当成社会主义阵营的老大哥。

历史的吊诡之处是，苏联这位老大哥混得比老二还要惨，折腾来折腾去把社会主义阵营整没了，脱离了苏联集团的中共吸取了教训，靠改革开放杀出了一条生路。物换星移五十年，进入新世纪第二个年代的中国经济规模竟然成了世界老二。

于是这部历史剧进入了下半场。2012 年 2 月，习近平作为中国国家副主席访问美国，在华盛顿首次提出了共建"中美新型大国关系"的概念。随后的一段时间里，中国领导人在会见美国政要时使用最多的一个词汇就是构建"中美新型大国关系"。

"锣鼓听音，说话听声。"地球人都明白，中国提出"新型大国关系"的潜台词是要美国承认中国的大国地位，甚至在某种程度上要和美国"平起平坐"，共同领导世界。

当年与前苏联争当社会主义阵营老大，缺的是经济实力，毛泽东选择的突破口是"大炼钢铁"；五十年后与美国分庭抗礼，缺的是引领全球的高新科技，中共选定了"量子通信"。"量子"既神秘又新潮，通信密码又关乎国家安全，合在一起绝对是科技皇冠上的明珠，一朝明珠到手，天下谁敢不服。量子通信工程必须大干快上，新时代的大跃进全靠它了。

2013 年，也就是在中共在华盛顿首次提出了共建"中美新型大国关系"概念的下一年，京沪量子保密通信干线工程立项，量子通信大跃进由此正式启动。紧接着国家广域量子保密通信骨干网络的京汉、汉广工程项目相继上马，这一波量子通信大跃进至少捣鼓出了上万公里的量子保密通信干线。

2017 年 9 月 29 日，在量子保密通信"京沪干线"技术验证及应用示范活动现场，"京沪干线"项目首席科学家、中科院的潘院士表示，目前中国量子通信技术领先国际相关技术水平 5 年，并将在未来 10 到 15 年持续保持领先。潘院士让人们相信中国终于在高科技的重大领域超过了美国并领跑全世界，量子通信大跃进使得中国与美国平起平坐的目标超额完成。在那段时间里，全国电视网上潘院士的头像每天数十次地刷屏，这位中国量子之父俨然成了国家的英雄！

"其兴也勃焉其亡也忽焉"，被吹上天的量子通信工程很快就坠落神坛。衡量工程项目的成败真的不需要列出许多理由，经济效益才是鉴定工程成败的核心标准。中国量子通信工程在经济效益的照妖镜下立即丑态毕露。50 年前大炼钢铁产出的是无用的铁疙瘩，今日的量子通信留下的就是烂尾楼，荒唐的背后有着相同的逻辑，这几乎就成了一种宿命。

中共总以为集中力量可以办大事，没有他办不成的事，结果却是事与愿违，力量过于集中常常办砸了事。集中力量说穿了就是集中权力，集权对于科技创新绝不是大力丸而是三步催命丸，中国量子通信工程的失败就是最好的例证。

著名物理学家理查德•费曼说："作为科学家，我们知道伟大的进展都源于承认无知，源于思想的自由。"科技创新需要一群有独立思考能力并敢于挑战权威的学术天才，科技创新的时代必定是群星璀璨、思绪飞扬的时代。但是面对集权体制的铁幕，真正的学术天才如果不是撞得头破血流，就是被逼远走它乡。

科技创新需要百花齐放、百家争鸣的环境，只有在多元和宽容的学术环境中，奇思异想在碰撞中才能摩擦出创新的火花；只有在开放和公平的市场竞争中，真正有实际价值的创新技术方能脱颖而出并开花结果。

　　而在集权体制下的创新失去了活力，中国的量子通信就是一个现成的例子。中共总把政治需要放在首位，又轻信个别物理学家的一家之言，头脑发热、独断专行就把量子通信这种假大空工程当作了世纪性创新项目。量子通信工程开建后，受到不少通信密码领域的学者和专家的批评和质疑，这原本是纠错的好机会，但是集权体制哪能容得下反对意见。由于发表了一些批评量子通信的文章，我在中国的网络平台上的账户被全网封杀。集权体制在压制封杀不同意见时的效率绝对是第一流，这就彻底绞杀了自下而上的纠错机制，于是量子通信工程化就只能一条道走到黑。

　　中国在科技创新上的失败是体制的失败，集权，失败；集大权，大失败，这是不以人的意志为转移的客观规律，绝不是靠增加人力、物力和财力可以改变的。面对中国的竞争西方确实有许多地方值得担忧和焦虑，唯一不用担心的就是中国在科技创新方面带来的威胁。如果体制上不作根本性改变，中国要在基础研究和科学创新上压倒西方永远只是一个美丽的梦，其可能性比中国男足在世界杯上夺冠还要渺茫。

　　"东升西降"现在成了一个热门话题，是非对错缺乏客观的评价标准，但是用科技创新这个关键的硬指标来衡量，"东升西降"是大有疑问的。"西降"或许有可能，以美国为首的西方在科技创新上似乎已经出现了进步缓慢的趋势；"东升"不可能，体制不变，中国在基础科学和高新技术上根本不可能出现革命性的突破，中国的量子通信提供了一个明证。

　　创新的保证是自由，专制的归宿是停滞。在可预见的将来，能达成"东滞西降"对于中国可能是最好的结局了。

导读

有些人需要真相，有些人需要常识。
如果真想和常识都唤不醒，那他缺的就是良知。

目前所谓的量子通信并不是一种新的通信技术，所有建成的量子通信干线都不具备最基本的通讯功能，它也不能提供完整的保密通信服务。量子通信工程与神奇的量子纠缠也毫无关系，它仅是利用量子的偏振态为传统密码分发密钥，所以应称作量子密钥分发 QKD (Quantum key distribution)。密钥分发只是密码系统中的子功能，密钥分发的技术早已成熟而且方案也不止一种，在整个密码系统的大家族中量子通信的地位无足轻重。

作为一种密钥分发技术，量子通信对信息系统的安全的影响极为有限。即使 QKD 在密钥分发上是绝对私密的，密钥在使用、存储、和更新的全过程中仍会出现各种安全隐患；即使密钥在全过程中保持绝对私密性，也不代表密码就是绝对安全的；即使密码是绝对安全的，也不能保证信息系统就是绝对安全的。目前信息系统安全的最大风险来自计算机的操作系统、中央处理器等硬件设备和各种应用软件，而不是密码系统，对于信息系统的总体安全而言量子通信的作用微不足道。

信息系统的总体安全性遵循木桶短板效应，它的总体安全性决定于系统中最不安全的地方。提高信息系统安全水平的首要任务是增强短板，安全工作的主战场在计算机的操作系统、应用软件和硬件设备方面。密码是安全木桶上的长板，QKD 并不能增高这块长板，退一步即使增高了这块长板，对国家信息系统整体安全性的影响也极其有限，因此在未来很长时间内，量子通信工程不会产生任何实际价值。

量子密码系统化费巨大代价增添的 QKD 一大堆硬件实体实属画蛇添足，因为量子密码系统必须依赖传统密码算法作身份认证和保证通信的完整性，其总体安全性不可能超越传统密码系统，这是由系统安全的木桶短板原理所决定的。根据奥卡姆剃刀原理，"如无必要，勿增实体"，奥卡姆剃刀之下量子通信毫无立足之地。

　　量子通信(QKD)也并非什么高新技术，早在 1984，IBM 的科学家就为 QKD 制定了技术实施规范—BB84 协议。有了 BB84 协议的 QKD 在开始的几年中无人问津被打入了冷宫，IBM 公司连申请专利的兴趣都没有。说到底，QKD 就是一些物理学家捣鼓出来的屠龙之技，通常情况下这类探索性项目大多会躺在科学实验室的角落里被世人遗忘。

　　BB84 协议产生后耽搁了足足十年，淹淹一息的 QKD 总算捞到了一根稻草。1994 年，美国数学家彼得·肖尔（Peter Shor）提出了肖尔算法，这个算法从理论上可以将破解公钥密码作指数级别的加速。但是请注意，所谓破解公钥密码仅仅是纸上谈兵，可以运行肖尔算法的量子计算机至今还是镜中的花、水中的月。

　　但是量子通信的布道者却迫不及待地利用肖尔算法编造了"公钥密码危机论"，他们声称：当量子计算机进入实用阶段后，公钥密码会被轻易破解，这将导致信息系统的灾难，敌对势力甚至现在可能就在收集那些加密文件，等待量子计算机出来后就可轻松破解之。

　　"抵抗量子计算机攻击，拯救公钥密码危机"从此就成了量子通信的公关台词，设计一个华丽的故事来包装一个骗钱的工程项目，这是许多烂尾工程的套路。可惜二十多年过去了，据称可以秒杀公钥密码的量子计算机却千呼万唤出不来，公钥密码更不是弱不禁风的林黛玉，而半路上又杀出位程咬金—抗量子攻击的公钥密码(PQC)。PQC 不仅能有效地消除量子计算机的威胁，而且它可以应用在任何传输媒介包括移动通信网，它与所有网络路由器、交换机兼容，这是 QKD 完全无法做到的。在 PQC 高维打击下，QKD 拯救公钥密码成了一场闹剧。

从密码学原理可知，QKD 只能为确定的"熟人"之间分发一个共享密钥，本质上它仅是对称密码中密钥分发的一种选项。公钥密码因为使用公钥、私钥两个密钥，所以才能为互联网千千万万"非熟人"之间分发密钥，并且还可以完成用户认证、数字签名等多种重要功能。而这些保证互联网通信安全的重要功能都是 QKD 所根本不具备的，即使明天量子计算机与太阳同时升起，公钥密码的天塌下来，"量子通信"根本就不顶用，唯有丢人现眼的份。在军情机关和金融等企业专用网环境中，公钥密码从来只起辅助作用，使用它只是为了方便和降低成本，不用公钥密码一点问题也没有，认为没有公钥密码就会沦落到用人工传递密钥是量子通信布道者们无知的表现。说到底，公钥密码的前途与量子通信没有任何关系。

近年来数字货币的快速发展更为"公钥密码危机论"写下了休止符。公钥密码提供的身份认证和数字签名是数字货币安全的基本保证，可以毫不夸张地说，公钥密码就是数字货币的魂和盾！公钥密码的长期安全性是货币安全的保证，它关系着国家的长治久安。国家央行坚定不移地推进数字货币 DCEP，就是对公钥密码长期安全性的背书，也再次证明量子通信工程化毫无必要性。规劝中科大的某些人别再利用所谓的公钥密码危机来贩卖焦虑了，否则很有可能会以扰乱金融秩序而被问责。

QKD 的工程化不仅毫无必要性，而且也根本不具备可行性。QKD 工程化一直面临严峻的技术挑战，其中的五大技术困境始终无法解决，它们分别是：

1) **可信中继站带来严重的安全隐患**。密钥在可信中继站里处于裸奔状态，使用可信中继站的 QKD 工程已经完全脱离了 BB84 协议的安全框架，量子通信产品的安全漏洞比筛子还多，其总体安全性远低于传统密钥分发。

2）**无法与互联网兼容**。QKD 的基础是 1984 年制定的 BB84 协议，这种点到点协议要求在通信双方之间建立一条固定的物理通路。通信网络如果遵循 BB84 协议就只能退回到原始的两两相连的无结构状态，如果想要现代互联网结构必然破坏了 BB84 协议的安全框架，两者只能选一别无它路。从通信组网协议的角度来看，QKD 就是前互联网时代的老古董技术，这种"互联网-"的技术在"互联网+"时代毫无工程可行性，QKD 不可能为互联网通信安全提供任何有效的服务。

3）**缺失身份认证机制**。身份认证是构建密码系统安全的基石，QKD 不仅无法提供身份认证，而且其自身运作过程中的身份认证和数据完整性还要依赖于传统密码技术，所以 QKD 系统的总体安全性绝不可能高于传统密码。

4）**成码率太低**。成码率是密钥分发最重要的技术指标，它反应了密钥分发的效率，也决定了该技术的应用范围。目前 QKD 在百公里距离上的成码率仅为 Kbps 量级，而目前光纤数据通信速率可达 Tbps 量级，两者相差了 9 个数量级，也就是十亿倍！而所谓无条件安全的"量子通信"又必须要求"明文与密钥等长"和"一次一密"，也就是说光纤的数据通信速率不能超过 QKD 的成码率。由此可知，蜗牛般低速的量子通信要为超高速的现代化通信网络保驾护航，这完全是不切实际的幻想。

5）**密钥裸奔无可避免**。QKD 设备两端生成密钥只是一个中间过程，密钥必须送达计算机的 CPU 内核才能为加密解密算法所用，密钥从 QKD 设备端口到 CPU 内核是以明文形式传送，完全处于高危的裸奔状态！在传统密码系统中，密钥一离开 CPU 内核全部是加密后传送，QKD 根本无法做到这一点。

　　有必要强调指出，这些技术问题都有一票否决权，换言之，它们之中只要有一个得不到彻底解决，QKD 就不具备工程可行性。俗话说"一山当关，万夫莫开。"现在一共是五座大山，量子通信工程化的可行性几乎为零。更正确的说，量子通信的这五大困境应该都是"原理性困境"，是从娘胎中带来的"基因性疾病"。吃药打针根治不了"基因性疾病"，同理，工程技术进步也突破不了"原理性困境"，QKD 就在这五大技术困境的折磨下走向它的坟场。

　　综上所述，量子通信根本没有工程建设的必要性，也完全不具备技术可行性，因此中国的量子通信工程化陷入了深深的泥潭之中。

　　垂死挣扎中的量子通信工程推动者把"量子通信在理论上是绝对安全的"这个谎言当成了他们的救命符，他们千万次地重复这个谎言把它当成了一种信仰，他们的所作所为与科学家背道而驰，看上去更像是狂热的宗教传道士。

　　世界上最长的距离就是从理论到实际，凡是号称"理论上是最安全的"里面往往有猫腻，千万得提高警觉了。一个安全的优秀产品绝不会宣称自己是"理论上是最安全的"，你听说过苹果和华为用过"理论上是最安全的"这样的广告词吗？

　　原理必须通过技术的手段和措施才能对产品发挥作用，原理是无法直接保证产品安全的，保证产品安全的只能是技术协议的制定和执行。这就像国民的幸福安全决定于具体的法律法规的制定和执行，与国家的政治原则和什么主义没有直接的关系。

　　量子通信工程的技术基础是 BB84 协议，量子通信工程的安全性不仅决定于 BB84 协议本身的安全性，它更与工程化过程中协议是否得到严格执行有关。BB84 协议的理论安全性一直是有争议的，但更严重的问题是中国量子通信工程在实施过程中至少有 6 处没有完全满足 BB84 的规范要求，有 2 处完全违背了 BB84 协议的安全框架，量子通信产品的安全漏洞比筛子还要多。量子通信工程的实际安全性远低于传统密码技术，宣传量子通信理论上绝对安全真的可以休矣！因为这听上去更像是讽刺。

历史的经验一再证明，凡是有生命力的新技术出现后，总是因一技之长而首先被军事情报等高端领域采用，在高地上站稳脚跟后再慢慢向商品市场渗透，当市场占有率达到一定程度、成本迅速下降，导致市场占有率指数式增长，几年之间就可完成天翻地覆的技术革命。互联网、数字相机、移动通信等等几乎都是这样一路走过来的。

但是量子通信却与高新技术的发展潮流逆向而行，QKD 技术从来就没有在高端领域立足，这里是全世界发达国家的情报安全机构否定 QKD 的大事记：

2016 年 10 月，隶属于英国情报安全总部 (GCHQ) 的国家网络安全中心 (NCSC) 发布了一份白皮书，建议撤销量子密钥分发技术 (QKD) 的开发计划；

2016 年，美国空军科学顾问委员会 (SAB) 就量子信息技术的潜在影响进行深入的调研后形成了一份报告，该委员会资深成员兼技术和国家安全计划主任菲茨杰拉德 (Ben FitzGerald) 表示：量子信息是"下一代的下一代技术"的一部分，它对国防安全产生的影响可能还在遥远的未来；

2019 年 12 月，美国防部国防科学委员会发布《量子技术的应用》报告的摘要。该报告摘要明确指出：理论上量子密钥分发可提供香农信息论定义的密码安全，但其能力和安全还存在欠缺，不能供美国防部使用；

2020 年 3 月 24 日，隶属于英国情报安全总部 (GCHQ) 的国家网络安全中心 (NCSC) 再发白皮书否决量子通信工程；

2020 年 5 月，法国国家网络安全局 (ANSSI) 发布了一份重要的技术指导文件，文件的题目是：应该将量子密钥分发 (QKD) 用于安全通信吗？法国政府否定量子通信的态度从这份文件的题目上已经表露无遗；

2020 年 11 月 18 日，美国国家安全局发表了一篇关于量子密钥分发和量子密码术的政策报告。这份报告其实就是量子通信 QKD 的死刑判决书；

2021 年 2 月 9 日，欧盟网络安全局发布了一份研究报告：《后量子公钥密码 PQC，抗量子攻击的现状和未来》。这是继美国安全局之后，世界上更多的先进国家决定放弃量子通信 QKD 而采用 PQC，用来对抗量子计算机保护信息安全。

2021 年 5 月 24 日，美国防科委(DSB)裁决："量子通信 QKD 工程设施无法为国防部的军事行动提供足够的安全保障。"

量子通信 QKD 工程被判死刑，美国国家安全局 NSA 起了决定性的作用。这不仅因为 NSA 机构本身具有高度的权威性，而且他们对 QKD 的剖析非常客观理性。NSA 政策报告中列出了 QKD 五大严重问题，可谓是"刀刀见血、剑剑穿心"，一个国家的权威机构对于密码技术作出如此严肃明确的表态实属罕见。可见 QKD 的炒作造成的损失和困惑已经到了必须尽速解决的关口。在错误的道路上越走越远、越陷越深那不叫领先；反之，如果方向错了，停下来即时止损就是进步，NSA 的果断决策非常必要、十分及时。

量子通信技术不仅被美、英、法和欧盟的军情机构的高端用户拒之门外，量子通信产品其实也从来没有进入过中国军事和国安等高端领域。中科大《国盾量子》公司是 QKD 设备主要供应商，它在招股书中也不得不承认："……。其次，公司产品在有资质严格要求的高安全性需求领域，尚需在密码管理相关部门监督指导下，进行测评和认证才能进入，相关标准仍在研究制定中。"

量子通信被军事领域拒之门外，这里还有一个学术报告视频可作证明[1]。视频中的演讲人是中科院院士郑建华，他是信息分析专家、解放军保密委员会技术安全研究所研究员。他在学术报告会上明确指出，量子通信 QKD 效率低、成本高，很脆弱，而且组网有问题，因而现在不会有实际应用价值，特别在军事领域的意义不大。最近，量子物理大师郭光灿院士对量子通信的安全性和实用性也做出了中肯的批评。

一种高新技术在起跑时必须先占领高端应用领域，高屋建瓴方能向下发展，一泻千里势如破竹，这是世界高新技术发展史的普遍规律。可惜量子通信从一开始就被中外军事情报部门拒之门外，量子通信产业化失去了从高向下发展的势能，百般无奈之下只能硬闯商品化市场，撞得头破血流是必然的结果。

传统密钥分发的软件方案在成码率、用户体验和产品更新等所有技术指标上全方位碾压量子通信QKD硬件方案，在价格上又远低于QKD，因此传统密钥分发技术的性价比高出QKD好几个数量级。QKD在性价比上的劣势绝无翻盘的机会，而性价比就是商品的生命线，尤其在影响到亿万用户的互联网环境中，安全必定只能是一个相对性概念，脱离成本价格谈安全是极不负责任的行为，QKD在商品市场上永无出头之日。

对于商用密码而言，绝对的安全性不是补品而是毒药！商用密码顾名思议它就是一种商品，是任何人可以从市场上购得的。绝对安全、不可破解的商用密码落入犯罪分子和恐怖组织之手是国家安全的噩梦，所以任何负责任的政府都绝不允许这类商用密码的存在。换言之，商用密码的安全性不是越高越好，商用密码的安全性必须是有条件的，是可控的，做不到这一点就不成其为商用密码。把量子通信吹嘘成绝对安全无异于自断商业化之路。

综上所述，从工程建设的必要性和可行性分析来看，量子通信根本不具备工程立项的基本条件；量子通信在理论上不是绝对安全的，它的实际安全性低于传统密码；量子通信又违背了高新技术发展的普遍规律，高不成低不就的量子通信产品注定只能成为市场的弃儿。

　　其实衡量工程项目的成败真的不需要列出那么多条理由，工程建设的道理千条万条，归根结底就是一条：经济效益为王。美丽的"量子"光环、量子之父的头衔和高大上的论文又岂能掩盖量子通信工程彻底失败的真相，掀开量子通信的华丽锦袍，发现里面爬满了虱子。

　　本书第一章着重介绍现代密码技术和量子通信的基本原理，这是阅读和理解全书的基础。接下来的第二、第三章分别对量子通信的工程必要性和技术可行性做出深入的分析和批评；第四章聚焦于量子通信工程的安全性，彻底揭穿了量子通信绝对安全的弥天谎言；第五章全面介绍世界各发达国家拒绝使用量子通信的真实原因和决策依据。前五章是全书的核心。

　　接下来的第六、第七、第八章对通信密码和信息安全相关技术作进一步的深度分析和介绍，比较适合有关领域的工程技术人员阅读。第九章主要是总结量子通信工程失败的经验教训。第十章收录有世界各国专家学者对量子通信的批评和质疑供对照参考。

　　全书摆事实、讲道理，在批评质疑过程中普及科学知识，科普作为主线贯穿全书。否定量子通信不是本书的根本目的，阐明信息安全技术的内涵和发展趋势才是本书的宗旨。在历史的长河中，量子通信闹剧只是过眼烟云，但是在数字化、信息化时代，让更多人提高通信密码的认知，增强信息安全意识将具有长远的意义。

第一章　量子通信和密码技术的基本知识

第一节　量子通信在密码系统中的作用和地位

本节将着重介绍现代密码技术的基本原理和量子通信在密码系统中的作用和地位，有了这些最基本的常识就可以对量子通信工程建设的必要性做出客观公正的判断。

密码系统的工作原理很像宾馆中常见的密码保险箱（见图1.1），有了它就可以安全地保存和传递信息。先把机要文件放入密码保险箱并关上门，然后输入"一串数字"后把保险箱门锁上，只有正确无误地输入同"一串数字"方能打开保险箱取得那份机要文件，由此机要文件的私密性就得到了保障。如果把锁上的密码保险箱通过邮政或者物流公司送达远方，只有掌握这"一串数字"的接收者才能把密码保险箱打开，机要文件也就秘密地传递给了接收方。

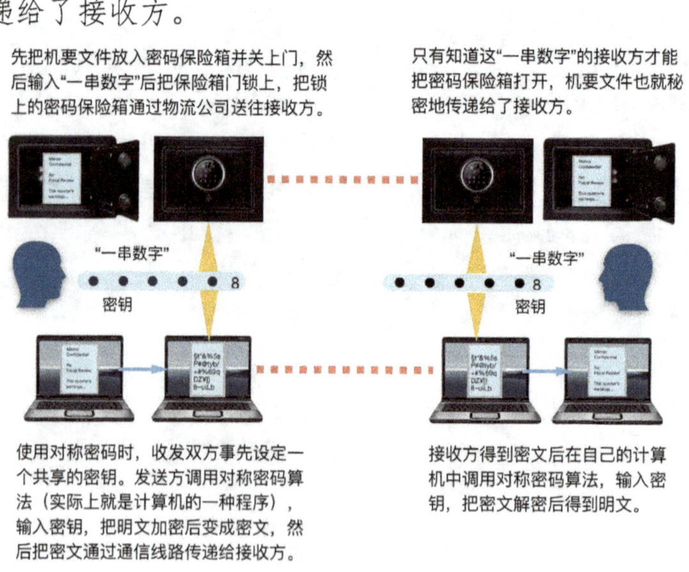

图　1.1

　　在密码保险箱传送的整个过程中，只要这"一串数字"始终控制在通信双方的手中，他们就不担心密码保险箱在传送过程中使用什么方法走什么路线，也不在乎它经过多少黑客间谍之手，因为不知道这"一串数字"谁也甭想打开那个保险箱，信息在传递过程中的私密性就得到了充分的保障。

　　细心的读者看到这里可能会有一个疑问，不在一处的通信双方如何商量协调出这"一串数字"呢？或者更正确的说怎样才能让通信双方共享"一串数字"呢？当然通信双方只要有过一次"零距离接触"，两人找一个僻静的角落约定"一串数字"就可以了。有了这个"第一次"以后就可驾轻就熟了，担心反复使用同"一串数字"不安全？好办啊，把新的"一串数字"写在纸上，放进密码保险箱送给对方，以后双方就可启用新的"一串数字"。这样的变动可以"天天做"、"月月做"、"年年做"，通信的私密性就有了保障。

　　为了后面讨论的方便，我们把锁门和开门使用同"一串数字"的称为"对称密码保险箱"，这也是宾馆中常用的保险箱。这种对称密码保险箱方案适合于有过"零距离接触"的熟人之间和有严格隶属关系的机构内部，在这种环境中设定用于锁门开门的"一串数字"没有技术困难，使用对称密码保险箱可以保证这些人群和机构之间通信的高度私密性。

　　但是互联网的出现让"对称密码保险箱"方案遇到了巨大的挑战。难题1，使用"对称密码保险箱"的必要条件是通信双方至少要有过一次"零距离接触"，这个条件在互联网世界很难满足。没有"零距离接触"过的通信双方是无法安全地协商出共享的"一串数字"，因为他们使用电话、电报或者信件传递协商"一串数字"都是不安全的，谁也不能排除"隔墙有耳"，而第三者只要窃取了这"一串数字"就可以打开密码保险箱取得机要文件。难题2，每两个用户使用"对称密码保险箱"前必须通过"零距离接触"建立起"一串数字"，如果互联网的一个通信群体的用户数到达一千万，每个用户就要存放管理 9999999 个不同的"一串数字"！这两个难题使得"对称密码保险箱"方案在互联网环境中很难发挥作用。但是没有密码系统保护的互联网通信又是难以想象的。

"需求乃发明之母"，保证互联网通信安全的刚需推动了一种新型的密码保险箱——"非对称密码保险箱"方案的出台。可以毫不夸张的说，"非对称密码保险箱"方案就是保护互联网通信安全的利器，没有它就不会有互联网今天的风光。

非对称密码保险箱的工作原理其实也不难理解，它也是一只密码保险箱。对称密码保险箱锁门、开门用的是同"一串数字"；非对称密码保险箱使用"一对数字"，用其中的"一串数字"（又称"公开数字串"）锁门后只能用另"一串数字"（又称"私密数字串"）方能开门，而这二串数字之间的关系又非常复杂，单从"一串数字"极难推算出另"一串数字"。

"非对称密码保险箱"方案使得互联网上非熟人之间也可进行保密通信。使用非对称密码保险箱的通信过程可分解为三个动作，注意这个过程起始于接收方（见图 1.2）。

1）接收方首先产生出"一对数字串"，把其中的"公开数字串"写在标签上，然后委托物流公司把写有"公开数字串"的标签转递给发送方，并把"私密数字串"收藏起来；

2）收到接收方送来的标签后，发送方先把机密文件放进非对称密码保险箱，然后输入标签上的"公开数字串"后把保险箱的门锁上，再委托物流公司把保险箱送交接收方；

3）被"公开数字串"锁上的那个保险箱任何人再也打不开，只有接收方输入自已收藏的"私密数字串"后，才能打开非对称密码保险箱得到机密文件。

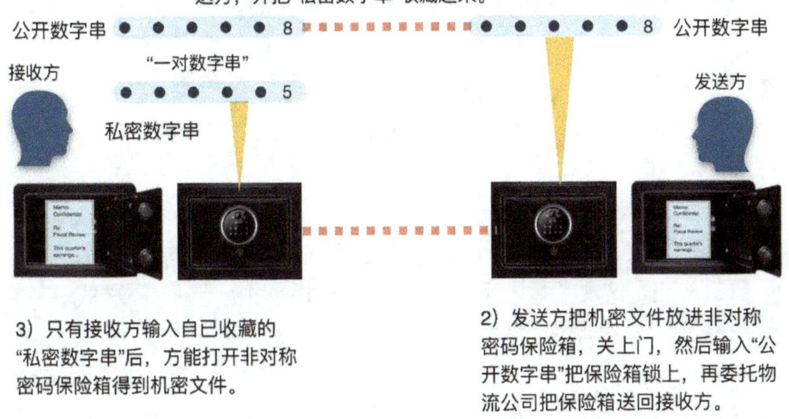

图 1.2

在上述通信过程中，"公开数字串"没有一点秘密可言，可对任何人公开。复制、窃取"公开数字串"没有一点用处，因为它只能用来为密码箱锁门，锁上后的保险箱谁也打不开来，除非用"私密数字串"，而"私密数字串"又仅掌握在接收者手中。"非对称密码保险箱"方案使用"公开数字串"和"私密数字串"，依靠"一对数字"之间的巧妙配合保证了收发者之间文件传递的私密性。

使用"非对称密码保险箱"方案，收发双方不需要事先商定"一串数字"作为他们之间共享的秘密，他们就不需要有"零距离接触"，一次也不需要!通信的接收者只要保护好自己的"私密数字串"，而"公开数字串"是可以公开地、大大方方地传递给发送者，甚至广播通知也行。"非对称密码保险箱"方案使用公、私不同的"一对数字"，使得通信双方可以跨越"零距离接触"这个巨大的障碍，让分隔天南地北的非"熟人"之间都可以方便快捷地进行秘密通信，它对保障互联网安全功莫大矣！

　　"对称密码保险箱"和"非对称密码保险箱"这两个方案的关键技术当然都在于设计和制作坚不可摧的密码保险箱。"对称密码保险箱"必须保证在输入"一串数字"锁门后，能且仅能被相同的"一串数字"把门打开；"非对称密码保险箱"存在"一对数字"，输入其中的"一串数字"锁门后，能且仅能被另外的"一串数字"把门打开。当然如何传递管理保存好这"一串数字"或"一对数字"也很重要，但这仅是管理层面的问题，并没有很高的技术含量。

　　明白了上述的道理，就非常容易理解现代通信中的密码系统的基本原理。现代通信使用电报、电话、电邮、微信、等方式，通信过程中传输的是各种电信号（又称明文）。我们当然可以把电讯号录在磁带上，然后放在上述的密码保险箱中，锁上门后传递给对方。但是这样的传递效率太低，我们反其道而行之：不是用密码箱把信息藏匿起来，而是让信息在线路上敞开传输。但是在传输前，先把明文使用某种复杂的变换规则按特定的参数把内容完全打乱，生成无人能看得懂的天书（又称密文），任何人取得这些密文后都无法从中得到任何有用的信息，只有掌握这个特定参数的接收方使用逆向的变换规则才能把密文还原成明文。这就是现代密码学的基本出发点。

　　日常生活中的密码保险箱与通信密码系统的基本原理是十分相似的，区别只是前者把信息藏匿起来不让别人"看到"，而后者把信息彻底打乱不让别人"看懂"，目的都是保障信息的私密性。

　　现代密码系统使用数学方法把信息彻底打乱，这种专用的数学方法称为"密码算法"。密码算法就对应于密码保险箱，前者把信息打乱、后者把信息藏匿；密码算法对信息加密和解密就对应于密码保险箱的锁门和开门；密码算法加密、解密时使用的参数称为"密钥"，密钥就对应于密码保险箱锁门、开门时输入的"一串数字"，正确地说密钥就是一个随机数。

　　"对称密码算法"使用共享的"密钥"对明文加密、解密，如同"对称密码保险箱"使用"一串数字"锁上、打开保险箱；"非对称密码算法"（又称为公钥密码算法）使用一对密钥分别称为"公钥"和"私钥"，用公钥对明文加密后只能用私钥解密，如同"非对称密码保险箱"使用"一对数字"，用其中的"一串数字"锁门后只能用另外"一串数字"开门。

　　密码算法分成"对称密码算法"和"公钥密码算法"两大类，每一类中又有许多种，就像密码保险箱有许多不同的型号是一个道理。通信双方只要使用同一种密码算法就可以了。

　　使用对称密码算法时，收发双方事先设定一个共享的密钥。发送方调用对称密码算法（实际上就是计算机的一种程序），输入密钥，把要传递的明文加密后变成密文，然后把密文通过通信线路传递给接收方，接收方得到密文后在自己的计算机中调用对称密码算法，输入密钥，把密文解密后得到明文（见图1.3）。

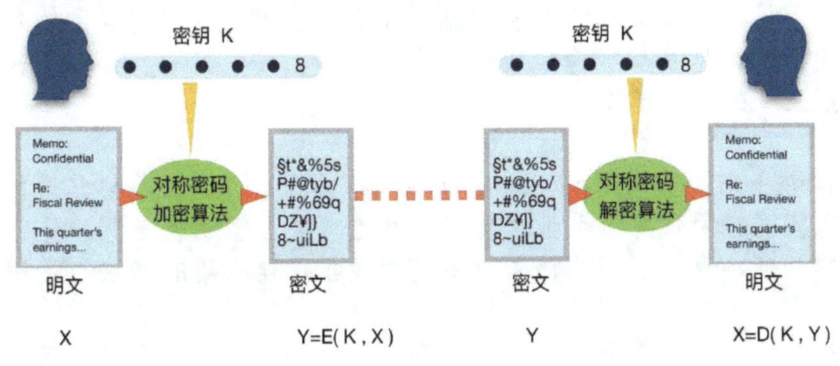

图 1.3

　　使用对称密码算法要求通信双方事先必须设定一个共享的密钥，有了这个初始密钥，双方的保密通信就得到了充分的保障。密钥的更新再也不成问题，因为密钥就是一个随机数，它也是一种信息，所以可用初始密钥对其加密后传递给对方。在熟人之间和有严格上下级关系的机构内部，通信双方设定初始密钥从来就不是问题。有了初始密钥通信双方可以使用对称密码秘密地传递信息，当然也可以使用对称密码为通信双方不断地更新密钥。

在互联网环境中，通信的接收方产生一对密钥，把公钥以明文方式在网络上大大方方地送给发送方，收藏好私钥；发送方调用密码算法，输入接收方送来的公钥，然后把信息加密后产生的密文传递给接收方，接收方得到密文后调用密码算法，输入私钥后把密文解密得到明文。互联网的通信双方常常是先用公钥密码为对称密码传递密钥，一旦通信双方获得一致的密钥后，再用对称密码通过加密解密来保护文件的传递。

密码系统通过加密解密算法和密钥的组合可以有效地保护信息传递中的私密性—即通信双方传送的内容不被任何第三者知道。但是只有通信的私密性并不等于通信就是安全的，通信的安全性有着比私密性更高更强的要求，它必须确认收发双方各自的真实身份，还必须确认通信内容的完整性和不可篡改性。完整的密码系统不只是提供信息的保密功能，在许多应用场景中它提供的身份认证和信息完整性验证甚至更为重要。相关内容的科普介绍放在第三章的第三节中。

作个小结：现代密码主要有算法和密钥组成，算法提供信息的加密解密、用户身份认证和信息完整性检查，密钥就是算法运行时的一个参数，密码的核心技术是由数学原理构建的算法，密钥只是个随机数。密钥分发、更新也是通过加密解密算法进行的，而且已经形成一整套安全有效的体系。密码算法有许多种，按密钥的使用可分为对称密码和公钥密码两大类，前者使用一个共享密钥，后者使用公钥、私钥一对密钥。一个完整的密码系统必须提供信息的私密性、完整性和身份认证，以确保通信的安全。

有了以上密码系统的基本知识后，就不难看清所谓的量子通信在密码系统中难有实用价值。

　　所有已建或在建的量子通信工程都不是新的通信技术。量子通信工程与量子纠缠也毫无关系，它们其实只是利用量子偏振态为通信双方分发"一串数字"用作密钥的一种硬件方法，简称"量子密钥分发"（QKD）。QKD 为用户协商出密钥后，还得依赖传统密码算法进行加密解密，因为它根本就没有自己的密码算法，所以量子通信工程从来就不是一个独立完整的密码系统。把"量子密钥分发"QKD 称为"量子密码工程"是猪鼻子里插大葱—装象，把QKD 称为量子通信那更是错得离谱，QKD 的基本原理在下节中有详细介绍。

　　密码系统的关键技术是密码算法，从来就有算法为王的说法。密钥本身只是一个随机数而已，密钥分发的安全也是通过密码算法对密钥加密解密来保证的。理论上只要密码算法是安全的，密钥分发应该也是安全的，真实环境中密钥分发的安全隐患主要是管理层面的问题，在密钥分发领域搞什么量子通信就是白忙话、瞎折腾。

　　量子通信工程用硬件分发密钥究竟有什么用处呢？QKD 分发的是"一个"共享密钥，再强调一遍：是"一个"密钥，所以 QKD 只能用在对称密码系统中，仅为对称密码的用户分发一个共享密钥。因为 QKD 并没有自己的密码算法，在通信过程中对数据加密解密和用户身份认证等都必须依赖于对称密码算法，因此量子通信工程仅是对称密码系统中密钥分发的一个备选的子功能。

　　我们前面已经反复强调，使用对称密码的用户之间更新和分发密钥没有任何问题。如果对称密码算法是安全的，那么用对称密码算法更新分发密钥也一定是安全的，另辟蹊径使用 QKD 分发密钥纯属多余；如果对称密码算法本身是不安全的，整个对称密码系统一定也是不安全的，那么选用 QKD 分发密钥又有何意义？由此可知，建设量子通信工程毫无现实意义。

　　事实上，在具有严格上下级关系的企事业环境中，密钥的分发、存放和管理是有专门的机构——密钥分发中心(KDC)负责的。两个终端用户是在KDC的支持和监督下使用对称密码算法取得共享密钥，而且也把身份认证等相关安全问题也一起解决了，详见第七章第一节，在专用企业网的环境中，量子通信工程要为对称密码作密钥分发根本没有切入口，它除了添乱不会带来任何益处。

　　在互联网环境中给亿万非熟人之间分发密钥，公钥密码成了唯一的选择。公钥密码把加密解密的核心机密分解在公钥与私钥这样两个密钥中，一个可以公开，把另一个隐藏起来，公钥和私钥的密切配合使得互联网上亿万非熟人之间分发密钥成为可能，详见第七章第二节。QKD用硬件为通信双方只能分发"一个"密钥，而不是"一对"密钥，QKD仍然是对称密码的思维与公钥密码毫不相干，它是无法为互联网亿万非熟人之间分发密钥的。而且QKD为两个用户之间分发密钥时，必须在两用户之间建立一条点到点直接相连的物理通道，即然用户之间已经"熟悉"到这个程度，那么他们完全可以设定出一个初始密钥，随后用对称密码分发和更新密钥，这样做会更方便更安全。

　　归根结底，公钥密码可以为互不相识而且空间位置不固定的用户之间交换密钥，而QKD完全无法做到这一点，认为量子通信工程这种原始落后的方式可以为互联网亿万用户分发密钥只是痴心妄想。

　　QKD从本质上与互联网无法融合，它对于互联网通信安全不可能有丝毫贡献；在企事业环境中QKD性能上不具备优势，价格成本又难以让用户承受。量子通信工程在现代通信的舞台上必定没有立足之地。

　　必须认识到，量子通信工程只是为对称密码系统分发密钥，它最多也只能保证密钥分发的私密性。但是密码系统由密码算法和密钥两部分组成，单有密钥的私密性不足以保证密码系统的私密性。密码系统的私密性也远远不能保障通信过程（信道）的安全性。

许多人把通信私密性错认为通信的安全性。当然通信安全一定要求通信内容的私密性，但是仅有通信的私密性并不等于通信就是安全的。通信的安全性有着比私密性更高更强的要求，它不仅要求通信双方传送的内容不能被任何第三者知道，还要确认收发双方各自的真实身份，还必须确认通信内容的完整性和不可篡改性，另外还要保证通信的稳定性和可靠性。所以通信的安全性至少应该包括通信的私密性、真实性、完整性、和可用性。在某些通信的应用场景中，通信的真实性和完整性甚至比私密性更重要。保证通信的真实性和完整性依然靠的是密码算法，QKD 不仅对此完全无能为力，而且 QKD 过程中自己的身份认证和完整性都要依赖于传统密码算法，宣传量子通信工程可以保证通信绝对安全就是个拙劣的谎言。

一个信息系统可以分为信源和信道两个方面，过去安全隐患主要在信道上，保卫信道安全的密码系统就成为了关注的焦点。但是随着信息系统的数字化、网络化，目前信息系统的安全隐患主要发生在计算机的操作系统、中央处理器硬件、计算机内存等方面，信息系统安全的严峻挑战全都来自这些信源方面。信源成了保卫信息系统安全的战略前沿，密码系统的地位已经进不了前三甲。

信息系统的总体安全性遵循木桶短板效应。木桶的盛水量受限于木桶的短板高度，同理，信息系统的总体安全性决定于系统中最不安全的地方。提高信息系统安全水平的重中之重是增高短板，即把安全工作的重点放在计算机操作系统和各种硬件设备这些安全短板上。不惜代价增高密码系统这块长板一点也不会改善信息系统安全的总体态势，更何况 QKD 也没有能力增高密码系统的这块长板。鼓吹和推动毫无实用价值的 QKD 不只是浪费了国家的宝贵资源，它的最大危害性是干涉误导国家信息安全的整体策略。

图 1.4

综上所述，量子通信工程是为用户双方分发"一个"密钥的硬件技术，它与使用"一对"密钥的公钥密码系统毫无关系；在对称密码系统中传统的密钥分发技术安全成熟、价廉物美，采用 QKD 在性能和价格上均无优势，所以量子通信工程不可能对密码系统提供任何有实际意义的贡献。

保卫现代信息系统安全的主战场在计算机的操作系统、硬件和应用软件上，不在密码系统方面；而密码系统安全的重点是密码算法上，不在密钥分发上，密钥分发安全主要是一个管理问题。对于国家的信息系统的整体安全而言，量子通信工程不仅毫无用处，而且也无关紧要，把量子通信工程吹捧成国之重器不仅非常幼稚可笑，而且对奋战在信息系统安全领域前沿的科技工作者也极不公平。

第二节 量子通信的基本原理和工程化困境

本节从量子通信(QKD)的基本原理出发，对 QKD 的工程可行性做出科学的分析判断。

1984 年，物理学家 Bennett 和密码学家 Brassard 提出了利用"量子不可克隆定理"实现密钥分发的技术方案，后称 BB84 协议。协议就是完成通信或服务所必须遵循的基本规则和约定，BB84 协议是中国目前 QKD 工程项目的技术基础。

"外行看热闹，内行看协议。"协议才是工程技术成败的关键。保障交通安全靠的是交通法规而不是高大上的宪法原则，同理，保障量子通信安全的是 BB84 协议而与量子力学没有直接的关系。批评质疑量子通信必须从解剖 BB84 协议开始。

BB84 协议与量子纠缠无关，它只是利用光子的偏振态的不可克隆原则秘密地传送密钥。只需对照下面两张示意图并耐心地读完相关的解说文字，对量子密钥分发就不会再有神秘感。图 1.5 是提供预备知识，图 1.6 是 QKD 的原理图，BB84 协议的工作机制全在这张图中。

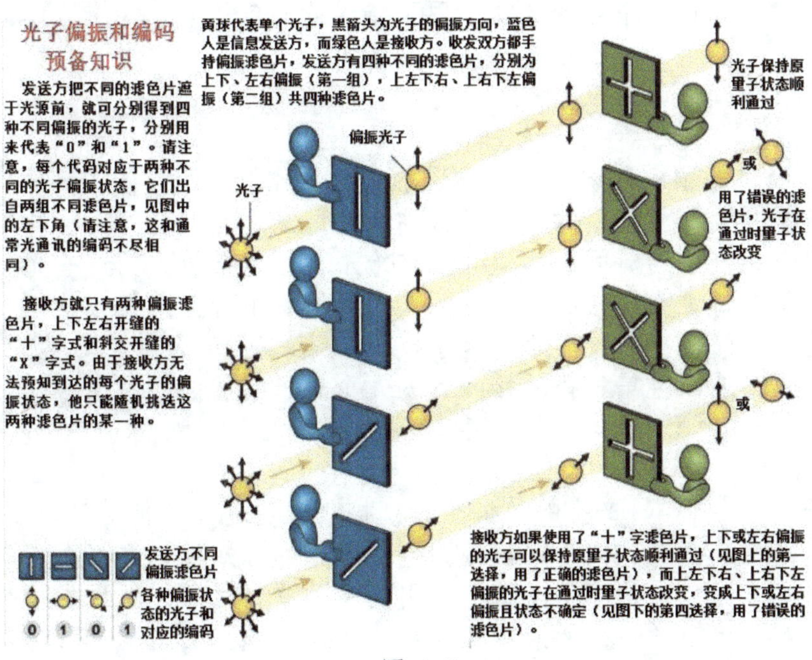

图 1.5

　　图 1.5 中的小黄球代表单个光子，黑色箭头代表光子的偏振方向，左边蓝色人是信息发送方，而绿色人是接收方。收发双方都手持偏振滤色片，发送方有四种不同的滤色片，分别为上下、左右偏振（第一组）、上左下右、上右下左偏振（第二组）共四种滤色片，发送方把不同的滤色片遮于单光子源前，就可分别得到四种不同偏振的光子，分别用来代表"0"和"1"。请注意，每个代码对应于两种不同的光子偏振状态，它们出自两组不同偏振滤色片（见图 1.5 中的左下角，它和通常光通讯的编码不尽相同）。接收方就只有两种偏振滤色片，上下左右开缝的"十"字式和斜交开缝的"X"字式。接收方如果使用了"十"字滤色片，上下或左右偏振的光子可以保持原量子状态顺利通过（见图中上面的第一选择，接收方用了正确的滤色片），而上左下右、上右下左偏振的光子在通过时量子状态改变，变成上下或左右偏振且状态不确定（见图中第四选择，用了错误的滤色片）。接送方如果使用 X 字滤色片情况正好相反，见图中第二选择（错误）和第三选择（正确）。

　　有了以上的预备知识，就不难理解 QKD 工作原理了。图 1.6 的第一横排是发送方使用的不同偏振滤色片，从左至右将九个不同偏振状态的光子随时间先后逐个发送给下面绿色接收方，这些光子列于第二排。由于接收方无法预知到达的每个光子的偏振状态，他只能随机挑选使用"十"字或"X"字偏振滤色片将送达的光子逐一过滤，见第三排，接收到的九个光子的状态显示在第四排。

　　这里是密钥(Key)产生的关键步骤：接收方通过公开信道（电子邮件或电话）把自己使用的偏振滤色片的序列告知发送方，发送方把接收方滤色片的序列与自己使用的序列逐一对照，然后告知接收方哪几次用了正确的滤色片（打勾✓的 1，4，5，7，9）。对应于这些用了正确滤色片后接收到的光子状态的代码是：00110，接发双方对此都心知肚明、毫无疑义，这组代码就是它们两人共享的密钥。

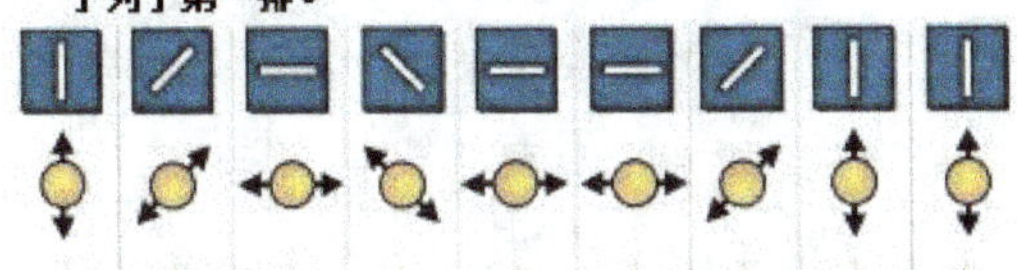

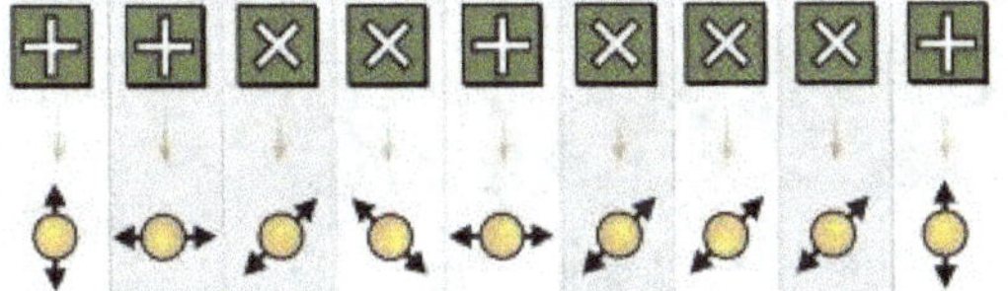

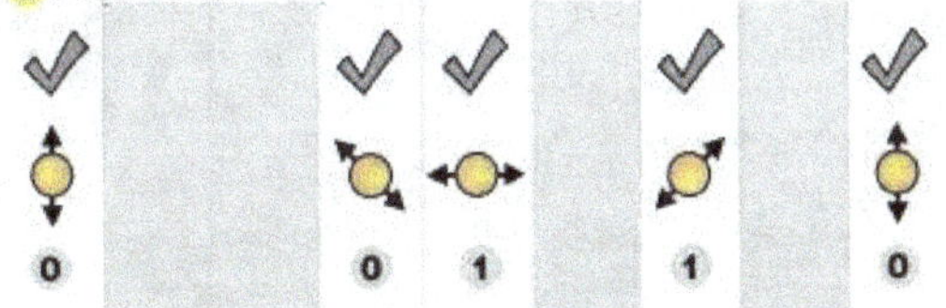

图 1.6

为什么第三者不可能截获这个密钥呢？假设窃密者在公开信道上得知了接送方使用的偏振滤色片序列，也知道了发送方的确认信息（打勾✔的 1，4，5，7，9），但是窃密者依旧无法确认密钥序列。譬如对第一列，窃密者知道接收方用的是"十"字滤色片，而且发送方确认是对的，但这可能对应于上下或左右偏振的两种不同的光子，它们分别代表的是"1"或"0"，当然发送和接收的双方对"1"还是"0"的认定不存在问题，而窃密者无法在公开信道上获取确定值。

　　窃密者如真要确认的话，必须在光子传送途中插入偏振滤色片进行观察，但它又无法事先知道应该使用"十"还是"X"滤色片，一旦使用错误滤色片，光子状态改变，窃密的行为立即暴露。再以第一列光子为例，如果窃密者在接收端前插入"X"滤色片，光子偏振状态可能改变成上右下左的斜偏振，接收方仍使用"十"滤色片，得到左右偏振光子，经确认后此位变成"1"。结果通信双方的密钥在第一位不一致，这种出错经过奇偶校验核对非常容易发现和纠正。通常的做法是通信双方交换很长的光子序列，得到确认的密钥后分段使用奇偶校验核对，只要出错，无论是技术误差、信号干扰还是被人窃听，一律整段予以删除，防止密钥被窃。

BB84 协议分发的密钥的每一位是依靠单个光子的量子偏振态传送的，窃密者企图截获并复制单个光子的量子状态而不被察觉原则上是不可能的，这是由"量子不可克隆定理"决定的。"量子不可克隆定理"(No-Cloning Theorem)是"海森堡测不准原理"的推论，即对任意一个未知的量子态进行完全相同的复制是不可实现的，因为复制的前提是测量，而测量必然会改变该量子的状态。所以 BB84 协议分发的密钥具有较强的私密性。

BB84 协议虽然理论上可为密钥分发提供较强的私密性，但为此也付出了沉重的代价。首先，该方案要求使用理想的单光子源和单光子探测器；其次，在分发密钥的整个过程中用户双方必须建立直接并持续相连的量子信道；更令人纠结的是该方案很难分辨出干涉信号和窃密行为之间的区别，只要受到任何轻微干涉必须放弃密钥分发过程。"量子通信"使用的 BB84 协议就是温室暖房中弱不经风的林妹妹，心比天高命比纸薄。说到底，BB84 协议仅是一个物理实验的示范方案，它不具备工程的可行性。

受制于物理原理的限制，以 BB84 协议为基础的 QKD 从实验室迈向工程化的征途上有以下五条难以跨越的鸿沟：

1）量子通信技术困境之一　可信中继站带来严重的安全隐患

由于光纤中的损耗使得单光子的传输距离很有限，而 QKD 是依赖光子的量子特性传递密钥，在 QKD 的传输信道中就不能使用放大器，这就决定了 QKD 的有效距离仅为百公里左右，超过这个界限必定会在成码率、安全性和成本价格上付出难以承受的代价。所以在北京和上海之间是无法通过光纤直接进行远程量子密钥分发的。

可信中继站就是为了解决远程量子密钥分发的一个无奈的举措。在京沪量子通信干线的沿途设立几十个中继站，每两个中继站之间的距离不超过一百公里，然后让所有相邻的两个中继站之间作 QKD 协商出 N 个不同的密钥。在所有相邻的中继站之间都有了一个共享密钥之后，再依赖传统对称加密技术和传统线路把真正要传递的密钥在每两个相邻的中继站之间反复地加密解密，把密钥从上海一路接力护送到北京。

密钥在两个中继站之间是以量子状态传递的，这中间的窃听原则上可以被发现，但是密钥到达每个可信中继站后是以传统电信号的明文格式存在的，它们是不受"量子不可克隆定理"保护的。换言之，密钥从上海送往北京的一路上被反复穿衣脱衣（即加密解密）三十多次，它们在中继站里是完全是裸露的。而这些中继站里对密钥进行处理和存贮的计算机又是必须联网的，QKD 窃听必被察觉的原理不适用中继站内部，这就带来极为严重的安全隐患。

引入可信中继站的整条量子通信工程干线其实就是许多段相互独立的 QKD 量子通信信道被许多个可信中继站串联而成的一条混合信道。每段量子通信信道都执行 BB84 协议，密钥在这些信道上的传送安全性是有 BB84 协议保障的。但是请注意，密钥通过可信中继站在相邻两段量子信道之间传递时与 BB84 协议毫无关系，在这个过程中密钥安全性是不受 BB84 协议保护的。换言之，引入可信中继站的整条量子通信干线上完全脱离了 BB84 协议的安全框架，其安全性失去了 BB84 协议的保障，它的整体安全性不可能高于那些可信中继站的安全性，因此量子通信干线的实际安全性远低于传统密钥分发技术。

京沪量子通信干线的 30 多个可信中继站全都可能成为黑客的攻击目标，而且只需突破一点，全线立即崩溃。黑客可利用这些中继站的计算机系统的安全漏洞发起攻击，也可在中继站的上百个工作人员中寻找突破口。黑客通过以上手段窃取密钥比直接破解密码要容易得多，所以京沪量子通信干线的安全性远低于传统加密通信干线。

面对量子通信中继站的严重安全隐患，工程的推动者只能依靠人力对中继站采取日以继夜严防死守的下下策，还美其名曰：物理隔离。如果物理隔离可保万无一失。那么又要密码系统何用？使用物理隔离的中继站就称为"可信中继站"，请注意，这个"可信"是量子通信工程建设方人为定义的，对于量子通信项目的使用者和国家密码管理局它究竟是可信还是不可信，只有天知道！

2）量子通信技术困境之二 不能与互联网兼容

QKD 的基础是美国科学家在 1984 年制定的 BB84 协议，BB84 是前互联网时代留下的技术活化石。BB84 这种点到点的协议要求在通信双方之间建立一条固定而且直接的物理链接，这与分组交换协议（Packet Switching）从基础原理上水火不容，而分组交换协议是构建互联网的基础。如果遵循 BB84 协议就只能放弃互联网退回到原始的两两相连的无结构状态，如果想要现代互联网结构必然破坏了 BB84 协议的安全框架，两者只能选其一别无它路。从通信组网协议的角度来看，QKD 就是前互联网时代的老古董技术，这种"互联网-"的技术在"互联网+"时代毫无工程可行性，这是京沪量子通信干线工程至今未有广泛应用的一个根本原因。

3）量子通信技术困境之三 缺失身份认证机制，无法抵衔"中间人攻击"

量子通信(QKD)为甲乙双方分发密钥的过程中，如果彼此的真实身份无法确认，攻击者可以在通信线路中间对甲方冒充乙方，同时对乙方冒充甲方。甲方与攻击者之间、攻击者与乙方之间照样可以顺利协商得到二个密钥，然后甲方把通信内容加密后传送给了攻击者，攻击者用第一个密钥解密获得了全部通信内容，然后再把通信内容用第二个密钥加密后传送给乙方，乙方用密钥解密得到通信内容。甲乙双方还以为依靠量子通信完成了绝对安全的通信，谁知攻击者在暗处偷笑：量子通信传递的秘密"尽入吾彀中矣。"

以上就是典型的"中间人攻击"实例，由此可见通信的安全性有着比私密性更高更强的要求，它不仅要求通信双方传送的内容不能被任何第三者知道，还要确认收发方各自的真实身份，同时还要确保通信内容的完整性和不可篡改性。

传统密码系统依靠数字证书和数字签名来保证文件传送过程中的不可抵赖性和不可篡改性，用来对抗"中间人攻击"。公钥加密技术由于巧妙地运用了"公钥"和"私钥"这样一对密钥，为通信过程中的身份认证和数字签名提供了灵活有效的解决方案。

所谓的量子通信 QKD 只能分发一个共享密钥，它其实只是对称加密技术中的子功能，因此量子通信完全不具备为互联网提供切实有效的身份认证和数字签名的能力。量子通信用物理原理依靠硬件偏面追求通信的私密性，误以为通信的私密性就等于通信的安全性（其实 QKD 在私密性方面也是有争议的），从一开始就走入了歧途把自己带入了深坑中。

2020 年 3 月 24 日，隶属于英国情报部门的国家网络安全中心(NCSC) 发布了一份白皮书。该白皮书明确否定了量子通信 QKD 的实用价值，否定的理由就在"身份认证"这个关键问题上。老谋深算的大英帝国情报机构对密码系统的评估独具慧眼，缺乏身份认证机制确实是量子通信工程化道路上难以逾越的鸿沟。

4）量子通信技术困境之四 极低的成码率

　　BB84 协议的光源应是单光子，BB84 协议的工程妥协版—"诱骗态量子密钥分发"则放弃了单光子方案改用微弱激光，但是密钥的传输仍然依靠数量极其有限的光子，通信过程中有效信号太弱的本质没有什么改变。

　　众所周知，任何通信环境中都有噪声污染。在具有噪声环境中保证信号传递的准确无误的对策很简单，设想在嘈杂的酒吧里与人交谈，无非就是"放开嗓门加大音量"或是"放慢语速不断重复"这两个办法，研究数据最大传输速率的香农定律讲的就是这个道理。在量子密钥分发中有效信号太弱，所以"放慢语速不断重复"就成了唯一可选项，用专业术语来描述，就是 QKD 的成码率极低。

　　密钥分发的成码率是单位时间内生成有效的共享密钥总位数。成码率是密钥分发最重要的技术指标，它反应了密钥分发的效率，也决定了该技术的应用范围。目前 QKD 在百公里距离上的成码率仅为 Kbps 量级，而目前光纤数据通信速率可达 Tbps 量级，两者相差了 9 个数量级，也就是十亿倍的差距。

　　而所谓绝对安全的"量子通信"又必须要求"密钥与明文等长"和"一次一密"，也就是说 QKD 的成码率必须与光纤的数据通信速率基本保持一致。由此可知，蜗牛般低速的成码率使得量子通信要为现代化通信保驾护航永远只能是不切实际的幻想。如果强制使用量子通信，其结果必然把目前的通信速度至少降低上亿倍！

5）量子通信技术困境之五　密钥裸奔无可避免

　　密码系统是由密码算法和密钥二大部分组成的。尽管密码算法是密码技术的关键，但是现代商用密码产品中的密码算法都是公开的，从密码使用的角度来看，密码系统中最机密、最需要保护的就是密钥。

　　在信息化时代，执行密码加密解密算法都是数字计算机，密钥只有需要时才在计算机系统的内核空间产生，它与密码算法进程紧密结合、须臾不离。密钥需要分发时立即被加密，只有加密后的密钥才会离开安全的内核空间进入内存、外设接口、最后进入外网传输，密钥只有在接收端的系统内核里才被解密为明文状态。传统密钥分发一路绿灯，"全程被加密，神仙难下手。"不让黑客有窃取密钥的任何空间。

　　"量子密钥分发"分发的不是"量子的密钥"，而是用量子手段分发"传统的密钥"。请记住，"量子密钥分发"线路的两端最终得到的就是传统密钥的明文，它们就是一连串的"0"和"1"的传统电信号。通过"量子密钥分发"在线路的两端产生密钥只是中间过程，密钥只有输入进计算机、智能手机等用户设备之中，最后提供给加密解密程序后才能完成"量子密钥分发"的全过程。而用户设备都是在它的系统内核中进行加密解密操作，密钥从"量子密钥分发"(QKD)送达"系统内核"必须经过二段路程：QKD 设备 -> 用户设备外接口；用户设备外接口 -> 系统内核。

　　从 QKD 到系统内核的这二段路程对于密钥而言就是它九死一生的华容道，密钥在这条道上是毫无保护地一路裸奔，因为密钥在这二段路程上完全是以明文形式传输的。虽然这二段路程的长度可以缩短到几个公分，但是只要这个长度不为零，无孔不入的黑客就有了窃取密钥信息的大好机会，"千里之堤溃于蚁穴"。以目前的技术水平，让 QKD 与每个用户设备的距离缩短到几个厘米以下根本不现实，即使到了将来 QKD 设备变成一个芯片，从芯片到系统内核依然存在密钥被窃的空间。

　　另外，由于 QKD 的成码率极低，密钥生成速度远远赶不上消耗，所以常常被迫提早启动密钥分发过程，把生成的密钥贮存后备用。其结果是密钥以明文形式存在的时间大大延长，这正是攻击者求之不得的。

QKD 导致密钥以明文形式在空间和时间两个尺度上的曝露程度都远远超过了传统密钥分发技术，因此，从密钥的总体安全角度衡量，量子密钥分发远不及传统密钥分发技术。

上述这些技术困境就是量子通信迈向工程实用化道路上难以逾越的五座大山。俗话说"一山当关，万夫莫开。"现在一共是五座大山。量子通信工程化难，难于上青天！

有必要强调指出，量子通信 QKD 的五大技术困境都是被物理原理所决定了的，没有基础研究上的突破这些技术问题要获得根本性解决几乎没有可能。而且这些技术问题都有一票否决权，换言之，只要它们中有一个得不到彻底解决，量子通信根本就不具备工程可行性。

第二章 量子通信不存在工程化的必要性

第一节 宣传公钥密码危机的本质是贩卖焦虑

1）公钥密码不是弱不禁风的林黛玉

2017 年出现了一篇论文："后量子时代的 RSA"[1]，该文发表后被多家相关杂志转载和引用，文章的结论是：目前使用的公钥密码 RSA 不会因为量子计算机的出现而崩溃。

该论文的核心内容可以概括为：假设量子计算机已经建成，再假设量子计算机的量子比特(Qbit)可以无限扩展，进一步假设该量子计算机的运行成本与现在通用电子计算机的成本可以相比，用这样一台凭空想象出来的量子计算机来破解长度为 Terabyte（太字节，等于 1024GB）的 RSA 公钥密码需要量子计算机的量子比特操作总次数竟达到 2^{100}！这是一个非常可怕的天文数字。

再让我们估算一下量子计算机破解 RSA 需要多少量子比特。使用肖尔量子算法破解 4096 位的 RSA，据有关专家估算，考虑到必要的纠错等因素，量子计算机需要的量子比特位约为 $4096^3 = 68719476736$。不久前 IBM 实现了 50 个量子比特，尽管 IBM 自己承认还在试验阶段，这条消息已经震惊全世界，仅仅只是可怜的 50 位！但要破解 4096 位的 RSA，IBM 设备的量子比特还需扩大至少 10 亿倍，从工程角度来看，这几乎就是不能完成的任务。请注意这里讨论的仅仅是 4096 位的 RSA，那么对 1T 字节长度的 RSA 呢？按上述比例不难估算出需要的量子比特位约为 2 的 126 次方，那更是一个难以想象的天文数字。

2^{100} 是一个什么概念？这个数大于地球上所有生物细胞的总数！当然使用长度为 Terabyte 的 RSA 公钥确实也有点离谱，但论文作者在今日的电子计算机上产生了这样的公钥，并有效地实施了加密和解密。按目前的技术水平，长度为 Terabyte 的 RSA 公钥虽然并不实用，但至少还是可以实现的。随着传统电子计算机性能的飞速提高，使用超长字长的公钥在技术上不会有难以克服的障碍，但是量子计算机即使建成，要破解这样的 RSA 公钥也毫无希望。

这篇论文并不是要为对抗量子计算机提供确切的方案，而是通过实验和数据分析指出了一个冷酷的事实：即使围绕量子计算机的技术难题和运营成本全都解决，只要现行的 RSA 公钥增加字长和改善算法，就能迫使量子计算机在恶意破解时必须付出难以承受的代价，成为事实上的不可能。在后量子时代作为经典密码系统重要基石的 RSA 具有足够长的生命力。急于丢弃 RSA 等公钥密码系统而另辟蹊径就是杞人忧天。

请仔细思考一下，空间上需要超过 2 的 100 次方的量子位（再次强调，这个数大于地球上所有生物细胞的总数！），时间上需要 2 的 100 次方的操作，这样的量子计算机究竟什么时候才能造得出来？但凡稍有一点常识，应该不难做出正确的判断[2]。

有些科普文章把量子计算机写得太神奇，好像公钥密码面对量子计算机不堪一击、危在旦夕，这是没有科学根据的。科普宣传必须实事求是，千万不可越界写成科幻作品，向大众贩卖焦虑为量子通信工程的仓促上马制造舆论就更缺德了。

2）破解公钥密码的量子计算机还远在天边

公钥密码远非是弱不禁风的林黛玉，量子计算机更不是包打天下的李元霸！

量子计算机的威力不是因为它运转速度有多快，而是依靠特定高效的量子算法。破解公钥密码 RSA 的是 Shor 量子算法。这个诞生于 1994 年的算法一开始着实吓人一跳，其实只是雷声大雨点小，一晃都快三十年过去了，一事无成，真可谓"白了少年头、空悲切！"

破解 RSA 的本质是要快速分解质因数，这方面做得最好的是 IBM，他们真的在量子线路设备上成功地分解了 15 和 21，但是直到现在依然对分解 35 一筹莫展。破解 2048 位 RSA 要分解一个多大的数字呢？看看下面的图片就能明白什么叫异想天开了。

RSA-2048具有617个十进制数字，共2048bits。是目前最大的RSA数字，有20万美金的悬赏用于对RSA-2048的因式分解。

```
1  RSA-2048 = 25195908475657893494027183240048398571429282126204032027777137836043662020707
2             595556264018525880784406918290641249515082189298559149176184502808489120072
3             84499268739280728777673597141834727026189637501497182469116507761337985909577
4             0009733045974880842840179742910064245869181719511874612151517265463228221686
5             99875491824224336372590851418654620435767984233871847744479207399342365848238
6             2428119816381501067481045166037730605620161967625613384414360383390441495267
7             34432190114657544454178424020924616515723350778707749817125772467962926386358
8             637328991215483143816789988504044536402352738195137863656439121201039712282277
9             120720357
```

图 2.1

其它所谓破解了多少位的 RSA 全是纸上谈兵，也就是假设有了某种结构和规模的量子计算机，然后讨论破解 RSA 要化多少时间云云。这就是量子计算机破解 RSA 的现状，基本上都是画饼充饥、望梅止渴而已。

量子计算机在工程技术层面遇到一系列严峻的挑战。归根到底，量子计算机和"量子通信"的难处都在同一症结上：就是对于单量子态的控制和测量。量子态的叠加和纠缠特性为量子信息技术提供了诱人的前景，但是量子态必须能被测量和读出才能为之所用。但是量子世界中不存在独立的暗中观察者，测量不是被动地读取信息，它会改变被测物的量子态，这就是"海森堡不确定关系"。量子测量必然会干扰被测物量子态使得从量子系统中获取信息变得极其困难。

量子态的叠加、纠缠和测量是量子力学不可分离的三要素，你不能只要量子态叠加和纠缠的长处，而不要量子态测量的短处。

真可谓：成也"量子态"，败也"量子态"，制造量子计算机遇到的最大困难都可归结到对量子态的测量。

　　处于叠加和纠缠的量子态具有丰富多样的信息，但水灵灵的量子态也是非常的娇嫩，受到任何一点外界环境的影响（污染），就不再保持理想的量子纯态，很快失去量子相干性，这个过程叫量子系统的退相干(decoherence)。为了延长退相干的时间，唯一的办法就是尽量把量子态与外界环境隔离，但是深度隔离的量子态就变得越发的难以测量，因为测量的设备和观察者本身也是环境的一部分。一个量子系统与环境隔离得越好，系统保持的相干时间越长，但是我们也就越难对其控制和测量，测量者好像必须与环境作对，从量子系统中去抢信息。目前超导量子态的相干时间大约在 10 到 100 微秒之间，如果用它们做成量子计算机，它最多只能连续工作万分之一秒。

　　为了解决量子态的退相干难题，引入了量子纠错(quantum error-correction) 技术。 其基本想法是把信息复制多个副本来防止个别副本出现误码，这与重要文件一式多份防止篡改是同一道理。我们把一个量子态的信息分散存储在几个高度纠缠的量子态中，通过测量这些相关状态的总体表现来查错纠错。我们把单独的量子态称为物理量子比特，把多个物理量子比特纠缠形成容错的称为逻辑量子比特，一个逻辑量子比特至少要有 500 至 1000 个物理量子比特构成。经过量子纠错，逻辑量子比特的维持时间会远超过物理量子比特的相干时间，这才是真正具有计算功能的逻辑量子比特。当下量子计算机最大的挑战就是实现稳定可靠的逻辑量子比特，这一步到目前连实验室都还没有完全成功。

　　下面是 2013 年发表在 Science 上的"量子计算台阶图"，下一层功能是上一层功能的基础，从下到上，一步难于一步。这个台阶图的第三层就是量子纠错和控制，目前世界顶级实验室能登上这第三层的凤毛麟角，而且脚跟都没有站稳。要制成实用的可以破解公钥密码的量子计算机必须一步步往上攀登到达最高的第七层，量子计算难，难于上青天！

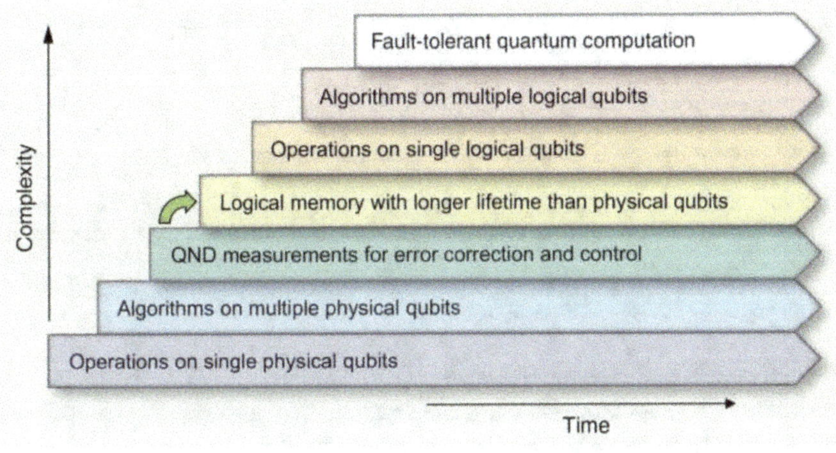

图 2.2

　　量子计算机目前面临的远不只是工程困境，现在有些科学家甚至认为从原理层面上来看，建造用来破解密码的量子计算机就是不可能完成的任务。2018 年初的量子杂志连载有三篇质疑量子计算机可行性的相关报导，其中的一篇介绍了以色列数学家 Gil Kalai 和他的研究工作[3]。

　　Kalai 的文章是关于玻色采样（Boson sampling）的噪声分析，结论是玻色采样对噪声相当敏感，在容错量子计算机中很难实现明显的量子加速。量子态的退相干现象实质上是有关噪声的物理过程，Kalai 通过数学建模和分析得出两条结论：1）把物理过程的噪声抑制趋向于零的代价是无法承受的，换言之，要得到精确稳定的逻辑量子比特，需要的物理量子比特数会有指数型的增加；2）过程的噪声减少是以系统灵敏度减少为代价的，就是说，量子纠错会限制量子态承载信息的丰富多样性。总而言之，我们不能既要量子态的丰富多样，又要量子态的可控和稳定，就像你很难找到一个思想上天马行空，而又对你百依百顺的天才型奴

43

才。Gil Kalai 的观点有待进一步的实验验证，但是他的研究至少让我们进一步认识到，研制实用的量子计算机的道路十分艰难遥远。

为了满足论文爱好者的需求，本文再引一篇美国物理学会期刊论文[4]，以及两篇中国科学家的论文[5]。这里展示一下论文的部分结束语："这些结果表明，解释量子力学现象并非一定需要哥本哈根的波包塌缩诠释！依据并无共识的哥本哈根诠释、不加甄别地发展依赖诠释的量子技术，在量子技术发展中会导致技术科学基础方面的问题。随着时间的推移，这种问题严重性会逐渐凸显出来。显然，如果不能正确地理解量子力学波函数如何描述测量，就会得到"客观世界很有可能并不存在"的荒诞结论；如果有人不断宣称"实现"了某项量子技术的创新，但何为"实现"却依赖于有争议的、基于波包塌缩的"后选择性"，这样的技术创新的可靠性必定存疑。因此，澄清量子力学诠释概念不仅可以解决科学认识上的问题，而且可以防止量子技术发展误入歧途。"

请注意，本文绝非要贬低量子计算机的发展前景，量子计算机完全有可能在某些特定领域产生一定的效用。但是，通用大型量子计算机很可能永远也做不出来，即使最后做成功，没有几十年不可能，就是有了可以实用的量子计算机，要真正威胁 4096 位的 RSA 公钥密码恐怕还得再等一二十年，到了那时候公钥密码可以增加字长和改变算法，量子计算机还是只能望洋兴叹。公钥密码在可以预见的将来是足够安全的，因此"量子通信"工程化就毫无必要性。

3）量子通信拯救公钥密码危机纯属自作多情

多年来公钥密码的安全隐患被夸大了，而认为 QKD 可以拯救和代替公钥密码更是错上加错。缺乏常识和逻辑混乱是造成这个低级错误的根本原因，下面几句话就足以把这个问题阐述清楚，不需要懂量子力学也完全可以理解的。

QKD 每次只能产生一个密钥，而公钥密码产生一对密钥，它们分发的方式与机制完全不一样，公钥密码除了分发密钥以外还具有其它密码功能，而这些重要的功能 QKD 并不具备（详见第一章第一节），请问 QKD 如何去代替公钥密码？举个简单例子，老式固定有线电话虽然具有智能手机相同的语音通话功能，难道固定电话就可代替智能手机吗？

公钥密码就像智能手机，它有着多种重要功能，而且可以在移动场合为不固定用户提供方便灵活的服务。可以作这样形象化比喻，公钥密码就是保证互联网通信安全的一种智能式密码系统，对称密码无法替代之，QKD 只是对称密码中的子功能，它想要替代公钥密码更是门也没有。在互联网环境中，只有公钥密码可以为数量巨大而又从未见过面的用户之间作身份认证、密钥分发和信息完整性验证。

QKD 不适合用作通信双方的身份认证，但也不是完全不能做。已经存在一种称为"Wegman-Carter scheme"的方案可以用作通信用户的身份认证。这个方案的原理其实也简单，就是让通信双方在 QKD 通信之前预先取得一个较短的密钥（又称为 tag，一般为 256 位的二进制数），接着双方通过 QKD 取得新的共享密钥，然后用它来加密解密 tag，最后经过比对确认对方的真实身份。从这个角度看，QKD 实质上是一种受条件限制的密钥分发技术，这个限制条件就是通信双方在密钥分发前已经预先拥有共享的密钥。

所以 QKD 更准确的定义应该只是一种密钥的增长技术(quantum key-length extension)。量子密钥增长技术—>量子密钥分发技术—>量子密码技术—>量子通信，一个功能非常原始有限的技术，经过层层的包装打扮最后变成了"量子通信"，让人觉得这是一个高大上的全新的通信技术。把一种四级以下的技术吹嘘成一级工程技术，可悲的是这种"标题党"的错误至今仍未得到纠正。

其实这种身份认证方案在传统的对称密码系统中早已为人熟知。所以在工作机理上看，QKD 更接近对称密码，与公钥密码毫无共同之处。这种方案的最大局限性在二个方面：1）我们知道 QKD 就是为了解决通信双方之间的密钥的传送分发，那么又有什么技术可以用来传送分发通信双方第一次的预置密钥（tag）呢？这就需要通信双方事先是认识的而且曾有过零距离接触。这个问题在某些应用环境中就会成为迈不过的坎。2）为了作身份认证，通信用户的两两之间都必须共享唯一的预置密钥，如果 N 个用户要互相通信就需要总计 N*(N-1) 个预置密钥。当 N 增加到一定程度时，预置密钥的贮存管理就会成为难以逾越的障碍。

用预置密钥的方式作身份认证在互联网世界中是死路一条。道理非常简单：

1）你很难要求互联网的用户在通信之前必须先有"第一次"的零距离接触。举个例，如果用量子通信代替公钥密码，一个身居贵州山区的读者想要加我微信，他得先坐车到贵阳，买张飞机票到洛杉矶与我碰头，俩人再躲在咖啡馆的角落里在各自手机中偷偷预设一个密钥(tag)。这不是在开国际玩笑吗？

2）如果互联网的一个互通信群体的用户数到达一千万，这个群中需要生成近 100 亿个预置密钥，每个用户要存放管理好 9999999 个预置密钥！如果非得采用这种通信安全技术，互联网上的用户早就逃之夭夭了。

互联网用户数量巨大，用户之间不认识又无固定的隶属关系，为了密钥的分发、身份认证、通信完整性核查，对称密码与量子通信都要求通信用户之间必须预先共享密钥，这在互联网上就成了不可能完成的任务，这也就是公钥密码产生和存在的根本原因。可以毫不夸张的说，公钥密码就是为互联网而诞生的。在互联网环境中只有使用公钥密码，密钥的分发、身份认证和文件完整性核查才可高效率、低成本地完成。

公钥密码的安全性也远非脆弱不堪，要对付将来量子计算机的威胁，公钥密码的 RSA 算法可以加长密钥的长度，或者干脆改变算法，办法多得很。毫无疑问，公钥密码的安全性有待进一步提高，抗量子攻击的公钥密码算法（PQC）的研究已经取得实质性成果，新一代的量子计算机无法破解的公钥密码算法产品已经进入测试阶段，公钥密码根本无需英雄救美。建筑于数学原理之上的 PQC 技术是后量子时代保证公钥密码安全的唯一正道，关于 PQC 将在第六章中作详细介绍。

我们后退一万步，即使明天早上一台强大无比的量子计算机与太阳一起升起，公钥密码彻底崩溃了，量子通信也根本顶不上去的。公钥密码为互联网而生，为互联网所用，在互联网环境中分发密钥和身份认证没有任何其它技术可以代替它，对称密码有困难，而量子通信则更不行。

西方有这样一句谚语："Be careful what you wish for, it might just come true"（许愿要小心，预想成真并非是好事。）我劝量子通信的推动者就不要再天天咀咒公钥密码了，如果有一天公钥密码真的崩溃了，量子通信才真正脸面扫地走到尽头了。因为到那时人们恍然大悟量子通信原来是百无一用的银样蜡枪头。

参考资料

[1] Post-quantum RSA

https://eprint.iacr.org/2017/351.pdf

[2]对公钥密码 RSA 的量子攻击，到目前为止都只是纸上谈兵而已，是在给现实不存在的计算机写程序。破解 1T 字节长度的 RSA 的肖尔量子算法，究竟需要多少位 Qbit 的量子计算机，需要多少

次的操作，每次量子比特操作又需要多少时间，到目前为止仍缺乏可靠的数据，由此很难给出量子破解在时间上的总开销。谁也给不出正确的数据。

根据经典电子计算机的经验，我们当然有办法压缩量子计算机 Qbit 位数，但这必然会以大幅增加操作次数为代价的。用量子计算机破解 RSA 的总难度基本不会有改变。

无论从量子位数和运行操作步数来看，在可预见的将来，量子计算机要破解 1T 字节长度的 RSA 是根本不可能的。所谓的公钥密码危机是一个伪命题。

[3] "Gaussian Noise Sensitivity and BosonSampling"
https://arxiv.org/abs/1409.3093
[4] Five Open Problems in Quantum Information Theory
https://journals.aps.org/prxquantum/pdf/10.1103/PRXQuantum.3.010101
[5] 中国物理学会期刊网 2017-08-17
作者：孙昌璞（ 中国工程物理研究院研究生院北京 北京计算科学研究中心）

https://mp.weixin.qq.com/s/ikuj1---4p7seVxpOmE5Iw
https://mp.weixin.qq.com/s/O2IPcuBRkGZkA6nAOWT-qg

第二节 信息系统安全的短板究竟在哪里？

推动量子通信工程的一些实验物理学家缺乏信息安全领域的专业知识，他们始终没有明白，量子通信只是一种密钥分发技术（QKD），它仅是对称密码系统中的一个子功能。即使 QKD 是绝对安全的，也不等于密码系统就是绝对安全的；即使密码系统是绝对安全的，也不能保证信息系统是绝对安全的。信息系统最大的安全隐患目前主要来自计算机的操作系统、中央处理器硬件、计算机内存和各种应用软件等方面，它们才是信息系统安全的短板。

　　信息系统的总体安全性遵循木桶短板效应。木桶的盛水量受制于木桶的短板高度，同理，信息系统的总体安全性决定于系统中的短板—系统中最不安全的地方。提高信息系统安全水平最有效的方法应该是增强短板，即把工作的重点放在计算机操作系统和硬件设备方面。决策者不应该沽名钓誉做政绩工程，不惜代价去增强密码系统这块长板是倒行逆势。QKD 工程并没有能力增高信息安全木桶上的这块长板，退一步说，即使增高了这块长板，对国家信息系统整体安全性也不会产生正面影响，因此在未来很长时间内，QKD 完全没有工程建设的必要性。

　　QKD 工程推动者自始至终把目光聚焦于通信的私密性上，误以为绝对私密性就等于通信的无条件安全性，又错误地把密码通信安全等同于信息系统安全。他们严重干扰了国家信息安全决策部署，却还自以为在建造"国之重器"。

　　信息系统安全的严峻挑战究竟来自何方，让我们解剖一个实例就能看清楚了。

　　2018 年的新年刚过，北京时间 1 月 4 日凌晨 4 时左右，英特尔公司通过其官方推特发布了一份关于产品安全漏洞的声明，"渔阳鼙鼓动地来，惊破霓裳羽衣曲。"一夜醒来，人们方知自己桌上的电脑、手中的智能手机和常去的热门网站几乎都存在严重的安全隐患，数字世界中保护我们隐私的原来只有一层糊窗纸，一捅就破。

　　这次问题出在英特尔的微处理器（CPU），它们都存在"熔断和幽灵"这两种可怕的安全漏洞，这两个漏洞的名字听上去就吓死人[1]。其它公司的微处理器也都存在这些漏洞，他们都是难兄难弟，五十步别笑一百步[2]。利用"熔断和幽灵"漏洞，网络上的黑客可以访问计算机操作系统内核的内容，获取系统底层的机密信息，例如用户账号和通信密钥等等。在通信信道上无论传统密码还是量子通信把密钥分发做得有多安全，一切都是浮云，黑客在终端等着，取得密钥如囊中取物。一朝密钥失手，还有什么安全可言？

　　最不可思议的是这些芯片底层的安全缺陷竟然存在了一二十年不为人知，长期以来我们引以为傲的数字化大厦原来是建在一片沙滩上，灾难随时都可能发生。我们的一些严重脱离实际的书生还在宣传 QKD 比传统密码有多安全，房子地基都要塌陷了，争论门上用什么锁更安全不是很可笑吗？这些带有严重安全漏洞的微处理器不仅用在各种消费电子产品中，也被使用在核电站、飞行器和国防工程中。不信？请看下面这张网上公开的图片。

图 2.3

　　图片展示的是量子通信京沪干线合肥总控中心，这是监控量子通信干线各个枢纽机关（其中主要是可信任中继站）的中心，这是掌握所有机密的核心，这是保护量子通信干线安全的最后屏障。请看总控制台上的计算机（红色箭头所指），屏幕显示正在运行微软公司的视窗操作系统，十有八九该机使用的也是英特尔的微处理器。不知这台计算机是否已经打上了针对"熔断和幽

50

灵"漏洞的修复补丁？在量子通信干线的设备上打个补丁，听上去还真有点别扭，看了这张图片你还会相信 QKD 所谓的绝对安全吗？

除了合肥总控中心控制台上的计算机用了英特尔的微处理器，估计还有成百上千的英特尔微处理器被用在京沪量子干线的各种设备中。QKD 能够做的只是密钥分发，它本身无法作加密、解密等更为复杂的操作。无论 QKD 这个过程有多高深多玄乎，无论你上天入地，最终你还得输出壹与零组成的经典电讯号，并把这些二进制的电讯号交给英特尔的微处理器去完成对数据的加密与解密。没有计算机，没有这些微处理器，用几百位长的密钥对数据作加密解密是不可想象的。

京沪量子通信干线从总控制台到各处的可信中继站使用成百上千的微处理器，这些微处理器，不管是英特尔还是 AMD 或者 ARM 全都是一个熊样，全部带着严重的"熔断和幽灵"安全隐患，它们为恶意攻击者在量子通信干线上窃取密钥提供了许多机会。

存在于微处理器硬件中的安全缺陷对 QKD 系统的破坏性远超传统密码系统，其原因主要是两条：1）京沪量子通信干线使用了许多"可信中继站。在这些中继站里密钥与各类硬件（包括微处理器）有亲密接触，恶意攻击者很容易通过诸如"熔断和幽灵"漏洞直接获取密钥。只要密钥落人手，千里长堤毁一旦。2）QKD 干线的建设者深知这些中继站是命门软肋，必须作彻底的"物理隔离"，就加建了不少监视和遥控设施，因而才有了上面图片显示的总控中心。在这些设施中又用了许多英特尔的微处理器，这就引入了更多的安全隐患和次生性伤害。

传统密码系统没有以上这些问题，因为传统密码严格保证所有通过传输线路上的信息是经过加密保护的，这其中包括数据也包括密钥本身。换言之，无论传输线路上用了多少不安全的设备和微处理器，恶意攻击者不管处在传输线路的什么地方、使用了什么方法，能够看到的都是密文（乱码），它无法窃取任何有意义的信息。传统密码系统对通信线路和设备从来不需设防，在互联网时代也根本无法点点设防，传统密码从思维层次上就胜量子通信一筹。

那么传统密码是否就能保证绝对安全，正确的答案是：传统密码能保证信息从 A 传输到 B 之间有充分的安全，但是整个信息系统的安全还涉及许多其它因素，例如解密后数据的保管和存放、密钥的更新和保护等等环节，密码本身是无法保证整个信息系统安全的。换言之，传统密码可以保证信道安全，但不能保护信源的安全。只要是使用桌上电脑和手机，黑客就可以利用它们里面微处理器中的"熔断和幽灵"漏洞窃取秘密，不管是传统密码还是 QKD 全都没有用。当然目前的 QKD 的问题要更多更严重一点，因为 QKD 让裸露的密钥在传送中接触了更多的微处理器。换言之，QKD 干线在原来的信道上平添了许多新的信源，引入了更多的安全隐患。

量子通信布道者对微软视窗操作系统的许多安全隐患熟视无睹，却对远为成熟安全的公钥密码横挑鼻子竖挑眼，他们天天心安理得地使用着漏洞百出的微软视窗，却把公钥密码描绘成明天就会引爆的地雷。他们的这种思维方式总让人感觉有些滑稽，这有点像即将沉没的游轮上的旅客不赶紧寻找救生圈，却在抱怨船上提供的食品临近保质期。

信息安全问题是个很长的链条，密码技术只是其中的一个环节，密钥分发又是这一环节中的一个细节。保证这一个细节的安全当然是应该的，但无限拔高它的重要性是不对的，宣传要不惜一切代价提高它的安全性更是错误的。这会扭曲正常的资源配置，而且会误导公众，以为只要有了量子密码技术从此天下无贼，这样的想法非常危险。

有些人以为信息安全与造房子一样，多一道措施多一份安全，幼稚地认为有 QKD 总比没有要好一些。事实上木桶盛水的总量是被木桶的短板决定的，同理，信息系统的总体安全性决定于它的薄弱环节——信源的安全，无限提高公钥密码的安全性于事无补。对于住在危屋中的朋友，明知屋主原来的锁足够安全，你不劝他补窗修门筑围墙，却极力推销一把高档"量子锁"，并宣称只要门上挂了此锁天下从此太平，这样的推销员既不专业而且非常缺德！

今日信息系统的安全确实面临一系列严峻的挑战，但如果把这些挑战按照危急严重程度罗列出来的话，密码安全问题根本进不了前三甲。随着信息的电子化和网络化，密钥的产生和管理全部是由电子计算机完成的，相比计算机硬件和操作系统存在的严重安全隐患，所谓的公钥密码危机真是小巫见大巫了。

今天我们终于看到了微处理器"熔断和幽灵"这个大巫的丑陋可憎的面目了，不过我可以负责任的告诉大家，千万别信英特尔轻描淡写的声明，这样的事件既不是第一次，也绝不是最后一次，这些大巫将会掀起一场又一场的腥风血雨。集中精力、协调配合去认真面对计算机软硬件的安全隐患才是信息安全领域的头等大事，千万不要被某些别有用心的人带偏了方向！

在现实世界中，"安全性"远不止是一个物理问题，甚至并不只是一个科学问题。我们需要知道真实的信息系统的安全漏洞究竟来自哪里，是在传输中还是在收发端上，是在机器中还是人为操作引起的。评估一种新技术是否能有效的提高通信安全，应该由信息安全专家来主导。必须围绕真实存在的安全问题展开深入的调查研究，仅仅在量子物理杂志上发些安全分析的论文是远远不够的。这也是我对量子通信实用价值持谨慎态度的主要原因，因为它的推动者几乎都是物理学家而非信息安全专家。美丽的花朵不一定结果，QKD 的物理原理很奇妙，但不能解决实际问题。由物理学家担任密码工程项目的负责人非常的不合适，物理学家不具备密码学家那种怀疑一切的"阴暗心理"，对待安全问题他们常常是"图样图森破"。

参考资料

[1]利用"熔断"漏洞，低权限的程序可以访问操作系统的内核空间，获取系统底层的核心机密；当用户通过浏览器访问存在"幽灵"恶意程序的网站时，用户的帐号、密码和其它隐私信息可能会被泄漏；在云服务环境中，攻击者可利用"幽灵"漏洞可以突破用户间的隔离，窃取其他人的信息。

[2]"熔断"是最容易被利用的缺陷，Intel 所有处理器存在"熔断"缺陷，AMD 处理器不存在"熔断"缺陷，ARM 只有 A57 存在"熔断"缺陷。幽灵缺陷也不完全相同，Intel 的幽灵缺陷很容易被利用，AMD 因为构架复杂，研究者并未能真正突破。

第三节 数字货币的稳步推进再次证明量子通信工程毫无必要性

中国商务部官网 2020 年 8 月 14 日发布了《关于印发全面深化服务贸易创新发展试点总体方案的通知》，其中公布了数字人民币试点地区。在"总体方案"中的第 93 条提出：将在京津冀、长三角、粤港澳大湾区及中西部具备条件的试点地区开展数字人民币试点。中国的数字人民币发行计划又往前迈了一大步。

其实从今年的 5 月 1 日起，央行数字货币 DCEP(Digital Currency Electronic Payment)已经正式在苏州等地开始试点,试点单位员工其工资中的交通补贴的 50%将通过央行数字货币的形式发放，数字货币已经走进现实。

今日越来越多的资讯开始以数字化的形式存储、处理和传送，这是进入信息时代的重要标志。由于现代信用货币的本质是债权、是欠条，它不是一般的等价物，它其实就是一条信息，因此信用货币的数字化是必然的趋势。数字货币就是用数字信号代表的一张欠条，央行数字货币的定位是部分替代 M0，即人民币纸钞的数字化替代。

中国央行发行的数字货币 DCEP 将取代部分市场上流通的人民币的纸币，那么它必须和纸币一样具备匿名性、真实性、便捷性、廉价性和安全性等特征。这后三种特征不难理解，本文不作展开，讨论的重点将放在前两个特征上。

匿名性和真实性其实是相互对立的，要保证真实性，防止数字货币被复制后用于多次支付（又称"双付"问题，即复制了一份后，用于两次支付），最简单粗暴的办法就是让数字货币惟一记名，由发行人一直盯着这笔数字货币的流转，但这样就无法实现匿名性，这似乎成了不可调和的矛盾。

数字货币要求具有匿名性，不可追溯，但又得保证其真实性，不被非法复制，这是一对矛盾。同时实现匿名性、真实性，所用到的技术就是盲签，而盲签的关键又是零知识证明[1]。而支撑这些数字技术的基础就是非对称密码，又称公钥密码，由公钥密码提供的身份认证和数字签名是数字货币安全的基本保证[2]。

图 2.4 是数字货币钱包的申请与开通流程图，注意这里使用的是公钥、私钥一对密钥，这是公钥密码的标志性特征。

可以毫不夸张地说，公钥密码就是数字货币的魂和盾！中国央行加速推进数字货币，充分说明公钥密码不仅现在是安全的，而且在可预见的未来都是安全的。

无独有偶，美国私人数字美元 Libra 也不甘落后。2020 年 4 月，Libra2.0 版白皮书正式发布，Libra 已经向瑞士监管当局申请支付牌照。

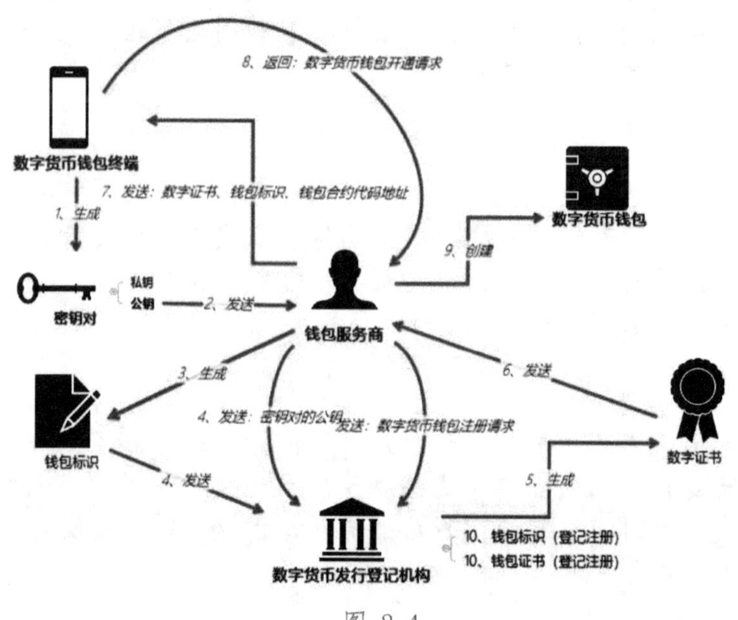

图 2.4

　　世界各大央行加速推进数字货币，充分证明了公钥密码是安全的，这其实也是国际密码学界的共识。

　　但是某些量子物理方面的专家教授却宣称："公钥密码的安全性无法得到证明，更可怕的是，当量子计算机进入实用阶段后，公钥密码会被轻易破解，这将导致通信系统的灾难。"这个精心策划的"公钥密码危机论"极度夸大了公钥密码中的一些问题，误导了公众和科技决策者。如果公钥密码真的如此不堪一击，那么建立在公钥密码基础上的数字货币岂不成了废纸。

　　货币安全是主权安全！又有谁敢在货币安全上开玩笑。在关系国家主权安全的大是大非面前，我们究竟应该相信央行的密码学权威还是中科大的量子物理教授呢？其实中美两国高层的人门儿清，他们才不会被几个量子物理教授牵着鼻子走的。

公正地说，利用量子计算机制造公钥密码危机的始作俑者是西方的少数学者，国内的一些科研人员也只是鹦鹉学舌，他们连忽悠也缺乏创新能力。西方学者制造公钥密码危机的原因很简单，就是为量子计算机和量子通信的科学研究争取更多的经费支助。这些年来西方学术界为了科研经费不择手段地制造新闻，这已经不是个别现象。所幸这些乱象仅限制在学术界内部，影响有限。但是中国某些教授竟然可以利用公钥密码危机这类学术界的忽悠拿来做工程项目，真可谓"青出于蓝而胜于蓝"了。

同是忽悠，跨越学术界和工程界这条红线，性质完全变了。学术界中忽悠当然也不应该，但是科学研究有时也需要鼓励探索和试错，所以才有学术自由之一说。但是在工程界，没有工程必要性和可行性的严格论证，不按市场规律启动毫无经济效益的工程项目，工程推动者是要负法律责任的。

譬如，天文学界可以讨论外星人，甚至可以为寻找外星人申请研究经费。但是如果某些天文学家以外星人为理由，提出要在高铁工程沿线加添防备外星人的设备，这样的天文学家估计会被送进精神病院。

公钥密码是安全的，也根本不存在迫于眉前的危机，仓促推进量子通信 QKD 的工程化就失去了必要性。某些人为了掩盖自己的错误，为 QKD 工程化找借口，近来又在捣鼓"长效性安全"的伪概念。

所谓的"长效性安全"的含义是：用公钥密码加密的信息虽然现在是安全的，但是随着技术的发展，这些被保存起来的加密信息在未来的岁月中有可能被破解，而 QKD 则可以提供长效性安全。

事实证明，QKD 根本不具备所谓的长效安全性，一个依靠物理原理的 QKD 系统更容易受到侧道攻击和全息原则的制约，有关内容将在第四章第一节作详细介绍。其实 QKD 工程连眼门前的安全都难以保证又何来所谓的"长效性安全"。

公钥密码难道真的只有短期安全性吗？如果公钥密码只能保证信息的短期安全，那么由此建立的数字货币还能称为货币吗？如果数字货币不能像纸币一样压在箱底几十年不用担心，请问这样的数字货币又有多少人会愿意持有呢？

众所周知，货币安全是主权安全，货币安全是长远战略安全。国家央行坚定不移地推进数字货币 DCEP，就是对公钥密码长期安全的肯定。

公钥密码是安全的，但并不表示公钥密码是完美无瑕的，公钥密码如同所有其它技术一样，需要与时俱进不断完善。事实上，对抗量子计算机攻击的新一代公钥密码 PQC 已经取得实质性进展。很可能在央行设计的数字货币的总体框架内，已经预留了 PQC 的位置，在必要的时候，公钥密码通过技术升级可以有效地应对未来的安全风险。

数字货币 DCEP 急速前进的步伐宣告了"公钥密码危机论"的破产。当然，非要说公钥密码不堪一击、只有量子通信可以英雄救美，也不是不可以，但是应该局限在学术领域。从今以后，利用学术界中这类争议性的议题在大众媒体上哗众取宠、混淆公众视听再也不允许重现，如果为了强行推动量子通信工程，继续在公众场合和工程产业领域夸大宣传公钥密码危机、故意抹黑公钥密码，有可能以扰乱金融秩序而被问责。

最近，科学技术部令第 19 号（科学技术活动违规行为处理暂行规定）明确指出，对于"故意夸大研究基础、学术价值或科技成果的技术价值、社会经济效益，隐瞒技术风险，造成负面影响或财政资金损失"的违规行为将成为重点查处对象。

中科大和科学院的某些领导歪曲公钥密码危机，故意夸大量子通信的技术价值，在严重缺乏工程可行性的条件下，隐瞒技术风险，强行推进京沪、武合、京汉、汉广等量子保密通信干线，已经造成严重的负面影响和国家财政资金损失。

量子通信工程时间跨度近十年、空间横越上万公里，影响之坏危害之深仍建国后之未有。对于如此严重的工程违规事件，认真反思吸取教训可能比追责更重要。

参考资料

[1]王剑|数学之美：写给大家看的数字货币原理
https://finance.sina.com.cn/review/jcgc/2020-04-20/doc-iirczymi7282636.shtml

[2]CA 认证主要用于相对来说比较高级的机构，而 IBC 认证则是用于个人的。这里引入认证中心的原因是，当用户或者机构发起一笔 DCEP 的转账时，需要通过自己的私钥进行签名，也就是说这笔转账的合法性是通过签名来保证的。在一般意义中的 BTC、Ethereum 或者 Libra 中，私钥是用户自己创建，由自己保管，并且用户的地址是由私钥对应的公钥通过一系列运算（Hash，checksum）等得到的，这种方式的优点是资产账户和私钥是天然绑定的，你拥有了私钥也就拥有了其对应的资产。但是在 DCEP 中，由于存在监管这个特性，资产归属和私钥是分开的，也就是说央行会在用户注册了一个 DCEP 钱包后，会通过认证中心给钱包用户分配一个私钥，这个私钥用来证明是这个用户，至于这个用户是否拥有数字货币，是在登记中心来确定的。所以这里的重点是，用户私钥是央行生成的。

另外，这里简单介绍下 IBC 认证，IBC（Identity-Based Cryptograph）是基于身份标识的密码系统，还是基于非对称的秘钥体系，他与 CA 认证的最大区别就是不需要证书，而是通过用户标识例如手机号码、邮箱等作为公钥，由 IBC 认证中心根据用户标志生成对应的私钥，由于用户标志本身就是一个公钥，通过用户标志就能确认身份有效性了，从而就不用再依赖证书和证书管理系统了。当然，此时央行的公钥还有用户的私钥、证书数据就相当的重要了，需要将该数据存储在 SE 区域。

第四节 举起奥卡姆剃刀 剔除量子通信累赘

"如无必要，勿增实体"

奥卡姆剃刀原理（Occam's Razor）是由 14 世纪英格兰的逻辑学家、圣方济各会修士奥卡姆的威廉（William of Occam，约 1285 年至 1349 年）提出。该原理可归结为**"如无必要，勿增实体"**，即"简单有效原理"。他在《箴言书注》2 卷 15 题说"切勿浪费较多东西去做那些用较少的东西同样可以做好的事情。"

这把锋利的奥卡姆剃刀自 14 世纪横空出世后所向披靡，终结了繁琐复杂的学院争论，它是人类剔除伪装、看清骗局、洞察真相的利器。

现在让我们用奥卡姆剃刀原则来审视量子通信工程的必要性。

为了保证通信安全，一个完整的密码系统除了对信息作加密解密以外，还必须具备用户的身份认证、数字签名和密钥分发等功能，前者由对称密码技术完成，后者由公钥密码技术完成，对称密码和公钥密码共同组成了《传统密码系统》（见图 2.5 的下半部分）。

量子通信不是一种新的通信技术，目前已建和在建的量子通信工程其实都是用量子物理手段分发密钥(QKD)的一套硬件设施，它只是密码系统中的一个小小的子功能。一个使用 QKD 的完整的密码系统，加密解密还得使用对称密码，身份认证和数字签名只能依靠公钥密码，因此《量子密码系统》其实就是《传统密码系统》再加上整套繁复的 QKD 的硬件设施（见图的上半部）。

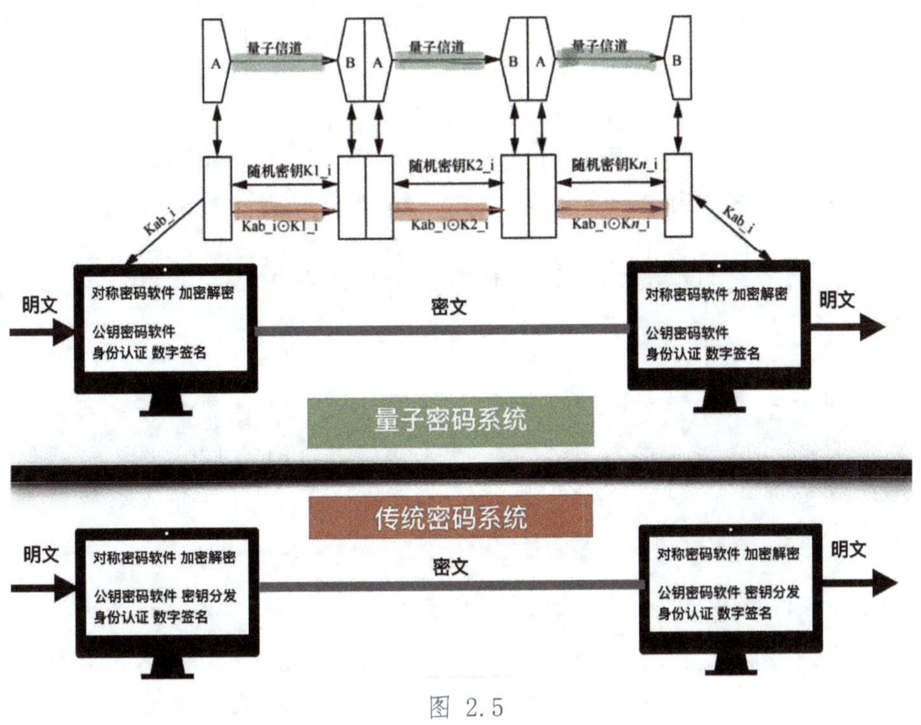

图 2.5

　　根据奥卡姆剃刀原理，**"如无必要，勿增实体"**。量子密码系统化费巨大代价增添的 QKD 一大堆硬件实体有无必要呢？结论是完全没有必要。道理十分简单，只要量子密码系统离不开传统的对称密码和公钥密码，那么它的总体安全性就不可能超越传统密码系统，这是由系统安全的木桶短板原理所决定的[1]。QKD 对提升密码系统总体安全的可能性为零，添加 QKD 纯属多余、毫无必要。

　　"如无必要，勿增实体"，让我们举起奥卡姆剃刀，把图的上半部中量子密码系统的上面的 QKD 那些捞什子一刀剃光，剩余的部分照样可以独立运行，而且安全性绝不会降低。量子密码系统离不开传统的对称密码和公钥密码，唯一的区别只是把公钥密码中分发密钥的子功能用 QKD 硬件作了替代。剔除了 QKD 后，原有的公钥密码立即可以接管密钥分发功能，一点问题都没有。

奥卡姆剃刀认定最简单的解决方案总是正确的。换句话说，我们应该避免寻找过于复杂的问题解决方案，不要画蛇添足，必须"无情地剔除所有累赘"，应该关注简单和切实可行的方法。老子说"大道至简"，可见中国的哲人也有类似的思维。奥卡姆剃刀是规律之上的规律，**"如无必要，勿增实体"**是一个普适的原则。

大量的数学和科学研究已经证实了奥卡姆剃刀原则的正确性。奥卡姆剃刀也可以被称为吝啬定律（Law of parsimony），或者称为朴素原则。如果两个工程方案最后的效果相同，那么消耗能量最小的方案就是应该采用的好方案。

QKD 系统增添了许多量子密钥生成终端、可信中继站各种电子装置和机房空调设备，耗能十分可观，又加上 QKD 成码率极低，所以量子密码系统分发同等长度的一个密钥从北京至上海的能耗至少是传统密码系统的百万倍以上。如果真如某些人所说那样 QKD 要走入千家万户，那么由此增加的能耗就绝对不是一个小数目。

中国不是一个能源富国，而且环保的压力也很大，量子通信干线工程立项时不知是否向能源和环保有关部门做过如实的申报。希望环保部门按照**"如无必要，勿增能耗"**的原则对量子通信工程项目加强监管。

切记！切记！
"如无必要，勿增实体"　　"如无必要，勿增能耗"

参考资料

[1]

s1=QKD 的安全性；s2=对称密码的安全性；s3=公钥密码的安全性

量子密码系统总体安全性= min{s1, s2, s3}

传统密码系统总体安全性= min{s2, s3}

Min{s1, s2, s3} =< min{s2, s3}

所以量子密码系统总体安全性不可能高于传统密码系统

[2] 术语解释

对称密码(Symmetric cipher)：使用一个共享密钥(Shared Key)作加密解密的一种算法。对称密码主要用来把明文加密成密文，并把密文解密为明文。

公钥密码(Asymmetric cryptography)：使用公钥和私钥(Public key, Private key)一对密钥作加密解密的算法。公钥密码主要用来分发密钥、身份认证和数字签名。请注意，公钥密码通过它的加密解密算法和灵活地使用公钥和私钥来完成三个不同的任务，而不是由三个不同的功能块完成不同的任务。换言之，公钥密码作为一个整体是不可拆分的。

量子密钥分发(QKD)：利用量子物理手段分发一个共享密钥的硬件技术。有关对称密码、公钥密码和 QKD 的原理和三者之间的关系，可参考第一章。

第三章 量子通信不具备工程化的可行性

第一节 量子通信的可信中继站存在严重的安全隐患

从技术层面上来看，依靠光纤的量子通信 QKD 的主要障碍在密钥单次分发的有效距离上，目前能到达一百公里已经接近极限了，这是被单光子在光纤中最大传输距离所决定的。这个距离障碍严重影响了 QKD 的工程实用价值。目前的解决方案是设立中继站。但是 QKD 中继站与传统光通讯的放大中继有着本质的区别，传统中继器只是将信号进行过滤重整放大，但是 QKD 中每个光子都单独携载密钥信号，根据不可克隆原理，单光子的偏振态是无法直接复制的。量子状态的维持和接力几乎没有可能性，为了跨越这百公里传递的坎，只能委曲求全使用所谓的"可信中继站"方案，即采用了密钥接力传递这个下下策。

使用"可信中继站"的 QKD 的具体方案目前主要有两种，它们本质上没有区别，都是在每个可信中继站反复地加密解密以接力方式传递密钥。下面将着重分析解剖其中的一种方案。QKD "可信中继站"其实就是一个 QKD 量子信号发送器与接收器的复合体，再加上计算机进行密钥的加密与解密。

这些"可信中继站"需两个通信连接通道，一个是光纤组成的量子通道（绿色），另一个是传统的通信通道（红色），详见图 3.1。

假设我们有一串"可信中继站"，记作 1 号、2 号、3 号…最后是 N 号。密钥接力传递的具体流程是这样的：先在 1 号和 2 号之间通过绿色的量子通道作量子密钥协商，产生一个密钥 K1。同样在 2 号和 3 号之间产生一个密钥 K2，以此类推得到 N-1 个密钥。2 号把 K1 作为待传输的明文，以 K2 为密钥使用对称密码算法对它加密，密文 Y1 通过红色的传统通道送达 3 号，3 号用 K2 解密得到密钥 K1 的明文。3 号用相同方法把 K1 传输给 4 号…。依次类推，"可信中继站"就这样一路把 K1 传递给 N 号，这样在 1 号与 N 号之间就取得了一个共享密钥 K1。

"可信中继站"工作原理

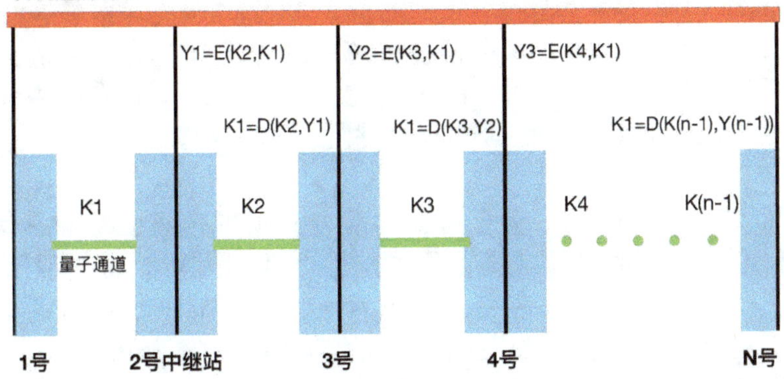

图 3.1

请注意，1 号与 N 号之间得到的共享密钥 K1 根本不是在所谓的无条件安全的量子信道中传递的，K1 其实是用传统对称密码加密后在传统线路上一路传递的。为什么密钥传输过程会变得如此扭曲呢？究其根本，是被 BB84 那个协议给害的。我们多次指出 BB84 无法提供量子密钥分发，它仅是量子密钥协商，"分发"和"协商"差之二字，失之千里。"分发"的密钥是在过程开始前已被确定，而"协商"的密钥是在过程完成后才被确定。"协商"密钥的不确定性决定了 N 个"可信中继站"之间必然产生出 N-1 个不同的密钥。但是真正需要的是在起始和终点两站之间共享一个密钥，出于无奈，就只能把 K1 用对称密码算法不断地重复加密和解密一路传递下去。

这里揭开了一个秘密，所谓的"量子通信"不仅加密解密算法依靠的是传统对称密码，只要通信距离超过一百公里，"量子通信"连密钥分发其实依旧用的是传统对称密码。"量子通信"骨子里用传统密码分发密钥，对外却宣称量子密钥分发，走的是中成药里暗中渗进西药然后高价叫卖的套路。

一个密码系统主要就是做两件事：1）运行加密解密算法；2）密钥分发，而"量子通信"在加密算法和密钥分发这两件事上全要依靠对称密码，那么它在密码系统中就注定只能是多余的角色。不信，让我们把上图中的量子信道全部切断，看看能否让两个终端（1站和N站）之间安全地建立共享密钥。

为了防中间人攻击，量子通信的双方必须事先建立初始密钥（或称tag）。我们可以让可信中继站之间利用初始密钥和随机数通过普通线路建立过程密钥，详见第七章第一节。然后用这些过程密钥从第一站起把一个任意确定的密钥K1一路加密解密，直至送到终端N站。整个过程没有使用量子信道，使用都是对称密码加密解密算法并在传统线路上传输，安全性与前面介绍的使用可信中继的量子密钥协商过程没有区别，但是更高效、更经济、更方便。请问为什么还需要QKD？

从理论层面来看，带有"可信中继站"的量子通信系统已经脱离了BB84协议的安全框架，因此这类系统的安全性是得不到任何保障的，吹嘘京沪量子通信干线这类工程有多安全实在是太不负责任。

QKD不仅成事不足，而且绝对是败事有余。在每个"可信中继站"里，密钥K1被解密成为明文，密钥K1在每个"可信中继站"中都会以明文方式出现并与计算机等各种硬件密切接触。因为中继站同时接入量子信道和普通外网线路，所以中继站中的计算机其实是接在外网上的，熟悉计算机网络攻防的IT工程师都知道这意味着什么。

通信安全需要了解两个概念：信源和信道。密码系统只是保护信道，不保护信源，因为在信息的收发两端必然存在明文暴露时间段，所以信源才是泄密的万恶之源。

传统加密通信系统中，信道包括光纤、中继器、路由器、交换机、防火墙等，信息在这些地方都是以密文方式传送，不会泄密。但是 QKD 的可信中继站其实已经不只是单纯的信道了，由于密钥以明文形式出现，使得每个中继站变成了信源。传统京沪通信光缆就是一个完整单一的信道，加密生成的密文不怕被窃取，但是京沪量子通信干线这个 2000 多公里的信道切成 30 多段，每段的中继站都是信源。这在原本安全的系统中，人为添加了 30 多个严重的安全隐患！

破解密文容易还是用黑客手段攻破计算机防护容易，答案是不言而喻的。QKD 的可信中继站为密钥失窃敞开了大门。一条 QKD 干线有 30 多个节点可供攻击，任何一个节点陷落都意味着密钥的失窃，立即全线崩溃。

对于 QKD 的可信中继站的严重安全隐患，QKD 工程的推动者们束手无策，他们不是在技术上寻求积极主动的应对措施，而是采取了被动的、最不负责任的下下策。他们把这些中继站定为物理隔离，用人力保护这些中继站不受黑客攻击，企图以此取得通信用户的信任，这也是"可信中继站"名称的由来。

何谓"物理隔离"？这意味着所有这些专用网络设备必须日夜 24 小时守卫不让任何人接触。这就必然引起另外一系列的安全隐患：1）如何保证这支守卫团队中每个成员的绝对可靠和忠诚？谁都知道保垒再容易从内部攻破。2）如果使用远程监控系统，那么这些远程监控系统的通信安全又用什么方法来保证？难道再用 QKD 来保护远程监控系统？这还有完没完？3）如何保证中继站的各种专用设备的设计、制造和维护人员的忠诚可靠？选择什么样的公司才能获得绝对安全可靠的设备和服务呢？4）如果两家互相竞争的银行共享 QKD 干线，那么中继站的运营团队由谁来挑选，还是各家使用各家的团队，按使用顺序轮流值班？

可信中继站的安全隐患无穷无尽，在这种情况下仓促建设量子通信工程是极不负责任的。更令人不可思议的是，他们对自己的失职不以为耻反以为荣。《纽约时报》12 月 3 日发表题为《量子加密竞赛方兴未艾，中国已领先一步》的文章，其中引述了中国著名量子通信专家的一个观点：

"利用传统的通信方式，窃听者可以在光纤线路上每一点拦截数据流。政府难以探测到线上的拦截点的位置。陆教授表示，量子加密技术可以将京沪沿线 1200 英里的可能被攻击的点减少到了几十个。"

我无法判断《纽约时报》在引述过程中是否发生差错，如果量子通信专家们真以为在光纤线路上拦截数据流就可以窃取通信秘密，那么他们的密码学常识已经低到令人震惊的地步。在通信线路上所有重要信息（包括密钥）都是经对称密码加密后以密文方式传递的，这些密文在信道上传输从来不用担心被拦截和窃听，这是密码学的基本常识。即使真有一天量子计算机进入实用阶段，受威胁的也仅是公钥密码，传统对称密码是足够安全的。

如果量子通信专家坚持认为经对称密码加密后的密文在通信线路上传输是不安全的，在整条通信线路上是需要点点设防的，那么请问，量子通信在取得共享密钥后，不是也用对称密码加密得到密文再送通信线路传输的吗？事实上本文前面已经指出，只要距离超过百公里，QKD 中的密钥其实也是以传统密码加密方式在公共线路上传输的，难道在这些通信线路上也需要点点设防吗？如果不采用双重标准的话，那么 QKD 也需要在线路上点点设防，再加上可信中继站重点设防，QKD 需要的设防地点和人力不是仍比传统方式多得多吗？QKD 专家们不仅缺乏密码学基本常识，连思维逻辑都是极其混乱的。由这些专家指导建设京沪量子通信干线实在令人担忧。

QKD 干线中的可信中继站是个死穴，那么用量子通信卫星就有救吗？近期量子通信的宣传避而不谈京沪量子干线中的许多问题，把关注的重点引向墨子号卫星。他们有意或无意地误导公众，似乎有了卫星的量子密钥协商分发，远距离 QKD 就有了一点希望。其实这是狡辩的贯用手法，企图用新的谎言去掩盖旧的谎言。

用卫星协商分发密钥在技术上问题更多更不成熟，有关的批评和分析文章也不少，有兴趣的可参考阅读李红雨发表在科学网的文章[1]。在这里我还是持一贯的宽以待人的立场，不在技术细节上纠缠，把质疑落实在无法回避的硬伤上，卫星量子密钥协商分发的死穴在"最后一公里困境"上。

我们先退一万步，假设卫星的量子密钥协商分发万无一失，在两个量子卫星通信地面站之间协商分发成功一个共享密钥 k，请问下一步怎么办？绝大多数的通信用户至少位于量子卫星通信地面站一公里之外，那么这个共享密钥 k 又用什么方法送过去呢？这里无非是两种办法，一是用传统对称密码加密传送，二是用 QKD 的可信中继站方法。后一种方法实际上也还是对称密码加密传送，因为"量子通信"只是两站之间的量子密钥协商，它是没有办法把密钥 k 分发到下一站的。这一点本文前面已经分析过，不再重复。

通信安全是遵循水桶短板原则的，一个通信系统的安全度是被系统中最不安全的部分所决定的。如果对称密码传送密钥是不安全的，而卫星量子通信因为"最后一公里"问题又必须使用对称密码传送密钥，那么发展卫星量子通信技术又有何用？如果对称密码加密传送密钥是安全的，那么为什么不全程使用对称密码加密传送密钥呢？用对称密码对密钥加密生成密文后，可用微波中继、海底电缆、甚至通过互联网送之天涯海角的各个角落，比起量子通信卫星传送不知要方便高效多少倍。

这里所谓的"最后一公里"当然不是指传输距离只有一公里，在大多数情况下，从量子卫星地面站到用户的距离远超一公里。在遥远的将来也许可以建造更多经济小型地面站，地面站与用户之间的距离可以大幅缩小。但是只要从独立的卫星天线到用户终端的距离不是零，这个"最后一公里困境"就无法回避。

最后有必要指出，单纯提高 QKD 点对点之间有效距离是无法摆脱"可信中继站"困境的。首先，QKD 点对点之间有效距离是被物理原理支配的，增加有效距离的手段十分有限，而且距离的增加往往是以成码率、安全性和经济性为代价的，从工程总体来说常常是得不偿失的。另外，超长距离的点对点联接在网络布局中没有什么实际意义。假设 QKD 的点对点有效距离可以直接覆盖北京与上海，但是北京众多客户与上海众多客户之间不可能都用 QKD 的光纤一一联接起来的，至少得在这二个城市各设立一个转接站，这些转接站就必定会产生比"可信中继站"更多更严重的安全隐患。

从通信技术层面上看：量子通信的工程项目必须依靠带有严重安全隐患的"可信中继站"，密钥经过每个中继站都必须赤身露体面对多种硬件设备。量子通信的可信中继站为密钥失窃敞开了大门。一条量子通信干线有 30 多个节点可供攻击，任何一个节点陷落都意味着密钥的彻底暴露。利用卫星空中分发密钥即使不计技术困难和经济效益，最大的挑战是"最后一公里困境"，同样绕不开"可信中继站"的这个死结。

综上所述，带有"可信中继站"的量子通信系统已经脱离了 BB84 协议的安全框架，它们的安全性是没有保障的，量子通信工程的总体安全性远不及传统密码系统。

参考资料

[1] 李红雨：http://blog.sciencenet.cn/blog-46717-1095939.html

第二节 量子通信网络不能与互联网兼容

QKD 的技术基础是美国科学家在 1984 年制定的 BB84 协议，BB84 是前互联网时代留下的技术化石。这种点到点的密钥分发协议要求在通信双方之间建立一条固定而且直接的物理通路，这种通信方式与分组交换协议（Packet Switching）从基础原理上水火不容，而分组交换协议正是构建现代互联网的基础。这就从根本上断绝了 QKD 与互联网兼容的可能性，量子通信为互联网通信安全提供有效的服务也就无从谈起，这是京沪量子通信干线工程陷入窘境的一个重要原因。

首先介绍一下现代通信网络的基本原理。2 台电脑相互传输数据，在它们之间只需要建立一条通信线路。但如果 5 台电脑之间需要相互传输数据，采用点到点的直连方式，那么每台电脑就需要 4 个连网接口和 10 条通信线路，见左图。如果有 N 个电脑相互之间要传输数据，每台电脑则需要 N-1 个连网接口，总计的通信线路数为：N*(N-1)/2 。当 N 为 1 万时，需要连接的线路总数约为 5 千万条。而今日的互联网上，电脑、手机和各种数

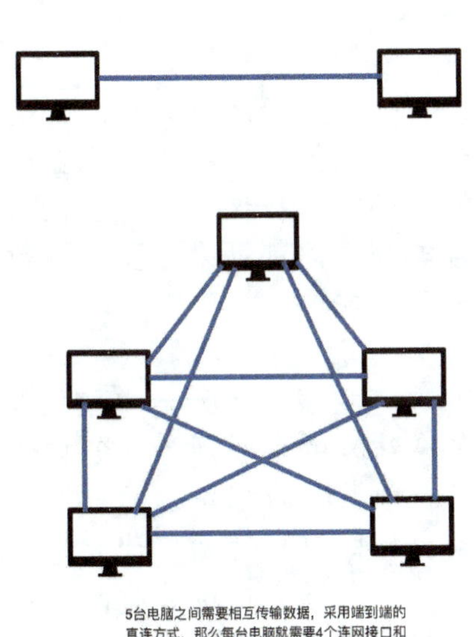

5台电脑之间需要相互传输数据，采用端到端的直连方式，那么每台电脑就需要4个连网接口和总计10条通信线路。

图 3.2

字设备达几十亿台之多，用上图所示的点到点的直接联接方式绝对行不通。

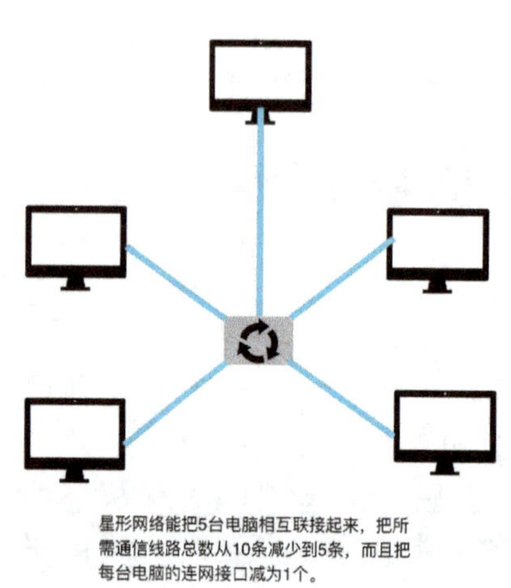

星形网络能把5台电脑相互联接起来，把所需通信线路总数从10条减少到5条，而且把每台电脑的连网接口减为1个。

图 3.3

　　为了解决大量电脑相互之间通信的联接问题，就必须引入网络结构。例如左图的星形网络，就能把 5 台电脑相互联接起来，把所需通信线路总数从 10 条减少到 5 条，而且把每台电脑的连网接口减为 1 个。这种星形网络在减少通信线路的同时却增加了一个网络没备，这就是位于图中间的数据交换机或者是路由器。当连接设备很多，相互距离又远时，增加网络设备减少连接线路总数是必须的。

　　再进一步，互联网服务供应商用 3 条通信线路和一台路由器把 3 个星形的局域网络连接成互联网的一部分，在这个网络上任何两台电脑之间都可以相互传输数据，见左图。

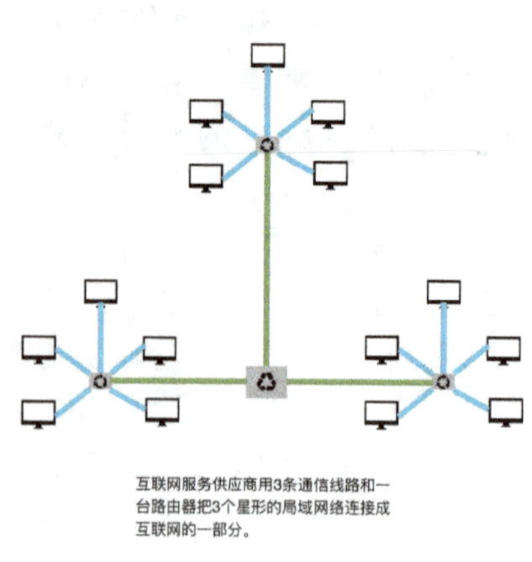

互联网服务供应商用3条通信线路和一台路由器把3个星形的局域网络连接成互联网的一部分。

图 3.4

　　在连接成千上万台电脑的具有复杂结构的互联网上，怎样保证每台电脑把数据正确无误的传送到目标电脑，又如何让大量数据在传输时避免拥堵冲突高效安全地共享连接线路，其中的关键就是采用了分组交换技术和 TCP/IP

网络通讯协议。电脑之间通信的数据都是分成一个个数据包，这些数据包中又添加了发送和接收电脑的地址信息。这些数据包是由0、1组成的一连串电讯号，它们在互联网上被高度自动化的交换机、路由器进行识别和处理，一路接力传递，被丝毫无误地送达目的地。

今日互联网成功的关键就是TCP/IP网络通讯协议，以及执行该协议的互联网上成千上万的交换器、路由器等电子设备。互联网上数据传输时有4大特点：1）数据被切割成许多数据包，这些数据包如同邮件包裹一样在互联网上传递；2）每组数据包都自带地址信息；3）互联网的路由器、交换机等网络设备就像邮局一样，把带有地址信息的数据包通过一站站的接力传递，最后把数据包送达目的地（目标电脑）；4）数据包在互联网上传输时见缝插针、错了重发，传输路径是不确定的。

图 3.5

互联网的生存和发展的基石就是互联网上众多的路由器、交换机和组织这些网络设备协同工作的TCP/IP网络通讯协议。没有这些网络设备和通讯协议，电脑之间要互相通信就只能在它们两两之间都拉一根传输线，就像本节第一张图的点到点的直接连接结构。

最后城市上空必然会产生上图的效果。当电脑等数字终端设备的总数增加时，这种方案根本就是一条死路！而量子通信QKD就是要重走这条老路、死路。

　　量子通信 QKD 的量子密钥分发协议（无论是 BB84 或它的各种改进版）是一种非常落后的点到点的通信协议，它的信息流是无法分割成一个个数据包的。而且承载这些信息的也不是传统的电讯号，它们完全无法接受互联网上的路由器和交换机的处理。建筑在 BB84 协议基础上的 QKD 要求通信双方之间要连一根光纤，QKD 要走入千家万户就必须在所有用户的两两之间互相构建直接和不可间断的量子通道，从而在城市上空或地下构筑比上图更可怕的蜘蛛网。

　　为了避免蜘蛛网的尴尬，"量子通信"要组网只有两条路线可走，可是它们都是崎岖坎坷的羊肠小道。

第一条路线：

　　使用传统的电子技术构筑专用的路由器、交换机等组网设备[1]，量子密钥每到一个网络节点就转化为电讯号接受这些专用组网设备的转驳处理。从技术层面来看，这与目前的京沪量子通信干线上的可信任中继站是一个层次的。因为量子密钥在网络转驳过程中被多次反复转化成传统电讯号，密钥在传输过程的结点上是安全裸露的，这就必须在网络的各个转发节点上实行"物理隔离"。

　　何谓"物理隔离"？这意味着所有这些专用网络设备必须日夜 24 小时守卫不让任何人接触。这就必然引起另外一系列的安全隐患：1）如何保证这支守卫团队中每个成员的绝对可靠和忠诚？2）如果使用远程监控系统，那么这些远程监控系统的通信安全又用什么方法来保证？难道再用量子通信来保护远程监控系统？这还有完没完？3）如何保证这些专用网络设备的设计、制造和维护人员的忠诚可靠？什么样的公司才能提供绝对安全可靠的设备和产品呢？

　　第三个问题实际上是无解的。因为专用网络设备制造过程中一定会牵涉众多的零部件供应商和集成商，谁也不能保证在最后的产品中不存在有意或无意中生成的各种安全漏洞和黑客后门通道！建设者们自己认为这些专用网络设备是"可信任的"当然也可以，问题是怎样让别人也认同你，特别那些追求特殊安全的高端用户凭什么信任你。请注意这里用的全是传统电子设备，这与量子物理的"不可克隆原则"已经毫无关系，因此"量子通信"所谓的无条件安全就无从谈起。

传统的密码系统的观念却正好相反，传统密码系统在设计布局时就立足于这样一点上：不能信任任何人。通信系统的任何设备、任何协议规约、任何软件全部是公开透明的，其中也包括加密解密的算法，更不会有那么多的"物理隔离"。通信双方只要持有共同的密钥，就能保证双方通信的高度安全。发送的文本经密钥加密后引成的密文可以在任何通信设备和线路上传输，密文容许被任何人收集、复制和分析，爱怎么折腾都可以，但是只有掌握密钥的接收者才能把密文解密得到明文。很显然，保护密钥要比保护整个通信系统（其中包括许多的中继站、路由器和交换机）要可靠和可行得多。

传统密码系统与目前建设的 QKD 工程的差别主要不在技术层面上，而在总体的布局和思维上。传统密码系统的出发点是不信任任何人，而 QKD 工程必须要依赖和信任许多人！通过这样的分析对比，我们可以清楚地认识到第一条路线根本就是一条死胡同，它作为过渡方案都是不合格的。

第二条路线：
研制量子路由器、量子交换机等一系列组网的设备。保证量子密钥在网络上一路传驳无需转换成传统电讯号。这种方案在纸上都未定型，工程实施的技术基础根本不存在。这个道理其实是不难理解的，传统的路由器、交换机其实就是专用的电子计算机；同理，量子路由器、量子交换机一定就是专用的量子计算机。因为这些专用的设备必须对存储在多个量子位（Qbit）上的量子信息作快速精确的控制和测量，还要把输出结果送往下一站。从本质上看，这些量子网络设备就是量子计算机，相比通用的量子计算机，它可能在算法上比较固定单一，但在精度、稳定度和处理速度上可能会有更高更多的要求。

目前量子计算机还只存在书本上和实验室里，建成真正可以实用的量子计算机还有漫长的道路要走。因为单个原子或光子的量子状态非常的敏感和脆弱，而这正是量子密钥分发理论上有很高安全性的重要原因，因为对量子状态的窃取、观察、复制的任何企图都会引起量子状态的改变而被察觉。但是这必然导致对它们正常的控制和测量也变得十分的困难。更让人纠结的是这种量子状态会自动消失，又称量子退相干。为了保持量子状态，科学家们采用纠错技术，使用众多的物理量子位来构造一个逻辑量子位，确保量子状态的长期精确的维持。

目前能做到保持一毫秒左右量子状态的一位逻辑量子位已经是很不错的结果了，制成真正可以实用的一位逻辑量子位还有很多工作要做。然后还要做多位的逻辑量子位，这以后才能构建量子计算机。打过比喻，现在有点像上世纪的三十年代，连第一个可以实用的电子管还没有做出来，当然也就不具备制造大型通用电子计算机的可能。

量子通信和量子计算机的核心技术是相通的，它们本质上都与量子状态的制备、控制和测量技术密切相关。发展量子通信和量子计算机必须两条腿走路，没有量子计算机技术的长足进步，单方面建设量子通信网络一定行不稳走不远。

量子计算机的实用化、工程化是一个长期艰巨的过程，这注定了近期内量子通信没有组网的可能性，除非采用上述第一条路线，引入许多"物理隔离"设备，从而造成比传统密码系统远为严重的安全隐患。

即使有一天量子计算机的技术问题全部解决，也制造出了实用的量子路由器、量子交换机等网络设备，但这还是远远不够的，更关键的是制定现代化有效的量子通信网络协议。制定现代化的量子通信网络协议实际上是最困难的，因为这意味着必须放弃陈旧落后的 BB84 协议另辟新路。量子网络协议是量子通信工程化的重中之重，是"量子通信"的控制性工程，不跨越这个障碍，量子通信的工程化不具备可行性和实用性。

总之，把密码这种通信的应用功能直接建立在通信层次模型中最低的物理层，这在现代通信网络中是绝不会有出路的。如果遵循 BB84 协议量子通信网络就必定是原始无结构的蜘蛛网，如果想要现代互联网结构就破坏了 BB84 协议的安全框架，两者只能选其一，别无它路。

量子通信的 BB84 是一个点到点的通信协议，这是一个诞生在固定有线电话时代的小池塘中的破舢板，进入互联网的大江大河中已经是风雨飘摇岌岌可危，岂料移动互联网的汪洋大潮又扑面袭来，这就是量子通信工程化过程中一切痛苦和烦恼的根源！

参考资料

[1]量子密码的网络通信协议连书面的讨论草案都没有，现在谈论"量子通信"的组网设备为时过早。本文引入了量子路由器、量子交换机，可能还应包括量子中继站等等组网设备只是为了讨论的方便。这些设备目前根本就不存在，未来的走势也不确定，它们很可能就不会出现。

第三节 量子通信缺失身份认证机制，无法抵御"中间人攻击"

网络名言："你永远不知道网络的对面是一个人还是一条狗！"

因此要安全通信，首先你得知道对方是谁，其次才是对话内容的保密，否则就等于主动送上秘密，这是常识。

量子通信一直宣称在分发密钥中可以保证绝对的私密性，今天就信他们一回，让我们看看所谓"绝对私密的量子通信"放在真实的通信场境中到底又是怎么回事。在量子通信开始时如果甲乙双方的真实身份无法确认，攻击者在通信线路中间对甲方冒充乙方，同时对乙方冒充甲方。甲方与攻击者之间、攻击者与乙方之间照样可以顺利分发得到二个密钥，然后甲方把通信内容加密后传送给了攻击者，攻击者用第一个密钥解密获得了全部通信内容，然后再把通信内容用第二个密钥加密后传送给乙方，乙方用密钥解密得到通信内容。甲乙双方还以为依靠量子通信完成了绝对安全的通信，谁知攻击者在暗处偷笑：量子通信传递的秘密"尽入彀中矣。"

以上就是典型的"中间人攻击"实例，由此可知，通信的安全性有着比私密性更高更强的要求，它不仅要求通信双方传送的内容不能被任何第三者知道，还要确认收发方各自的真实身份，还必须确认通信内容的完整性和不可篡改性，另外还要保证通信的稳定性和可靠性。

密码学界通常会用 "CIA" 来概括通信安全的三要素：Confidentiality 私密性，Integrity 完整性，Availability 可用性。保护通信安全仅有私密性是远远不够的，脱离通信的完整性和不可篡改性，高谈阔论通信的安全性毫无意义。

怎样才能保证通信的完整性和不可篡改性呢？请看传统密码系统是如何工作的。

- 发信者 Bob 首次生成公钥和私钥，通过互联网把公钥上传到一个公共服务器上；

• Bob 对需要送出的文件执行哈希算法，得到哈希值（又称摘要）；

• Bob 使用加密算法生成数字签名，加密算法的输入有两个，一个是私钥，另一个是被签署文件的哈希值，输出的一个字符串就是数字签名；

• Bob 把文件和数字签名一起通过互联网递送给 Alice。收信者 Alice 收到文件和数字签名，并从公共服务器下载 Bob 的公钥；

• Alice 使用 Bob 的公钥对数字签名执行解密算法，得到原文的哈希值；

• Alice 对收到的文件执行相同的哈希算法得到新的哈希值；

• Alice 对比二个哈希值，如果它们完全相同就证明文件确是 Bob 发出，而且文件传递过程中没有被篡改 [1]。

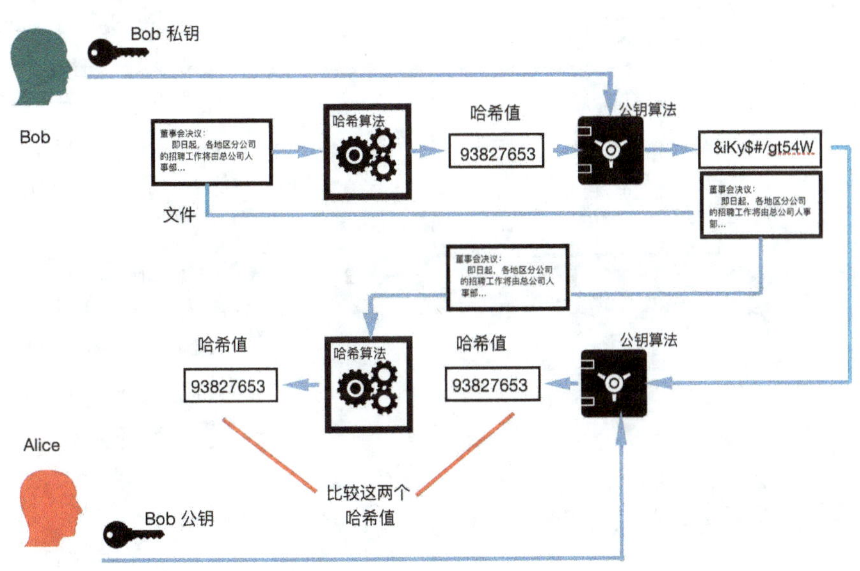

图 3.6

　　以上就是 Bob 把带有数字签名的文件传递给 Alice 的全过程。但是这里存在一个明显的安全漏洞，因为 Alice 无法确认下载的公钥是否真的来自 Bob，这就为"中间人攻击"提供了可能。假设在 Bob 的文件还没有到达 Alice 之前，黑客删除 Bob 的文件，然后用他的私钥签署一个假文件发送给 Alice，黑客又在公共服务器上用他自己的公钥替换 Bob 的公钥。Alice 下载了黑客的公钥，用黑客公钥验证黑客的签名当然不会有问题，她自认为文件就是 Bob 发出的，其实上当受骗了。这里的关键就在于 Alice 无法确认收到的公钥是否确实属于 Bob，数字签名的本身无法保证文件发送者与公钥的所有者是同一个人。

　　要避免中间人攻击，可以使用数字证书，它的作用就是认证所有人和公钥的关系。数字证书是一个由可信的第三方发出的一个数字文件，用来证明所有人身份以及所有人拥有某个公钥。

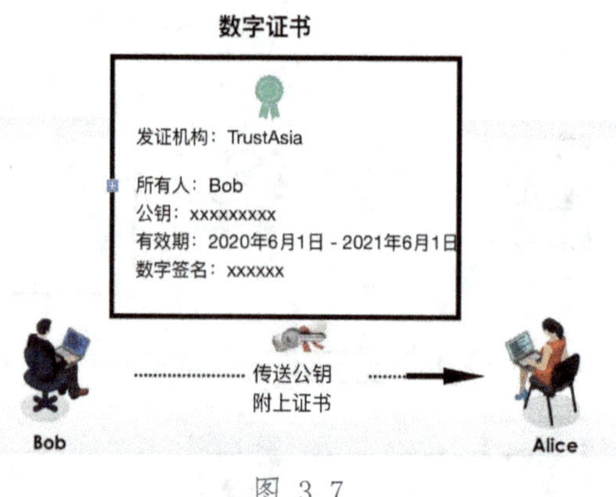

图 3.7

　　典型的数字证书中至少包含以下四项内容：第一项是发证机构(CA)的名称；第二项是所有人姓名，例如 Bob；第三项是所有人的公钥，以及公钥的有效时期；第四项就是 CA 的数字签名。

　　数字签名是 CA 发出的，而 CA 是有公信力的机构，他们的公钥是全网皆知。数字证书上同时带有所有人信息和公钥，并有 CA 的数字签名，只要用 CA 的公钥即可确定证书是否被篡改过。所以只要信任 CA，就可以信任所有人和公钥之间的绑定关系。

　　数字证书就是第三方机构发行的证书，它用自己的信用为数字证书做了背书，主要作用就是证明你的公钥的确是属于你的，而公钥其实就是我们在数字世界的身份，所以说数字证书的作用实际上就是证明你是你自己。

　　Bob 有了自己的数字证书后，当他向网上的公共服务器传送公钥时会附上证书。Alice 收到证书之后，使用 CA 的公钥对证书上 CA 的数字签名解密就可鉴定数字证书的完整性和不可篡改性。换言之，Alice 有了数字证书就可以确认收到的公钥是否属于 Bob 的，接下来她可以放心使用 Bob 的公钥去验证 Bob 送来文件上的数字签名。只要数字签名没问题，就能证明 Bob 送来的文件是完整而且未被篡改过。

　　为了加深对数字证书的理解，我们将对 HTTPS 工作原理作详细的剖析。HTTPS 就是安全的 HTTP 的意思，这是用在浏览器和服务器之间通信的协议。使用 HTTPS 后，浏览器跟服务器之间所有的通信内容都是加密过的。这个过程中的主角就是 SSL 证书，SSL 证书就是用于 HTTPS 场境中的一种数字证书，它也是由可信的第三方 CA 来颁发。只不过 SSL 验证的不是个人的身份，而是用来验证服务器身份和它持有的公钥，目的就是建立浏览器和服务器之间的信任。

　　比如浏览器现在要访问百度服务器。浏览器首先要获取百度服务器的公钥，为了证明公钥确实属于百度的服务器并且没有被篡改过，百度需要先去 CA 机构申请 SSL 证书，并把它放到自己的服务器上。当浏览器中输入百度的网址，百度服务器会首先给浏览器发送 SSL 证书。因为所有浏览器中都内置了全球各大 CA 机构的公钥，可以立即验证 SSL 上 CA 的数字签名。如果证书没有问题，浏览器就可以断定证书中携带过来的公钥就是百度的。这时候浏览器会生成一个随机数作为对称加密用的密钥，然后用百度的公钥加密后将密文发送给百度服务器。百度服务器收到密文后用自己的私钥解密得到密钥。通过这个过程，百度服务器与浏览器之间就拥有了共享的密钥，接下来就可以用对称加密方式跟浏览器通信了。

从上面分析可知，数字证书其实就是数字签名的一个特殊应用，它通过具有公信力的第三方的数字签名把公钥和公钥所有人的身份捆绑在一起。通过数字证书和数字签名的结合使用方能保证文件传送过程中的不可抵赖性和不可篡改性，彻底杜绝"中间人攻击"，无此就谈不上什么通信安全。

加密通信和数字签名用的都是公钥加密技术。加密通信是用公钥进行加密，而用私钥进行解密；而数字签名刚好相反，是采用私钥加密，公钥解密。数字签名过程跟加密通信有着一定的对称性，这种对称性透着一种逻辑的美感。

公钥加密技术由于巧妙地运用了"公钥"和"私钥"这样一对密钥，为通信过程中的身份认证和数字签名提供了灵活有效的解决方案，而使用一个共享密钥的对称加密技术是完全无能为力的。虽然理论上对称加密技术在某些特定场合也可提供身份认证的功能，但是在今天的互联网通信环境中，使用对称加密技术作身份认证和数字签名是难以想象的。

所谓的量子通信(QKD)只能分发一个共享密钥，它其实只是对称加密技术中的一个子功能，因此 QKD 完全不具备为互联网提供切实有效的身份认证和数字签名的能力。QKD 用物理原理依靠硬件偏面追求通信的私密性，误以为通信的私密性就等于通信的安全性（其实 QKD 的私密性也是经不起推敲的，本书第四章中有详细的分析）从一开始就走入了歧途把自己带入了深坑中。

因为量子通信缺失身份认证和数字签名功能，所以量子通信在密钥分发时为了防御"中间人"攻击，在它的量子通道和传统检验通道上都必须依赖传统密码的身份认证功能。被吹嘘得神乎其神的量子通信其实更像是泥菩萨过河—自身难保，量子通信连自身的安全都难保，竟然奢谈为高端客户提供绝对通信安全，实在令人啼笑皆非。

更可悲的是量子通信这个泥菩萨要过河，传统密码技术恐怕也救不了它。因为量子通信 QKD 分发密钥是一个时间很长的连续过程，而"中间人攻击"可能随时随地发生，在这种状况下，无论用何种方法作严格的身份认证都是不可完成的任务[2][3]。

2020 年 3 月 24 日，隶属于英国情报部门的国家网络安全中心 (NCSC) 发布了一份白皮书[4]，该白皮书明确否定了量子通信 QKD 的实用价值，否定的理由就在"身份认证"这个关键问题上，译文如下。

"鉴于 QKD 在传统加密密钥协商机制上需要添置特殊硬件，而且又需要进行额外的身份认证，因此 NCSC 不赞成在任何政府或军事机构中使用 QKD，并告诫不要在重要的商业通信网络依赖于 QKD，尤其是在关键的国家基础设施领域。"

不愧是老谋深算的大英帝国情报机构，他们对密码系统的评估独具慧眼值得引起业界高度重视。如果说，QKD 的成码率低效率太差、不能与互联网兼容、可信中继站存在严重安全隐患这三大技术困境就像三座高不可攀的大山，那么缺失身份认证机制无法抵御"中间人攻击"就是一条深不可测的鸿沟，它们都是量子通信工程化道路上难以逾越的技术障碍。

这里需要特别强调，QKD 所面临的这四大技术困境是被物理原理所决定了的，单靠工程技术的进步是极难取得实质性的改变。残酷的现实是，目前想解决这四大技术困境连纸上方案都没有，量子通信的工程化不具备最起码的可行性，盲目建成的量子通信工程项目就不可能有任何经济效益。总之，理论很美妙现实很骨感，美丽的花朵不一定结果的。

参考资料

[1]本文为了把数字签名的原理说清楚，文件以明文方式直接传递。在许多应用场景中需要对文件加密后传递，但是数字签名的原理和方法是相同的，只需添加以下几个步骤即可：

- Bob 随机产生一个加密密钥，并用此密钥对要发送的文件进行对称加密，形成密文；
- Bob 用 Alice 的公钥对刚才随机产生的加密密钥进行加密，将加密后的密钥连同密文一起传送给 Alice；
- Alice 收到 Bob 传送来的密文和加密过的密钥，先用自己的私钥对加密的密钥进行解密，得到 Bob 随机产生的加密密钥；
- Alice 然后用随机密钥对收到的密文进行解密，得到文件的明文格式，然后将随机密钥抛弃；

[2] Actually the agent authentication problem against man-in-the-middle attack has not been dealt with seriously in QKD as far as I know. It is not so simple because one needs re-authentication during protocol execution. How does one get the shared secret key bits for such authentication in an ongoing process? The "practical" QKD people throw in lots of shared key bits, from PRNG also. （摘自 Prof. Horace Yuen 的电子邮件）

[3] In QKD case, if the final key length is of 10^4 bits, they have to carry the QKD process 8×10^6 times. While the 8×10^6 rounds of QKD, Eve can fully obtain the One-Time Pad keys of 10GB. Since these key strings are not IID, it is not independent from segments for the authentication key refreshment as well as the OTP key to hide error-correction in the next round - hence, in the end, the authentication key may be obtained by Eve in

such a long process. （摘自 日本三重大学 Takehisa Iwakoshi 教授的电子邮件）

[4] 否决量子通信工程 英国情报部门再发白皮书
https://www.ncsc.gov.uk/whitepaper/quantum-security-technologies

第四节 量子通信的成码率极低

QKD 的成码率是两个终端之间在单位时间内获得的有效共享密钥总位数。成码率是密钥分发的重要技术指标，它反映了密钥分发的效率，并决定了 QKD 的性价比，成码率最终决定了密钥分发技术的实用价值。

主要性能	参数指标
典型成码率@25℃	80kbps @ 10dB
长距离成码率@25℃	1kbps @ 24dB

备备注：

1、光纤插损约为0.2dB/km；

2、上表为搭配门控APD探测器的成码率

图 3.8

上图展示了目前 QKD 工程可以实现的成码率数据。在一百公里左右的距离上，QKD 密钥成码率仅为 Kbps 数量级，如此低下的成码率实在不忍卒睹，与现代光纤数据通信的高效率相比差得何止十万八千里。

目前光纤通信的美国标准 OC-48 的速率是 2.5 Gbps，OC-192 已达 10 Gbps，40 Gbps 也已商用化。2011 年 3 月美国洛杉矶举办的 2011 年光纤通讯大会(OFC2011)上展示了最新的光纤传输技术。这是德国弗朗霍夫学会海因里希-赫兹研究所与丹麦技术大学研究人员合作完成的，他们在长度为 29 公里的单一玻璃光纤线路上创造了每秒 10.2Terabit（太比特）的光纤传输速率新世界纪录，其每秒传输的数据量相当于 240 张 DVD 光盘。这个速度已经超过"科大国盾"QKD 设备成码率的数亿倍！

在现代光纤通信系统中，高速的数据传输速率与蜗牛般低速的 QKD 成码率之间引成了严重的反差。一些量子通信的专家们张口闭口就是"密钥与明文等长"和"一次一密"，如果真要使用 QKD 并且严格按照他们这个标准对数据进行加密，那么在百公里长的光纤上传输加密数据，就必须在这根光纤边上至少再铺设上亿根光纤，并在这些光纤每两头都装上中科大"国盾量子"的 QKD 设备，方有可能得到足够长的密钥去匹配高速的数据流。面对铁一般冷酷无情的数据，请问量子通信的工程价值究竟又在哪里？

5G 移动通信技术近来成了热点。众所周知，5G 的下载速度可达 Gbps 级别，这个速度是 QKD 成码率的近百万倍。如果用 QKD 来保护 5G 数据通信的安全，为了达到"密钥与明文等长"和"一次一密"的要求，5G 用户要下载一秒的数据，就得预先耐心等待"国盾量子"的 QKD 设备连续不停地工作一个月，才能产生足够长的密钥为那一秒钟的下载数据加密。其结果不是"黄花菜都凉了"，而是"黄花菜都臭了"，请问这样的量子通信你会用吗？

正因如此，4G、5G 等移动通信技术的研发和标准制定过程中，不见"量子通信"的只字片语。在现代化高速、实时、多媒体互动通信的舞台上，蜗牛般低速的成码率使得量子通信没有任何立足之地。

QKD 成码率低下是被物理原理所决定的。香农提出并严格证明了有限带宽有噪声信道的最大数据传输速率为 $R=W*\log_2(1+S/N)$，对于相同的光纤，信道带宽 W 和噪声 N 基本上是固定的，因而信号强度就成了传输速率的决定因素。基于 BB84 协议的 QKD 技术是依靠单个光子传送密钥的，而传统光纤数据通讯每个脉冲的光子数至少在 10 的 7 次方以上。这就是 QKD 成码率远远低于数据传输率的主要原因。严格地说，QKD 的成码率不能用上述的香农公式来计算，QKD 密钥协商要通过光子偏振态的制备、传输、偏振态过滤、检测、偏振态的一致性核对、密钥块奇偶校验等一系列操作，这个复杂的过程会进一步降低 QKD 的成码率[1]。

因为 QKD 极低的成码率是被物理原理所决定的，QKD 成码率与光纤数据通信速率的差距在可预见的将来只会继续扩大。还有一点必须指出，量子通信工程的推动者们有意或无意中一直隐瞒了一个非常重要的事实：QKD 成码率与 QKD 的安全性和通信距离密切有关。换言之，提高 QKD 成码率必然要付出安全性降低和/或通信距离缩短的高昂代价，所以真实的 QKD 成码率在可预见的将来都难有改善的空间。这里需要再强调一遍：QKD 极低的成码率是被物理原理所决定的，靠工程技术很难发生实质性的改变。

密钥成码率会严重影响密钥分发技术的应用前景，为了把这个问题说清楚，有必要对密码学作些科普。在传统密码系统中，按照密钥的特征不同，可以分为对称密码与非对称密码(也称公钥密码)。而按照加密方式的不同，又可以分为流加密和分组加密[2]。

分组加密又被称为块加密。当加密明文时，先把明文变成二进制序列，然后将其变成若干个固定长度的组，不足位用 0 补全，然后逐个分组依次进行加密操作。分组加密是最古老也是最为人们熟知的加密方式，对此本文就不再细述。

流加密(Stream cipher)，又译为序列加密，这是一种对称加密算法，加密和解密双方使用相同伪随机加密数据流（pseudo-random stream）作为密钥。明文称为明文流，以序列的方式表示。加密过程所需要的密钥流由种子密钥启动密钥流生成器产生。然后利用加密算法把明文流和密钥流进行加密操作，产生密文流。工程实践中数据通常逐位作异或(xor)操作加密。解密过程是使用共享的种子密钥通过密钥流生成器得到相同的密钥流，然后以此对密文流逐位作异或操作得到明文流。

在密码系统中，流加密才是真正意义上的"密钥与明文等长"和"一次一密 OTP(One-Time Pad)"的加密技术，所以也是最有资格声称逼近香农信息级理论安全(即无条件安全)的加密技术。流加密的价值不仅体现在安全性能上，流加密技术更是保护多媒体实时互动传输的安全利器，现代通信安全离不开流加密。

在网络上传输音频/视频(A/V)等多媒体信息，主要有"下载"和"流式传输"两种方案。由于 A/V 文件一般体量都很大，下载方式必然要求客户端有极大的存储容量，同时由于网络带宽的限制，文件全部下载常常要花数分钟甚至数小时，这种处理方法延迟时间太长，所以不适合现代的交互式多媒体通信。"流式传输"时，A/V 文件由服务器向客户端连续、实时传送，用户不必等到整个文件下载完毕，只需经过短暂启动延时后即可进行播放。当 A/V 文件在客户端播放时，文件的剩余部分将由后台作业从服务器继续下载。流式传输不仅使启动延时成十倍、百倍地缩短，而且不需要太大的缓存容量。

保护流式传输安全的最佳方案就是流加密。流式传输中的多媒体文件生成明文流，明文流逐位被密钥流加密后生成密文流，密文流实时连续送达客户端，客户端的密钥流对密文流逐位解密后恢复为实时连续的多媒体文件。流式传输与流加密配合默契，它们就是天生的一对。

为了与现代多媒体高速实时流式传输相匹配，相应的流加密必然要求密钥分发技术具有稳定高速的成码率。QKD 不仅密钥成码率太低，而且无法连续稳定生成高速的密钥流，因此 QKD 这种低效能技术在现代多媒体通信领域是毫无用武之地的。

如果成码率低下的量子密钥分发技术非要呈能，就只能放弃"密钥与明文等长"和"一次一密"的OTP(One-Time Pad)加密方案，那么采用传统对称加密算法就成了唯一无奈的选择。众所周知，信息安全是遵循木桶原则的，使用QKD加上传统密码算法的总体安全性就不可能高于传统密码系统，那么费大劲建设量子通信干线工程意义究竟又何在？而且由于QKD成码率太低，密钥必须大量多次复用，必然导致这种混合系统的安全性要低于传统密码系统。

在现代高速率、低延迟通信时代，超低成码率的QKD没有任何切入口，是不可能有应用前景的。更为悲剧的是，QKD提供无条件通信安全有一个必要条件，那就是必须采用"密钥与明文等长"和"一次一密"的OTP加密方案。但是超低的成码率使得采用OTP加密方案事实上根本行不通，所以QKD承诺的无条件安全性就是一张空头支票。这个世界上有多种密码技术，它们都可以用OTP方案加强自身安全性，唯独量子通信没有这个资格，因为它的成码率实在太低而且未来改善的空间极其有限，量子通信压根就没有能力采用OTP方案。请宣传量子通信的某些人注意了，吹什么都可以，千万不要再夸夸其谈什么"一次一密"和"无条件安全"了，因为这更像是癞蛤蟆想吃天鹅肉。

参考资料

[1] QKD uses one photon (or less) per pulse. One cannot put many single photon pulses on, say, a nsec interval because much shorter pulses necessarily have many photons and can't be attenuated to become near single photon in practice, although in principle it can be. However, ordinary FOC can use short pulses already as you know, so the low QKD signal level cannot be rectified when comparing to usual FOC. Also single photon detectors can hardly work at nsec rate, not to say higher rate. Thus

the limits on KGR are irreparable both fundamentally and practically. In particular, there is nobody can dream of actually generating psec single-photon source or psec single-photon detectors.

[2] 非对称密码只能使用分组加密方式。

第五节 量子通信导致密钥裸奔无可避免

目前已建和在建的量子通信工程其实只是量子密钥分发QKD，就是利用量子物理原理在通信用户之间分发密钥，目的是为传统对称密码在加密和解密时提供密钥。由此可知，"量子密钥分发"分发的不是"量子的密钥"，而是用量子手段分发"传统的密钥"。必须明白，"量子密钥分发"线路的两端最终得到的就是传统密钥的明文，也就是一连串的"0"和"1"的传统电信号。

通过"量子密钥分发"在线路的两端产生密钥只是中间过程，密钥只有输入进计算机、智能手机等用户设备之中，最后提供给加密解密程序后才是密钥分发的全过程。而用户设备都是在它的系统内核中进行加密解密操作，密钥从"量子密钥分发"（QKD）送达"系统内核"必须经过二段路程：QKD 设备 -> 用户设备外接口（图中红色线段）；用户设备外接口 -> 系统内核（图中橙色线段）。

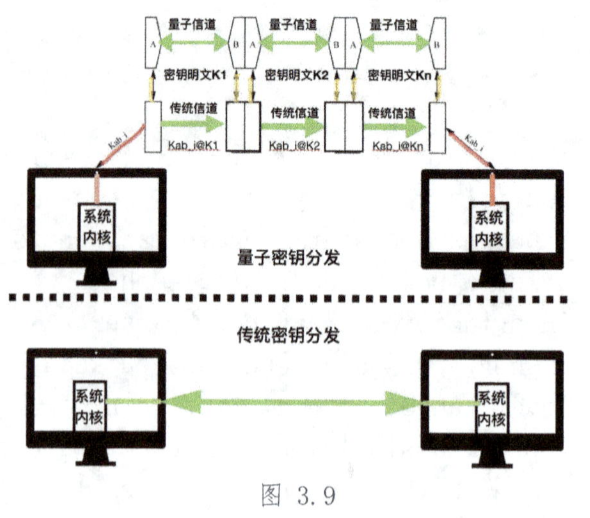

图 3.9

从 QKD 到系统内核的这二段路程对于密钥而言就是它九死一生的华容道，密钥在这条道上是毫无保护地一路裸奔，因为密钥在这二段路程上完全是以明文形式传输的[1]。虽然这二段路程的长度可以缩短到几个公分，但是只要这个长度不为零，无孔不入的黑客就有了窃取密钥信息的大好机会。"千里之堤溃于蚁穴"，同样的道理，传输密钥的万里通信线路上只要有几公分路径上出现安全隐患，整条通信线路就会毁于一旦。以目前的技术水平，让 QKD 与每个用户设备的距离缩短到几个公分以下根本不现实，即使到了将来 QKD 设备变成一个芯片，从芯片到系统内核依然存在密钥被窃的空间。

在传统密钥分发的过程中（图 3.9 的下部），密钥本身是被加密后以密文形式传输的，密钥离开系统内核后全程以密文形式安全送达另一端的系统内核中，密钥的密文只有在接收端的系统内核里才被解密为明文。传统密钥分发一路绿灯，"全程不解密，神仙难下手。"黑客没有窃取密钥信息的空间和机会。

对密钥全程加密传输是保障"传统密钥分发"安全的关键，加密技术可以使用公钥密码。公钥密码目前是足够安全的，抗量子攻击的公钥密码 PQC 也已经成熟，从工程角度来看传统密钥分发的安全性是有保障的。如果非要以原则说事，传统密钥分发也可以使用对称密码加密技术。如果认为对称密码也不安全，那么为什么"量子密钥分发"后要用对称密码加密解密呢？身份认证、可信中继站接力传递不都要使用对称密码吗？总不能认为量子通信工程用对称密码是安全的，别人用就是不安全的吧？"量子物理"无论有多高大上，也不能不讲理吧？

传统密钥分发对密钥加密的技术是安全的，更关键的是，传统密钥分发过程中密钥是全程加密传输，其安全性就远超"量子密钥分发"，而量子密钥分发过程中在多个地段密钥是裸奔的，造成了严重的安全隐患。

　　密钥分发技术的优劣主要取决于如何把密钥裸奔的机会减到最小。只要"量子密钥分发"设备无法布置在用户设备的系统内核里面，密钥分发过程中密钥裸奔就无可避免。所以"量子密钥分发"对于保护密钥安全绝对是成事不足，败事有余。

　　"量子密钥分发"过程中密钥裸奔不仅发生在上述的二段路程上（QKD 设备 -> 用户设备外接口 -> 系统内核），其实在量子通信干线的所有可信中继站里面密钥也是多次反复裸奔（见图中黄色线段）。同样道理，密钥裸奔也发生在量子卫星密钥分发的卫星地面接收站里。量子通信可信中继站和量子卫星中密钥的裸奔问题已有专文分析，详见本章第一节。

　　无论是通过光纤还是使用卫星，"量子密钥分发"是用量子物理原理以明文方式分发传统的密钥，而不是分发量子的密钥。请注意，量子通信的要害是以"明文"分发"传统"的密钥。在量子信道中，密钥的信息受到量子不可克隆原理的保护也许还是比较安全的[2]，但是一出量子信道密钥信息没有任何掩护，它是完全裸奔的，密钥无时无刻不处于高危状态。

　　QKD 用昂贵的设备和光纤建立起量子信道，密钥或许在量子信道中有某种程度的安全，它们有点像华北抗日战场上的日本兵一刻也离不开铁路和公路干线，否则便是被动挨打的命，这种仗怎么打？"量子密钥分发"就是使用错误的武器、在错误的地方打了一场错误的战争。信息安全的攻防前沿不在密钥分发，传统密钥分发是安全的，使用物理手段解决数字世界的安全问题会衍生出许多副作用，战况常常是杀敌八百、自伤一千。

　　现今密钥的安全的攻防主战场不在分发过程中，而在存放和使用中。密钥在"分发"和"存放和使用"过程中面临着不同的安全威胁。在分发过程中，密钥都是用公钥密码或对称密码加密后始终以密文形式呈现的，所以尽管密钥分发时跨越千山万水，但是相对来说还是安全的。在密钥的管理过程中，密钥在计算机系统中常常不得不以明文的方式呈现，攻击者利用计算机系统中的各种漏洞可以直接取得密钥的部分甚至全部信息。

所以对于密钥安全而言，"分发"不是难堪处，"管理"方为大问题！从某种角度来看，其实 QKD 过程中的安全隐患也可归结于密钥的管理问题，QKD 在密钥的"分发"上不具优势，却大幅增加了密钥在"管理"方面的难度和风险，这是为什么量子通信没有什么工程现实意义的重要原因。关于密钥管理中的许多技术细节将在第七章第三节中讨论。

本文在征求意见过程中，有人提出了一个问题："量子密钥分发"过程中，密钥从 QKD -> 用户设备外接口 -> 系统内核的二段路程上，为什么不可以也用传统密码加密后传输，这不就安全了吗？这是一个好问题。从工程角度看，确实可以把密钥加密后从 QKD 设备送至系统内核，这样密钥的传输就是安全的。但是请再问一句，那为什么不让密钥在加密状态下一路直接送达另一端呢？既然密钥在加密状态下送一公尺是安全的，送一千公里一样也是安全的，那么究竟还要量子通信干线做什么呢？

记得奥卡姆剃刀原则吗？"如无必要，勿增实体。"通过密钥分发的安全性分析再次证实量子通信缺乏工程化的必要性。

参考资料
[1] 本文在征求意见时，一位密码学专家指出：不一定是线路传输，也可放在存储介质携带传递。但不论怎么样，"只要量子密钥接收器没有部署在加密终端中，量子密钥分发的安全性等同传统的密钥传递。"
[2] IT 资深工程师李红雨评语：
我觉得这个陈述："在量子信道中，密钥的信息受到量子不可克隆原理的保护也许还是安全的"可以拿掉，一方面，不可克隆

原理不管准确与否（激光就是他们无法克服的解释困境，而且不可克隆原理的证明其实证明的向量分解形式的叠加态，可以反问的是，力的正交分解难道算是叠加态？），有个前提条件就是必须单量子，这是在实验室里面也无法实现的条件，是绝对理想化的物理环境，只要超过一个单量子，就绝对不安全；另外量通采用的诱骗态就更是弱激光强度与偏振信号调制与检出，其实都算不上什么单量子效应了，弱信号调制技术。所以觉得不用给量通的安全性做背书，在量子通道他们也不安全。还有传统密钥分发的安全性根本不是一个需要讨论的问题，因为这种分发过程本身就是采用标准的加密算法加密发送的，密钥的安全性与加密算法的安全性等价，如果量通分发的密钥仍然用在传统加密算法上，起码他们还是承认传统加密算法的安全性，那么就不存在密钥分发安全性这个伪问题。不能为了单纯引入量子这个角色到密码领域这个目的，来臆造一个不存在的所谓密码危机。

第四章 量子通信工程的安全性低于传统密码

第一节 量子通信在理论上是无条件安全的？错、错、错

如果"量子通信在理论上是无条件安全的"这个命题是正确的，那么就必须证明以下 3 个命题全都是正确的：

- 量子物理的"不可克隆定理"足以保证量子密钥分发具有绝对的私密性；
- 由绝对私密的密钥用"一次一密"方法产生的密文是绝对不可破解的；
- 由于传递的密文是不可破解的，通信就是无条件安全的。

不幸的是，这三个命题全是错的。第一个命题违反了物理学原理；第二个命题是以偏概全，缺乏对香农的"保密系统的通信理论"的全面理解；第三个命题是对密码学通信安全标准的误解。本文将列出三篇有代表性的相关论文作为依据，对上述三个方面的错误逐一做出分析和批评。

1）物理学原理不支持"量子密钥分发具有绝对的私密性"

"量子密钥分发 QKD 具有绝对的私密性"的护身符是"量子不可克隆定理"，只有量子物理的"不可克隆定理"才能保证携带密钥信息的光子的量子状态不可能被任何第三方截取、测试而又不改变它们，也就是说"任何窃听必然被发现"，这是"QKD 具有绝对私密性"的唯一原因。

但是请注意，QKD 所分发的绝不是"量子的密钥"，而是以电信号形式存在的传统密钥，QKD 的精确定义是以量子方式分发传统密

钥。所以量子密钥分发的过程中必然存在从电磁信号转换为光子量子态，再从光子量子态转换为电磁信号这样一系列的物理过程。认为 QKD 过程中只发生了量子物理过程是严重的误解。

量子通信分发密钥的对象其实都是生活在宏观世界中的人，他们需要的只能是宏观意义上的传统物理量。所以 QKD 必须使用传统物理方法转换、制备、测试光子的量子状态，必然需要调控光源、变更滤波器件、和转换光电信号，这一系列过程就必须依靠电磁效应，甚至会涉及机械效应。这就必然会产生相应的电磁辐射，如果有机械运动则还会有声波产生。测试、复制这些电磁辐射和声波是不受"量子不可克隆定理"约束限制的，因而第三方攻击者完全可以通过探测相应的电磁辐射和声波来窃取相应的密钥信息，这种窃密行为是难以被察觉的。

当然这些电磁辐射和声波都非常微弱，但是在理论上它们不是零存在。我们千万不能低估现代探测技术的威力，要知道现代信号处理技术甚至可以探测到十多亿光年之外的引力波，认为几十米外的电磁辐射无法探测是毫无科学根据的。当然在 QKD 二端可以设置法拉第屏蔽网，但是这只能降低但不能彻底消除电磁辐射，对声波的绝对隔离也极为困难。QKD 的通信二端又有光纤连接，另外还一定要有电气线路连接用作信号对比和纠错，要完全消除这些地方的电磁泄漏是不可能的任务。

原则上，我们完全可以在 QKD 的线路两端建立针对电磁辐射和声波的高灵敏度多频段的接收设备，然后把所有信号先记录下来。每年一百万美元的小额预算将足够让攻击者每秒存储一千兆字节的数据。有了这些大数据，再加上 AI 算法，攻击者就可以获得甲乙双方通过 QKD 传递的密钥的部分或全部信息。

如果目前的算法和计算机的算力还不足以破解 QKD 通过电磁辐射泄漏的密钥信息，我们还可以把所有相关数据先存放下来，随着技术的飞速进步，这些 QKD 传递的密钥总有破解之时，至少你是无法证明永远无法破解的。嘿嘿，怎么听上去有些"似曾相识"。

一点没错，这里用的逻辑完全拷贝来自量子通信的推动者，我可不敢掠人之美。明明目前的公钥密码没有问题，量子计算机对它的安全威胁还在遥远的未来。但量子通信的推动者辩称：虽然对公钥密码目前是无法破解，但是敌人可以先把密文截取并存放下来，你没有办法证明以后的技术也破解不了吧？为了应对将来潜在的风险，所以量子通信工程技术尽管不成熟也必须仓促上马。

但是现在用同样的逻辑推理可以证明量子通信与传统密码都不具有长时效的安全性。对量子通信的攻击也不需要"实时"完成，攻击者也可以保存信息供将来解密，攻击者而且也可利用未来更强大的技术获取密钥。量子通信比他们想要替代的公钥密码具有更严重的安全隐患，而且量子通信也根本无法替代公钥密码，那么现在建设量子通信工程的理由究竟又在哪里呢？我这是"以其人之道，还治其人之身。"

量子通信的收发方可以通过屏蔽等方法降低电磁辐射，但是公钥密码也可以通过加长密钥的字长让破解变得更加困难。一般而言，电磁辐射的降低对攻击者的困难会带来多项式增长，但是密钥字长的增加会给破解困难造成指数式增长，换言之，破解量子通信比破解公钥密码更简单更容易。能够攻击公钥密码的量子计算机还在遥远的未来，但是攻击量子通信只需功能强大的电子计算机，攻击现在就可开始。须知破解密码有非常强的时间性，密码被今年破解与十年后破解的意义差之十万八千里。既然破解量子通信更早更容易，那么急于要用量子通信去替代公钥密码意义又何在？

千万别以为前面的分析仅是纸上谈兵。相反，自从 BB84 协议问世以来，通过类似手法成功破解量子密钥分发的例子已经发生多起，此类攻击方法已经被正式定义为"旁道攻击"，这已经成为了 QKD 的一个研究分支。

量子通信专家 Gilles Brassard 对量子通信的安全性的评价十分幽默：

"unconditionally secure against any eavesdropper who happened to be deaf!"

译文：量子通信可以"无条件地抵御任何失聪的窃听者！"（讽刺 QKD 只能够防御那些侦探行为受到限制的攻击者）。他的批评其实与前面的分析殊途同归、不谋而合，都是从全息原则（holographic principle）出发否定了 QKD 具备绝对私密性。

其实除了全息原则外，在物理原理层面上，QKD 的理论安全性还受到诸多其他的批评和质疑。比较特出的有：量子近似克隆攻击；利用将来的量子计算机对 BB84 传送的量子位作纠缠、存贮和事后测试；量子引力场的潜在风险等等。对这些问题感兴趣的请先阅读本文参考文献[1]，然后顺藤摸瓜可以找到许多更有价值的资料。

通过以上的分析可以确定："量子密钥分发具有绝对的私密性"是违背了物理学原理的。

2）香农的"保密系统的通信理论"不能保证"由 QKD 密钥生成的密文是绝对不可破解的"

现在我们退一步，让我们立法不准使用物理全息原理收集和存贮广谱的电磁辐射，用法律和更多的警察来保护 QKD 密钥分发的绝对私密性，假设通过 QKD 获得了绝对私密的密钥，由此生成的密文就绝对不能被破解了吗？遗憾的是这个结论依旧是完全错误的。错误的根源是对香农的"保密系统的通信理论"的误解。

首先需要说明，目前的所谓量子通信指的就是量子密钥分发 (QKD)。甲乙双方通过 QKD 传递的不可能是任何有意义的秘密，发送方通过 QKD 甚至无法送出"Hello"这样一串简单的字符。QKD 只是让甲乙双方协商出一串毫无含义的 0 和 1 的二进制数字。甲乙双方共享了这串数字后用它作为密钥，甲方用此密钥对需要传递的信息加密后把密文通过任何不安全信道发送给乙方，乙方用共享的密钥对密文解密，得到明文。

即使量子通信可以保证密钥分发具有绝对的私密性，使用量子通信产生的密钥对文件加密后产生的密文就绝对不能被破解了吗？又错了！

理论上要保证甲乙双方通信内容绝对不会被第三者破解，香农列出了以下三个条件：
- 密钥的长度跟明文一样；
- 密钥是一串真随机字符串；
- 每传送一次密文后立即更换密钥，即"一次一密"。

满足这三个条件的密钥又称为"一次性便笺"(one-time pad)。信息论鼻祖香农(Claude E. Shannon)从数学上证明了：密钥如果满足这三个条件，就能确保密文绝对不可被破解 (unbreakable)。意思是攻击方无论有多强的计算能力，都不可能从密文中得到任何信息，密码学者又把此定义为信息理论级安全 (information theoretic security)，用来替代"无条件"、"绝对"这类非专业词汇。

用上述三个条件来审视量子通信。条件 1 和 3 在实际应用中很难满足，这里先按下不表，对此另有专文作详细分析。我们现在先把目光聚焦在条件 2 上。

密钥是一个真随机数是保证密文不可破解的关键。一个二进制的真随机数就是其中每位出现"1"和"0"的几率完全相等各为

50%，而且所有位于位之间的取值必须完全独立。真随机数的定义看似简单明了，但实现起来却非常非常的困难。产生真随机数的密钥不仅长年来困扰着传统密码界，事实上也一直是 QKD 发展的重要障碍。

这里必需强调指出，量子物理中利用量子态随机坍缩产生真随机数与 QKD 通过 BB84 协议产生随机密钥是二个完全不同的概念。在 BB84 的过程中，代表密钥的量子状态在产生后要经历：传输、干涉、测试、比对、纠错等一系列复杂的过程。其中的干涉不仅有被动的噪声干扰，更有攻击者的主动干涉。攻击者甚至可以截取光量子后把某些特定状态的光量子丢弃，破坏密钥的随机性。攻击者也可通过在量子信道的干涉同时，观察通信双方在公开信道上交换对比信息来获取密钥的随机分布规律。总之，QKD 交换分发的密钥不可能是真随机数。因此，"量子通信产生的密文是绝对不可破解的"是没有科学依据的。

密码学界都知道，密钥稍微偏离真随机数会导致密码保密性的大幅下降。特别对于"已知明文攻击"，攻击者根据密文与部分明文的映射中得出密钥的部分信息，由于密钥不是真随机数，攻击者可以利用密钥位于位之间的关联性，大大提高密钥被破解的可能性。

密钥的随机性就是密码的生命线，所以密钥随机性的机制和定量分析就成了研究量子通信理论安全性的关键。在网上你只要查询这些讨论 QKD 安全性的论文，绕不开的就是密钥随机性的定量分析。从这些论文可以看出专家们对 QKD 的安全的定量分析模型和算法至今仍未达成共识。这也从另一个角度告诉我们，关于 QKD 安全的理论基础远未夯实。

尽管在 QKD 的理论安全性的分析评估方法上存在分歧和争论，但是专家们的认识有一点是共同的：QKD 离开"信息理论级安全"差距甚远。

Horace P. Yuen（美国西北大学电子和物理系教授，1996 年获得国际量子通信奖，2008 年他又获得了 IEEE 光子学会的量子电子奖。）是量子通信安全领域国际上公认的学术权威，他对 QKD 安全性发表了一系列重量级论文，受到了国际上不少同行的支持。

Yuen 教授 2016 年发表在 IEEE 上的论文：量子通信安全性 (Security of Quantum Key Distribution)[2]。下面就是该论文的第一张图表。

$|K| = 10^5$ bits $d = 10^{-9}$ [36], [51]	Ciphertext-only attack	Known-plaintext attack
incorrect failure probability per bit interpretation [35]	probability per bit leak $2^{-100030}$	probability per bit leak $2^{-100030}$
correct average guarantee equs (13), (50)	total bit leaks of whole K with probability 2^{-30}	total bit leak probability averaged over K_1 2^{-30}
correct individual guarantee equ(33)	probability of total leak 2^{-20}	probability of total leak given known K_1 2^{-10}
symmetric key cipher from expanding 128 bits to 10^5 bits [8]	$2^{-|K^*|}$ for $|K^*|$ up to 128 bits, 2^{-128} for larger $|K^*|$ up to whole $|K|$	only complexity based security
Uniform key K	For any subse-quence K^*, probability $2^{-|K^*|}$	probability $2^{-|K^*|}$ given any conditioning

图 4.1

该图表显示了当密钥的总位数为 10^5（100000 位）时，各种不同质量的密钥（横排）对应于纯密文攻击和已知明文攻击（竖列）的成功概率。图表含有许多信息，但有一点非常明显：理论上，一个 100000 位的真随机数密钥被破解的成功几率约为 $1/2^{100000}$，而 QKD 产生的密钥的被成功破解的几率升高为 $1/2^{30}$。如果折算成十进制破解几率大致分别为 $1/10^{30000}$ 和 $1/10^{10}$，后者（即量子通信）被成功破解的几率远远大于理论安全值。

101

由此可见，QKD 与信息理论级安全（即俗称的无条件安全）差了三个数量级都不止。请注意，这里的数据是理论分析的上限，QKD 的各种实验和工程项目的安全性比理论数据至少还要再差一个数量级。

由此可以肯定："量子通信在理论上是无条件安全的"这个结论是错误的。因为：

1）物理学原理不能保证通过 QKD 分发的密钥具有绝对的私密性；

2）QKD 也不能保证分发的密钥是真随机数；

因此使用 QKD 加密得到的密文就存在被第三方破解的风险。

更可怕的是攻击者可以同时利用上述二个漏洞，一方面利用物理全息原理收集、贮存和分析大数据，得到 QKD 分发密钥的部分信息，然后在此基础上从密钥随机性的不完善中得到密钥的更多信息，再依靠已知明文的片断，极大地提升破解密文的概率。对量子通信安全性的担心才是英国情报部和美国空军拒绝使用量子通信的最重要的原因[3]。

本文引举的论文作者 Horace P. Yuen 教授是量子通信安全领域公认的权威，他又是美国西北大学物理系教授，所以他的批评更受人注目，他的众多支持者中包括了好几位日本量子通信领域的专家教授，请阅读相关论文[4]。

3）量子通信远未达到密码学意义上的通信安全标准

现在让我们再退一万步，让我们立法不准使用物理全息原理收集和存贮广谱的电磁辐射，以保证密钥分发的绝对私密性。再退一步，假设研究人员彻底放弃 BB84 协议发明了一种全新的 QKD 的方案，该方案保证分发的密钥是真随机数（而且相关人员因此获得了诺贝尔物理学奖）。那么这种新的量子通信技术就真能保证通信的无条件安全了吗？非常不幸，答案依然是否定的。

许多人把通信私密性错认为就是通信的安全性，这是一个严重的常识性错误。当然通信安全一定要求通信内容的私密性，但是只有通信的私密性不等于通信就是安全的。通信的安全性有着比私密性更高更强的要求，它不仅要求通信双方传送的内容不能被任何第三者知道，还要确认收发方各自的真实身份，还必须确认通信内容的完整性和不可篡改性，另外还要保证通信的稳定性和可靠性。所以通信的安全性至少应该包括通信的私密性、真实性、完整性、和可用性。

没有通信的真实性和完整性，通信双方无法确认对方的真实身份，就会出大乱子。在量子通信开始时如果甲乙双方的真实身份无法确认，攻击者在通信线路中间对甲方冒充乙方，同时对乙方冒充甲方。甲方与攻击者之间、攻击者与乙方之间照样可以顺利分发得到二个密钥，然后甲方把通信内容加密后传送给了攻击者，攻击者用第一个密钥解密获得了全部通信内容，然后再把通信内容用第二个密钥加密后传送给乙方，乙方用第二个密钥解密得到通信内容。甲乙双方还以为依靠量子通信完成了无条件安全的通信，谁知攻击者在暗处偷笑：量子通信传递的秘密"尽入吾彀中矣。"

量子通信推动者一头钻进通信的私密性里，误以为绝对的私密性就等于通信的无条件安全性，把自己带入了深坑中。事实上，通信安全远非只是通信的私密性，在某些应用场合通信的私密性甚至不是最重要的。

下面举几个例子。

a)早晨，客户通过支付宝或微信购买大并油条，在这个通信过程中，客户为买大并油条究竟付了几元几角，针对这一类数据作严格保密其实没有多大意义。但是确保客户的钱是付给了交易中的商家，没有被隔壁老王家收去了，这才是通信安全的关键。

b）客户用了早餐后看到股市有异常，通过互联网决定买入一百股阿里巴巴的股票，在这个网上交易过程中，通信安全的关键是确保客户发出订单后不能抵赖，证券公司也不得篡改客户的订单，这比保护交易中股票数目、单价和总价这些信息的机密性重要得多。

c）在以上的二个交易过程中，通信的顺畅快捷也非常重要，谁会使用低效率的量子通信呢？没人愿意在上班的早高峰时段因为买大并油条而耽误几个小时，当然更没有人能够容忍在瞬息万变的股票交易市场中迟迟下不了定单[5]。

由此可知，互联网不仅极大的改变了人们相互通信的方式，同时也对通信安全提出了全新的标准和要求。QKD 的 BB84 协议创建于互联网的婴儿期，对互联网发展缺乏预见。QKD 用物理原理依靠硬件去追求通信的绝对私密性，从一开始就站到了历史的错误一方，完全脱离了这几十年由互联网引导的通信技术发展的主潮流。

归根结底 QKD 只是一个密钥交换协议，它必须和其它一些传统协议合作方能组成完整的密码系统，用于保证信息传输的真实性、完整性和保密性。众所周知，密码系统的总体安全性是由系统中的短板决定的，由于密码系统中的一些传统协议都不是无条件安全的，因此无论 QKD 有多高的私密性都无法构建无条件安全的通信系统。

量子通信不仅在理论上无法保证通信的绝对私密性，它对保证通信的真实性、完整性、和可用性等方面更是毫无作为，量子通信在理论上是无条件安全的这句话听上去更像是一种讽刺。

最后总结一下。
1）物理学原理不支持"QKD 具有绝对的私密性"；2）根据信息学理论，由于量子通信分发的密钥并不是真随机数，所以用 QKD 分发密钥所生成的密文就没有绝对的私密性；3）密码学定义的通信安全包括了通信的私密性、真实性、完整性、和可用性，它们是通信安全不可分割的组成部分。QKD 无论具有多强的私密性也不能保证通信系统的无条件安全性。

　　总而言之，量子通信既没有能力保证密钥分发的绝对私密性，又无法保证密钥是真随机数，所以量子通信在理论上不具备绝对的私密性。量子通信理论上的私密性的上限仅与传统对称密码持平，而在通信的真实性、完整性、和可用性三个方面的纪录都完全不及格。量子通信相比传统密码的优势就只剩下戴在头上的"量子"这个光环了。

　　量子通信头上的这个"量子光环"必须拿出来天天讲、年年夸，原因很简单，一项技术没有了真功夫它还能怎么玩？这与没自信的人最喜爱名牌服饰的道理是一样的。相反，真正有底气的技术都不希罕外包装的，其实半导体和激光这两种技术均与量子物理关系非常紧密，为什么就没人反复宣传"量子半导体"和"量子激光"？其实道理很简单，因为这些有着强大生命力的技术是根本不屑于头顶"量子光环"的。

参考资料

[1] Is the security of quantum cryptography guaranteed by the laws of physics?
https://sidechannels.cr.yp.to/qkd/holographic-20180312.pdf
[2]Security of Quantum Key Distribution
https://ieeexplore.ieee.org/document/7403842
[3]
https://www.guancha.cn/XuLingyu/2018_10_31_477593.shtml
[4] A Correct Security Evaluation of Quantum Key Distribution

http://www.tamagawa.jp/en/research/quantum/bulletin/pdf/Tamagawa.Vol.4-1.pdf

[5] Spooky Security at a Distance: The Controversy of Quantum Key Distribution
https://asz.ink/2016/10/07/spooky-security-at-a-distance-the-controversy-of-quantum-key-distribution/

第二节 "量子通信绝对安全是可以用数学证明的"是十足的谎言

谎言的最高境界是什么？就是他说的每一句话都是真话，可是组合起来就成了一个十足的谎言。

- 量子通信的物理过程可以抽象出一个数学模型；
- 量子通信的数学模型的绝对安全性是可以用数学证明的。

上面两句都是真活，但是把它们合在一起变成："量子通信的绝对安全性是可以用数学证明的"，就成了一个谎言。这里施的是"移花接木"之计，其实证明的只是数学模型的绝对安全性，而不是量子通信物理过程的绝对安全性。数学模型虽然是从量子通信的物理过程抽象出来的，但是数学模型永远不等于真实的物理过程。

必须明白，能够通过数学作理论证明的只能是数学模型，绝不可能是真实的物理过程。量子通信分发密钥是物理过程而不是数学模型，量子通信分发密钥的绝对安全性是无法用数学证明的，因此"量子通信绝对安全"就是一个十足的谎言。

　　传统密码是基于数学原理，它的安全性才是真正可以通过数学作严格的分析和证明。但是传统密码从来没有吹嘘自己是绝对安全的，它坦率地告诉大家，破解密码在目前最快的电子计算机上按现在的算法程序至少需要多少万年，这才是科学的做法和态度。

　　传统密码使用的是数学方法，其安全性是可以直接用数学严格定义和量化的；QKD 是一个物理过程，对它的安全性分析只能在其抽象化的数学模型上进行，得到的仅是近似结果。但是竟然有人会相信 QKD 安全性远高于传统密码，逻辑混乱莫此为甚！

　　记得有这么一个故事，富翁为他满月的宝贝儿子设宴庆祝，来客都说这孩子面有福相，一定长命百岁前程无量，他们因此得到了各种赏赐；其中有一个客人说这孩子逃不过生老病死总归是要死的，他被主人立即轰了出去。

　　真话伤人假话暖心，这大概也是人之常情吧。但是这样的事情竟然会发生在科技界，科学院院士和名牌大学的教授博导会一本正经地宣传 QKD 绝对安全，实在令人难以置信。创新和超越故然重要，但普及科学知识、增强逻辑思维能力也许更重要更紧迫。

　　这世上有许多重要的技术与安全密切相关，例如疫苗针剂、越洋飞机、摩天大楼、水库大坝、核电站，但从未有人宣称可以用数学证明这些技术是绝对安全的。其实这背后的道理也很简单，因为任何技术能在市场竞争中脱颖而出靠的只能是真实性能，弄个数学模型来证明绝对安全徒成笑柄。唯独量子通信一家反其道而行之，宣传 QKD 绝对安全性不遗余力，这背后其实隐藏着 QKD 推动者们深深的纠结和无奈。

　　所谓的量子通信 QKD 其实只是密钥分发。密钥分发早有多种安全成熟的技术，这些传统密钥分发技术在网络兼容性、分发速率、成本效益等主要技术性能指标上全面碾压 QKD，而且抗量子攻击的传统密码技术很快可以实用，在市场竞争中 QKD 憋屈久矣。这么多年来 QKD 能够苟延残喘拖至今日，靠的也只有"量子通信绝对安全性"这个谎言了。但是靠谎言度日的工程技术又能支撑多久呢？

数学(理论)能够证明的只能是量子通信的数学模型，而不是量子通信真实的物理过程。下面将进一步深入分析量子通信物理过程与数学模型之间的差异。

量子通信(QKD)的数学模型是建立在一系列假设之上的，它仅是 QKD 真实物理过程的简单化和理想化。下面这张表格列出了建立 QKD 数学模型的六个假设。表中每行分别列出了对 QKD 的各个部件的理想要求(即假设)，以及与之对应的实际状况(差距)。从表中不难看出所有这些假设和条件在现实世界中都是无法满足的。

TABLE XI Security assumptions and actual setup for BB84.

Component	Security assumption	Practical setup
Photon source	Ideal single photon	Coherent laser
Encoding state	Two-dimension	Arbitrary-dimension
Encoding state	Basis-independent	Source flaws
Measurement	Two-dimension	Arbitrary-dimension
Measurement	Basis-independent	Measurement flaws
Photon detection	Ideal SPD	Threshold detector

图 4.2

请注意，上面表格中只是列出了与器件有关的一些假设，事实上为了建立起一个能够证明无条件（绝对）安全的数学模型，至少还隐藏了如下二个假设：

1）绝对安全的数学模型要求 QKD 分发密钥过程中仅发生量子物理效应

108

2）绝对安全的数学模型要求 QKD 产生的密钥是真随机数

关于这二个假设，在本章第一节中已有详细的分析和讨论，这里不再重复。需要强调的是，这些假设在现实世界中是根本不成立的，因此"量子通信的绝对安全性是可以用数学证明的"就是一个彻头彻尾的谎言。

下面将对量子通信的实际安全性做出科学的分析和评估。

最近，美国安全局发布了关于量子通信的政策报告，该报告的第 4 部份特别指出："QKD 系统提供的实际安全性不可能来自物理定律的理论无条件安全性（后者只是数学建模的结果），它更决定于由硬件和工程设计提供的有限的安全性。但是，密码安全对不确定性的容忍度要比大多数物理工程方案小很多个数量级，因此 QKD 安全性验证很难通过。用于执行 QKD 的特定硬件会引入漏洞，从而导致对商业 QKD 系统的一系列广为人知的黑客攻击。"

美国安全局的政策报告不仅有较高的理论水平，而且也充分揭示了量子通信产业化中存在的严重问题，这个政策报告是十分接地气的。目前，量子通信的工程系统有量子通信"京沪干线"、"京广干线"、"武合干线"等，在这些量子通信干线上，从光源到可信中继站再到测量端，从头到尾没一处是安全可靠的，真可谓是"处处冒烟、点点失火"。

1）QKD 光源的安全隐患

对 QKD 的发射源端的攻击可以分成两个方面：利用安全漏洞(Security Breach)和阻断服务攻击(Deny Of Service)。利用安全漏洞又可细分为三类：特洛伊木马攻击；激光致盲攻击；激光注入攻击。

2020 年前后分别有两篇重量级科学论文揭示了在 QKD 光源中存在着严重的安全隐患，它们分别与特洛伊木马攻击和激光注入攻击有关。论文明确指出使用光衰减器是无法有效防范激光注入式攻击的，当衰减器为 60db，激光输入功率也仅需 100mW，这对攻击者来说易如囊中探物，而且研究还证明通过强激光致盲攻击可以永久性地降低光衰减器的衰减系数。

在实战环境中，黑客可以采用多种手段对 QKD 光源发动攻击，可以先使用激光致盲攻击，降低 QKD 光源的衰减器的衰减功能，然后交替发动激光注入式攻击、特洛伊木马攻击，最后彻底击垮量子通信的安全防线。

2）QKD 可信中继站的安全隐患

在 QKD 的每个"可信中继站"里，密钥必须还原成传统明文形式的随机数，裸露的密钥又与计算机等各种硬件密切接触。请注意，这些计算机都是联网的，中继站里又有运行维护人员进进出出，所以 QKD 分发的密钥在中继站中几乎就是任人宰割的羔羊。

通信安全需要了解两个概念：信道和信源、信宿，密码系统只是保护信道，不保护信源、信宿，在通信收发两端的信源、信宿处信息以明文形式呈现，所以信源、信宿才是泄密的万恶之源。

传统密钥分发时，信道包括光纤、中继器、路由器、交换机，密钥在这些地方都是以密文方式传送，不可能泄密。但是量子通信的可信中继站其实已经不只是单纯的信道了，由于密钥以明文形式出现，使得每个中继站变成了信源、信宿。

传统京沪通信光缆就是一个完整单一的信道，加密后的密钥不怕被窃取，但是京沪量子通信干线 2000 多公里的信道被切成 30 多段，每段的中继站都是信源、信宿，这就人为增添了 30 多个严重的安全隐患！QKD 的可信中继站为黑客窃取密钥打开了几十扇天窗！

顺便提一句，在量子通信安全性分析的数学模型中根本就找不到可信中继站的影子，这样做的根据又在哪里？"量子通信专家"在中继站前面加上了"可信"两字，于是"中继站"立即变成绝对安全了，所以在作系统安全分析时就不必再考虑进去了。这不是典型的掩耳盗铃自欺欺人吗？这种理论安全性证明骗谁呢？

3）QKD 测量端安全隐患

目前已建的所有量子通信工程使用的都是 BB84 协议的改进版—诱骗态，这种技术方案在 QKD 测量端存在许多严重的安全隐患，而且至今没有妥善的解决方案。这里有中科大量子通信团队公开发表的论文作证：

"尽管安全补丁可以抵御某些[对测量端]的攻击，但补丁对策本身可能会打开其他漏洞。结果，这可能会引入另一层安全风险（参见：Huang 等人，2016a；Qian 等人，2019；Sajeed 等人，2015b）。此外，安全修补程序的主要问题是它们仅阻止已知的攻击。对于潜在的未知攻击，对策可能会失败。因此，安全补丁只是临时的，它已经违背了 QKD 的信息理论安全框架。"

由以上分析可知，整条量子通信干线从头烂到了尾，因此在高安全性的应用领域根本就不可能采用量子通信工程来分发密钥的，这就是为什么量子通信产品至今无法进入国家的核心密码和普通密码系统之中的真实原因。从目前状况来看，量子通信工程产品是否能通过商用密码标准审核都要打上一个问号。

据说，MDI-QKD 可以有效缓解 QKD 测量端的安全隐患，替代可信中继的量子中继方案也在研制之中。但是这些都仅是物理实验方案，有些甚至还只在纸上，问题是已经建成的上万公里的量子通信干线现在怎么办？画饼岂能充饥！

总而言之，量子通信的绝对安全性是无法证明的，实际上的安全性则远不及传统密码。一个有着五大技术困境而且又是不安全的量子通信注定不会有什么工程前景。

第三节 物理原理无法保证量子通信的无条件安全

量子通信作为一个工程项目，它不仅没有必有性而且完全不具备可行性，量子通信工程从一开始就陷入了困境并受到了广泛的批评和质疑。深陷困境的量子通信工程推动者们泡制了一个谎言："量子通信的无条件安全性是可以用数学证明的"，用它作为自己的挡箭牌。但是很快这个谎言被驳得体无完肤，详见本章第二节。近来这个谎言被束之高阁，换上了谎言 V2.0 版："QKD能实现无条件安全，是因为它保密的基础是物理原理，而不是数学难题。"这个谎言其实错得更为离谱。

物理原理只适用于理想化的物理模型。这些物理模型都是针对某种物理现象把客观世界孤立化、理想化后建立起的抽象模型，例如普通物理教程中的"孤立体系"、"理想气体"、等等。这些物理模型客观上并不存在，它们仅是客观世界局部化和理想化的反映，它们是对客观世界的一种近似描述。

工程系统面对的是现实世界，而不是物理模型，人们可以通过各种技术手段让工程系统尽量逼近某个物理模型，但永远不可能等同于物理模型。因此在工程系统中物理原理的正确性是要打折扣的，它们的适用性都是有条件的。

基于物理学的力学原理建造的桥梁不可能无条件安全，基于大气物理学的气象预报工程不可能百分之百的正确，同理，基于量子力学的量子密钥分发（QKD）工程也不可能是无条件安全的。因为量子力学与所有的物理原理相同，它在工程环境中自身的正确性都是要打折扣的，其适用性也都是有条件的，它根本不可能保证 QKD 绝对的无条件安全。这是常识中的常识。

最近同为中科大的量子物理专家郭光灿院士强调指出：但人们很快发现，任何真实物理体系都无法达到量子密码协议所需求的理想条件。存在各种各样的物理漏洞，使研制出来的实际量子密码系统无法达到"绝对安全"，只能是"相对安全"[1]。

由以上分析可知，"QKD 能实现无条件安全，是因为它保密的基础是物理原理，"袁岚峰的这个观点是完全错误的。但是这位可爱的袁副主任还要错上加错，再添加这样一条所谓的金句："也就是说，如果你想破解我的密码，你唯一的办法就是推翻量子力学。"估计他很为自己的诡辩术得意，岂料这已成了业界的笑料！

密码破解的场景发生在现实世界中，量子力学的物理原理在现实世界中的适用性是受条件限制的，原理与现实之间永远存在无法磨灭的微小差异。QKD 从开始到现在不知被破解了多少回，相关的论文连篇累牍，事实证明基于物理原理的 QKD 系统不是无条件安全的。QKD 被破解不是量子力学被推翻了，而是因为量子力学原理的适用条件并不完全满足。在日常生活中可以找到许多违背牛顿力学定律的现象和实例，难道由此就可以推翻牛顿力学定律了吗？真不知这算什么逻辑！

密码学起步时主要依靠的就是物理原理，这样的例子有斯巴达人发明的"塞塔式密码"，以及中国春秋战国时期用青铜制成的虎符等等。但是随着密码学的不断发展，人们抛弃了物理和化学原理，全面深入地应用数学原理，这背后其实是有着深刻的原因的。

依靠物理原理时，系统处理的是某种物理变量，在现实世界中该种物理变量不可能是完全孤立的，它们会受到许多其它物理量的影响和干涉，这正是为什么物理原理在现实世界中不可能尽善尽美绝对正确的原因。而数学原理就可以有效解决物理原理的短板和缺陷，信息一旦数字化后就与现实物理世界作了切割，它就不再被复杂的现实世界中各种因素所困扰。数字化后的信息世界只受数学原理控制：它们的运行规律的精准性和可控性强于物理世界许多倍。可以毫不夸张地说，今天信息系统广泛深入的数字化就是对数学原理优越性的背书。

但是潘建伟院士却认为："量子保密通信的安全性基于物理学基本原理，与计算复杂度无关，即使未来强大的量子计算机问世也不会对其安全性形成威胁。"在这个观点上潘院士当然比袁副主任还是要高明一些，他至少没有犯那种低级错误。但是潘院士对密码学和计算复杂度缺乏足够的了解，他依旧在 QKD 的安全性问题上严重误导公众。

潘院士的表述错在两个方面：首先，物理学基本原理最多只能保证密钥分发的私密性，但是密码学的安全性不仅只是私密性，它还应包括完整性和可认证性，后两者都与计算复杂度有关，因此量子保密通信的安全性其实也与计算复杂度有关；其次，基于数学原理（与计算复杂度有关）的密码系统在未来完全可以有效地对抗强大的量子计算机的威胁。

潘院士的第一个错误属于密码学的基本常识错误，对此第三章第三节中已经有详细的分析讨论，。潘院士的第二个错误与计算复杂度的理解有关，为此有必要先作些相关科普知识介绍。脱离数学对深奥的计算复杂度作科普，世上最复杂的事莫过于此了，本文但求不犯原则性错误，如有个别细节出入请读者原谅。

计算机究竟能够算些什么？又有哪些问题计算机无法解决？这都决定于计算的复杂度，为了从本质上区分和比较计算的难度复杂度，计算机科学家把这些计算问题归类到各个不同的复杂性类（complexity class）。每个复杂性类包含了所需计算资源不超过一定数量的各种计算问题，这里的计算资源通常是指计算时间或内存容量。

复杂性类之间的差异有些十分明显的，但有些是模糊的，如何正确分类是一项挑战。下面列举几项重要的计算复杂性类。

P 类：多项式时间（Polynomial time），经典（非量子）计算机能够轻易解决的所有问题。

NP 类：非确定性多项式时间（Nondeterministic Polynomial time），只要给出一个解，经典计算机就能够快速验证给出的解是否正确的所有问题。

BQP 类：有限错误量子多项式时间（Bounded-error Quantum Polynomial time），在多项式时间内，量子计算机能够轻易解决的所有问题。

PSPACE 类：多项式空间（Polynomial Space），PSPACE 包含了所有只要用合理大小的内存（多项式量级的内存）就能解决的问题。

如果一个算法具有"多项式时间复杂度"，那么当问题规模增长时机器的计算能力总能从容应对，这就是图灵机的"可计算性"的意义。对应的"问题"是"可计算的"，这实际上就是 P 类的定义。

NP 问题至少包含 P 类问题，即 P⊂NP。因为一个可以在多项式时间内求出解的问题，必然能在多项式时间内验证解。P 类问题都是 NP 问题，但是反之不然，NP 类中的有些算法具有"指数时间复杂度"，那么机器的计算能力就不能胜任问题规模的增长，它们就是"不可计算的"。

计算机科学家已经证明：PSPACE 包含 BQP，且 BQP 包含 P。关于 BQP 和 NP 这两个类的关系，有一些问题属于 NP 类，而不属于 BQP 类，反之亦然，两者互不包含。下面这张图片展示了计算复杂性类型之间的相互关系。

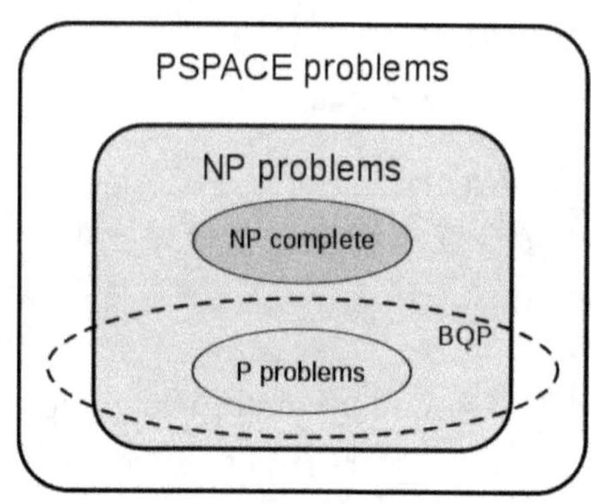

The suspected relationship of BQP to other complexity classes.[1]

图 4.3

从图片中可明显看出，可计算性问题（P 类）属于小众，大量的数学问题是难计算的，而且这个局面也并不会因为量子计算机的出现而发生根本性的转变。图中的 BQP 能把一部分的 NP 问题转化成了 P 类问题，等于拓展了 P 类的范围。但是请注意，仍旧有许多 NP 类问题位于 BQP 的外面，也就是说，无论量子计算机的有多神奇多伟大，仍旧存在许多数学问题是无法计算的。换言之，数学的武库中有足够的兵器可为未来的密码系统保驾护航。

理论计算机主流的观点认为量子计算机不能在多项式时间内解决 NP 完全问题（$BQP \neq NP$）或者求逆任意的单向函数，Shor 算法对于非交换群（non-Abelian group）上的 HSP 问题就不管用了，更不用说一般的 NP 问题。因此量子计算机并没有从根本上否定现代密码学的根基。

最具讽刺意味的是，捣鼓了近二十年的量子计算机到现在连最简单的二位数以上的质因数分解都一筹莫展，更别提破解 1024 位的 RSA 公钥密码了，再给他们十年也白搭。但是应用数学原理的抗量子攻击的公钥密码 PQC 已经进入标准化阶段随时可以投入使用。在密码技术领域，数学方法完胜物理，这已经成为专业人士的共识，当然中科大的潘、袁等少数几位可能不以为然。不过潘院士和科学传播系袁副主任在密码领域也算不上是什么专业人士，他们只是空有吓唬人的头衔而已，谈及密码安全语无伦次、错误百出，充其量不过是密码学界的民科而已。

总之，在全面数字化的信息世界中，保护信息安全的密码系统必然会依靠数学原理而不可能是物理原理，道理其实也非常简单。因为数学原理有足够的办法和能力为密码系统保驾护航，在未来可以有效地抵御量子计算机的威胁。而物理原理是现实世界有条件的近似反映，因此物理原理在工程实践环境中是不可能提供无条件安全的。

物理与工程既有联系又有区别，物理学中的原理、定律和法则其实只存在于理想环境中，它们到了现实的工程环境中都不可能百分之百的正确。物理与工程的本质区别就是理想与现实之间的差别，这是大学理工科学生都能明白的基本知识，很难设想中科大科学传播系副主任连如此基本的常识都搞不明白。我真心希望这位袁副主任仅仅是无知而已，而不是在量子通信问题上有意误导大众。

参考资料

[1] 郭光灿院士：不实宣传和夸大炒作，造成量子世界的奇谈怪论。

https://news.sciencenet.cn/htmlnews/2022/6/481039.shtm

第四节 量子通信被黑何时了，漏洞知多少？

2019 年年初，上海交通大学研究团队成功破解"量子通信"的文章在互联网上激起了一片浪花。该文在观察者网转载后，24 小时之内点击破 15 万，评论数超过 3 百条。

"量子通信"被破解看似意料之外，实在情理之中。"量子通信"被破解其实一点也不奇怪，问世以来它被黑客虐了不知有多少回，这既不是第一次，更不会是最后一回。

"量子通信"被黑何时了，漏洞知多少？这还真不是杞人忧天，上海交大破解团队的论文就是这么说的："然而，我们希望在此提供的主要信息是，当我们认为 MDI-QKD 已经是一个非常成熟且商业化的解决方案时，可能存在许多其他未发现的物理漏洞。"

"量子通信"被破解是好事还是坏事？这得看对谁而言。此事对于"量子通信"的科学研究工作可能是好事，破解-反破解本是量子通信科研的重要组成部分，失败和教训是科学成长的维它命。但是"量子通信"被破解对于工程项目绝对是悲剧了。

"带病上岗"的京沪量子通信干线究竟该怎么办？昨天，量子通信工程推动者通过他们的喉舌"墨子沙龙"紧急补漏，声称："正如我们公开在预印本 arXiv 上文章中已经深入讨论了的，我们通过进一步理论分析和实验设计，证明了针对这一漏洞的窃听方案可以通过在源端（我们的实验系统已经内置了 30dB 隔离度）增加更高对比度光隔离器来解决，从而保证量子密钥分发的安全性。"

但是论文的原文说的正好相反："很显然，攻击者的激光功率不受限制的话，即使采用隔离保护，Eve 总能够破解 MDI-QKD 系统"（apparently with infinite laser power, Eve will always be able to hack MDI-QKD systems even with the isolation protection.）

这两者之间总有一个是错的吧？让我们退一步，就算已经找到了切实可行的解决方案。目前京沪干线上数以百计的光量子发射源要不要都更换？设备更换后肯定会影响整体运行性能，系统参数的联调估计也不是件容易的事。其结果必然使"量子通信"的硬件设备变得更复杂更昂贵，增加的经费开支由谁来买单？京沪干线上自觉自愿的付费客户本没有几个，还要他们负担额外的开支绝对说不过去。那么只能再一次啃政府，量子通信工程从头到底由政府包建设、包运营，现在再要加上包修理，反正虱多不痒、债多不愁。

早知今日何必当初，如果量子通信仅局限在实验室中，上述所有问题都立马消失。核心技术的进步来自于实验室，这次发现的"量子通信"的安全隐患就是在实验室中，而不是在京沪量子干线上。科技可以在试错中进步，但是工程项目绝不能在试错中前行。

量子通信离开工程建设的可行性要求差之甚远。量子通信工程的技术基础是美国科学家在1984年制定的BB84协议，BB84是前互联网时代留下的技术化石，这种点到点的通信协议完全不具备组成复杂多变网络结构的可能。最近科大国盾在网上晒出了一份《量子保密通信技术白皮书》，看了其中关于量子保密通信组网部份，里面除了术语的堆砌，实在是空洞无物。量子通信组网连"纸上谈兵"的水平都够不上，只能算是"梦中谈兵"这一层级。中科大某些人为了赶科创板上市，已经到了慌不择路、饥不择食的地步，实在令人失望。

量子通信的BB84协议早在1984年就提出了，三十多年过去了，这样一个漏洞百出、技术上不成熟又没有多大实用价值的量子通信能混迹于江湖靠的是一张护身符——"量子通信"可以保证通信的无条件安全。其实"量子通信"在理论上的无条件安全性都是存疑的，"量子通信"工程项目的无条件安全性又何从说起？物理与工程之间有本质的区别，绝不可把物理分析中的理想结果当成工程指标。

著名物理学家费曼说过，"所有的物理定律都是对现实世界的近似，模型和现实之间永远存在无法磨灭的微小差异。"费曼之所以在这里使用"微小差距"，是为了强调现实与理论这二者之间的差距无论用什么方法都是无法完全消除的，是"永远"也无法磨灭的。

原理与现实之间永远存在无法磨灭的微小差异，这个微小差距对于大多数工程项目也许影响有限，但对于密码工程却可能是致命的。因为一个几百位的密钥，只要有几位被泄漏，就可能导致整个密文被破解。

这次的"量子通信"被破解是每传送十个密钥有六个被破解，这六个密钥中的每个密钥的所有位都被黑客全部破解全部锁定，而通信的接收方仍一无所知。这简直是密码领域的天方夜谭，怪不得有好几个密码学界的朋友向我询问消息的可靠性，他们都不敢相信真有这回事。

在密码系统里，密钥全身必须包裹得严严实实一丝不露，连中东妇女那种只露二只眼睛的衣饰都是完全不合格的，而我们"量子通信"上传输的密钥却赤身裸体一丝不挂，连比基尼都忘了穿。这种"量子通信"密码工程究竟又有多少人敢于使用？

物理原理给出的结果都是在满足许多苛刻条件的理想环境下才能成立，在现实世界中，在工程实施时这些条件都是无法完全满足的，即使要部分满足这些条件，工程的代价也会高到无法忍受。工程都是性能和代价的折衷和优化，"量子通信"工程一定也逃脱不了这个规律，无条件绝对安全的"量子通信"在现实中是根本不存在的，这次"量子通信"被"注入锁定"方式破解就是一个最好的证明。

说到底，信息安全技术的发展史就是一场"猫捉老鼠"的斗争史。传统密码技术如此，"量子通信"当然也只能是如此。但是基于数学原理用软件技术实现的传统密码在兼容性、效率和性能价格比都远远优于"量子通信"，失去了"无条件安全"这张护身符的"量子通信"又有什么资格与传统密码一较高下？

本次事件发生后，[权威发布]潘建伟等科学家关于量子保密通信现实安全性的讨论一文中还在宣传：学界将这种安全性称之为"无条件安全"或者"绝对安全"，它指的是有严格数学证明的安全性。20 世纪 90 年代后期至 2000 年，安全性证明获得突破，BB84 协议的严格安全性证明被 Mayers，Lo，Shor-Preskill 等人完成。

该文所引的有关量子保密通信安全性的论文都是十多年前的论文，为什么不敢引用最近这几年的相关论文呢？如果这个问题真的已有定论，为什么最近几年美国和日本的量子通信专家权威仍有不少质疑量子保密通信安全性的论文呢？

这些新的论文尽管在量子保密通信的理论安全性的分析评估方法上存在分歧和争论，但是专家们的认识有一点是共同的：量子保密通信离开"信息理论级安全"差距甚远。

Horace P. Yuen（美国西北大学电子和物理系教授，1996 年获得国际量子通信奖，2008 年他又获得了 IEEE 光子学会的量子电子奖。）是量子通信安全领域国际上公认的学术权威，他对 QKD 理论安全性发表了重量级论文，受到了国际上不少同行的支持。Yuen 教授 2016 年发表在 IEEE 上的论文：《量子通信安全性》，受到日本等国量子通信专家的赞同和支持[1]。为什么中国的同行们对此一字不提呢？难道 Yuen 教授也是你们眼中的"民科"吗？文过饰非，顺我者昌、逆我者亡，这难道是一个科学家应持的正确态度吗？

通信安全是一个很大很复杂的大系统，大多数人都是门外汉，量子实验物理学家也好不了多少，有关通信和信息安全还是要向通信密码学界的专家学者们虚心学习，别再张口就是无条件安全之类的说教了，这样做只能是害人又害已。

最近我的一位密码学界的专家朋友转发了一篇谈安全和科学的论文给我[2]，初初看了一下，受益匪浅。好文章不能独享，特把文章地址发于下，有兴趣的可以读读。希望有关专业人士都能从中受益，把通信和信息安全的认识提高到一个更新更高的水平。

参考资料

[1] Security of Quantum Key Distribution
　 https://ieeexplore.ieee.org/document/7403842
[2]《科学与安全，安全是科学追求的难以捉摸的目标》
https://www.microsoft.com/en-us/research/wp-content/uploads/2017/03/scienceAndSecuritySoK.pdf

第五节 一波未平一波又起 量子通信再度被破解

2019 年 12 月，国际著名物理期刊(Physical Review Applied)发表了一篇论文《破解量子密钥分发的激光注入式攻击》，量子通信的安全问题再度亮起红灯！

该论文的作者们都是量子通信领域的专家，他们分别来自中国、加拿大、俄罗斯和西班牙，论文的第一作者就是中国国防科技大学的学者。论文的内容可以概括为以下三点。

1）实验显示，黑客可以把微弱的激光注入进量子密钥分发 QKD 的发射光源，从而导致 QKD 信号强度增加；

2）理论证明，QKD 的信号强度的意外增加会严重影响 QKD 的安全性；

3）以上的理论证明不仅适用于 QKD 的诱骗态 BB84 协议和 MDI-QKD 协议，而且也适用于以诱骗态为基础的其它量子密码协议。

对实验设置和理论分析细节感兴趣的读者，请阅读本文后面的附件[1]。

请注意，量子保密通信京沪干线、武合干线、京汉干线使用的都是诱骗态 BB84 协议。这篇论文给我的感觉有点像为中国量子通信工程量身定制的，它以严谨的科学方法对这些工程项目的安全问题做出了批评和质疑。

这些年来，中国量子通信工程推动者总是摆出一付祖师爷的派头，对于公众的批评只有一句话回应，"请拿高挡期刊的论文出来说事，否则请闭嘴。"嘿嘿，说什么就来什么，话音未落针对着他们的论文来了一篇又一篇。

先是 2019 年初，上海交通大学研究团队成功破解"量子通信"的论文在互联网上曾激起了一片浪花。接着就是 2019 年底的这篇国际团队的论文《破解量子密钥分发的激光注入式攻击》，对量子通信安全性的质疑一波未平一波又起。

这两篇重磅论文都把攻击的矛头对准了量子通信的发射光源，量子通信光源系统存在多种严重的安全隐患。

上海交大的论文可归于"特洛伊木马攻击"，而这篇新的国际合作论文就是"激光注入攻击。"它们攻击的目标虽然都是指向量子通信的光源，但是攻击的手法各有千秋不同。例如"激光致盲攻击”就属于“很黄很暴力”！但“激光注入攻击”则更像“悄悄的进村、打枪的不要 。”发起攻击的激光功率仅在 100nW 级别，就神不知鬼不觉地给量子通信挖了个深坑。

当时上海交大的论文在网上 arXiv 预收录文库发表后，中科大的某院士专门撰文作了回应，他的原话是：“这类攻击早在二十年前就已经被提出，而且其解决方案就正如文章作者宣称的一样，加入光隔离器这一标准的光通信器件就可以了。”听上去他只要动动手指头就能轻松化解，该论文应该只能在网上挂挂而已没多大价值。但是出乎意料，2020 年三月上海交大的论文也在高挡期刊(Physical Review Applied)正式发表了。科学总归是科学，谁又能一手遮天呢？

事实上在这篇新的国际合作论文中，对于量子通信光源的反黑客措施有详细的分析。论文明确指出依靠光衰减器是无法有效防范激光注入式攻击的，当衰减器为 60db，激光输入功率也仅需 100mW，这对攻击者来说易如反掌。更严重的问题是，他们的研究证明，通过强激光致盲攻击可以永久性地降低光衰减器的衰减系数。所以在实战环境中，黑客可以采用多种手段发动攻击，可以先使用激光致盲攻击，降低量子通信光源的衰减器的衰减功能，然后交替使用激光注入式攻击、特洛伊木马攻击等方式，最后彻底击垮量子通信的安全防线。由此可见，量子通信所谓的无条件安全性更像是一个笑话。

上述所有的攻击都是针对 QKD 的光源，但这并不表示 QKD 其它部位就是安全的，其实 QKD 的检测端有更多的安全问题。但是自从提出了 MDI-QKD 协议后，应对 QKD 检测端的安全问题有了物理实验方案，所以关于 QKD 检测端安全的研究暂告一段落。但是如果 MDI-QKD 进入工程化的话，还是会有各种新的问题产生，新的质疑一定会“春风吹又生。”

　　需要指出的是 MDI-QKD 还未进入实用阶段，所有已建和在建的
量子通信工程项目中不仅光源存在许多安全隐患，其实检测端安
全问题更多更严重，只不过专家学者对此都已经不愿再化功夫搭
理而已。这好比在如今 Windows 10 的年代，很难再看到关于
Windows 95 安全隐患的研究报告了。但是如果你非要说运行在
Windows 95 很安全，那是脑子进水了。不过话又说回来，运行
Windows 95 系统可能真的也没有什么不安全，因为破解这种老古
董系统的技术含量太低，而且这些系统本身就是个摆设也干不了
什么实事，稍有点身份的黑客都赖得攻击它们，怕掉价！这其实
就是目前量子保密通信京沪干线、武合干线等工程项目看似岁月
静好的原因，因为这些工程项目根本就没有什么实际的应用，没
有多少人会去探究这些烂尾楼的安全隐患的。

　　行笔至此，可能会有读者觉得学术界对量子通信安全问题的质
疑是否有点吹毛求疵，甚至对量子通信催生出一丝同情心。其实
把"适可而止"、"宽大为怀"这套待人之道引入学术研究是非
常要不得的，"一丝不苟"、"精益求精"才是推动科技进步的
动力。学术界对传统密码安全性的研究之严格和苛刻从来如此，
几乎到了精神分裂的地步，只是不为常人所知而已。相比之下，
量子通信的安全性研究仍处于非常初级的阶段，推进量子通信工
程工程化产业化的时机远未成熟。

　　"量子通信理论上是绝对安全的"不是一种正确的科学表述方
式。量子通信的理论安全性是有条件的，只有当 QKD 的通信距离
和成码率符合一定要求时才能保证理论上的安全性。这篇论文指
出，当 QKD 光源受到激光注入攻击后，系统的理论安全的条件被
大幅压缩，变得更为苛刻。但是用户很难觉察到这种变化，用户
依然在原来自以为安全的条件下交换分发密钥。但是在这种情况
下：保证系统的理论安全的条件已经不能满足，因此系统实质上
运行在不安全区域。换言之，这时候通过 QKD 分发的密钥很有可
能被黑客部分或全部窃取，而 QKD 的用户完全被蒙在了鼓里。
"量子通信理论上是绝对安全的"就成了一句空话。

相比传统的数字化密码技术，量子通信是效率极低、价格贼贵、使用特难，真可谓一无可取之处，这就是为什么量子通信总把绝对安全放在嘴上天天讲、月月讲、年年讲的道理，因为量子通信没有了这个所谓的绝对安全就什么也不是。但是一系列最新科学研究的结果却抽走了量子通信赖以生存的最后一根救命稻草。这有点像名牌大学招新生，招进了一个数理化门门挂科的特长生，最后却发觉他的特长竟然是子虚乌有，这让招生办情何以堪？这可能就是今日量子通信工程的真实写照。

　　总之，目前的量子通信工程的现状是：1）它的源头有严重疾病必须尽快加以治疗；2）它的检测端已经千疮百孔已经无法救治，必须全部切除，但目前器官移植的条件又不具备。整个量子通信工程还有什么是安全的呢？量子通信被黑何时了，漏洞知多少？

[1]附件

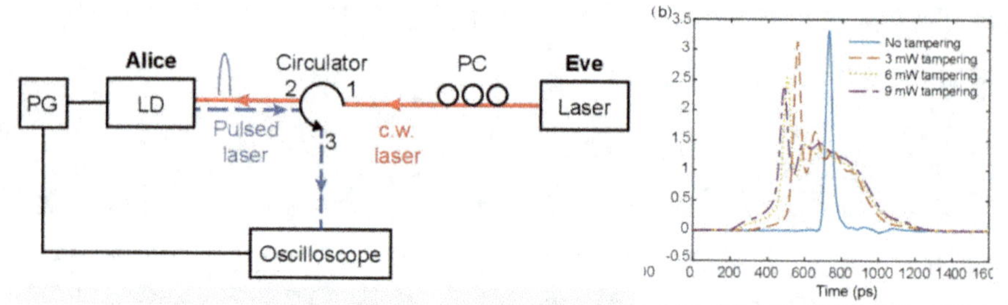

图 4.4

　　实验装置见上图左。黑客(Eve)使用可调激光器(C.W.)通过单模光纤将激光注入 QKD 的发射光源(LD)。通过调节激光的波长，将适当波长的光子注入激光二极管(LD)，当注入的光子的能量与激光器的激发态和基态之间的能级差相匹配时，导致受激发射。为了最大程度地提高注入效率，黑客使用偏振控制器(PC)调整注入

激光的偏振，使其与 QKD 的偏振状态相匹配。为了将注入激光与
QKD 的信号分开，实验使用了光学环形器(Circulator)。攻击的激
光进入环形器的端口 1，然后由端口 2 输出(红线)，而 QKD 的信号
从环形器的端口 2 进入由端口 3 输出(蓝色虚线)，最后送入高速
脉冲同步示波器作观察和纪录。

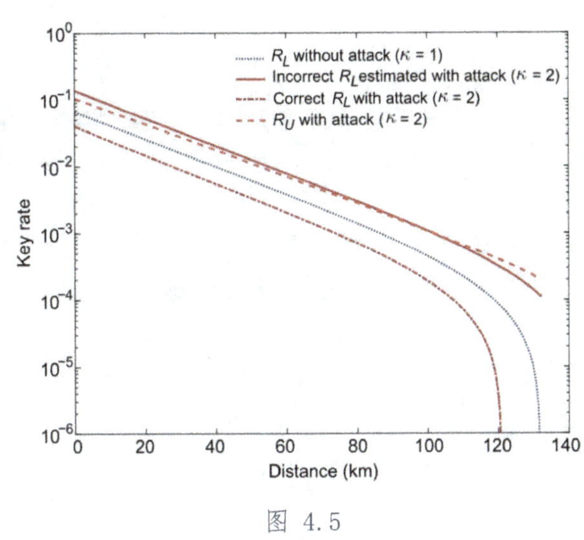

图 4.5

实验结果见上图右：图中蓝色实线是未受黑客攻击时 QKD 的脉冲信号，受黑客攻击后 QKD 脉冲信号的幅度和波形发生变化，橙、黄、和紫色虚线分别代表在不同强度的注入激光攻击下的变化情况。理论证明，QKD 的信号强度的意外增加会严重影响 QKD 的安全性。

使用诱骗态 BB84 协议的理论安全分析模型，对 QKD 脉冲信号的
幅度发生变化后的安全性作计算机数值模拟，得到图 4.5。图中
的曲线给出了为符合安全要求 QKD 的通信距离和成码率必须遵循
的约束条件。图中的蓝色虚线是正常情况下的安全下限曲线 RL，
曲线 RL 表明为了确保 QKD 的理论安全，系统的通信距离和成码率
必须约束在该曲线的下方。在遭受黑客激光注入攻击后，RL 曲线
明显下移至红色点划线，这表明 QKD 的通信距离和成码率的安全
空间被进一步压缩。图中的红色虚线是受攻击后系统的安全上限
曲线 RU，处于曲线 RU 上方的所有通信距离和成码率的组合全都不
符合理论安全的要求。

　　图中的红色实线是量子通信双方之间自己以为安全的下限曲线。在这时候量子通信的实际安全性已经远远高出安全下限曲线RL（红色点划线），这表明量子通信在这种状态下是得不到理论安全性保证的。不仅如此，量子通信的实际安全性在大多数情况下甚至高出安全上限曲线RU，这表明量子通信在这种状态下实际上是不安全的。

　　对于以上的分析有以下几点需要注意。

　　1. 量子通信的理论安全远非"是与否"那么简单，安全性是与通信距离和成码率紧密相关的，这和高铁安全性其实是同一个道理。高铁安全吗？这取决于高铁的运行速度，目前情况下，当速度为每小时300公里以下是很安全的，当速度为400公里以上就很难说了。而量子通信的安全性与通信距离和成码率都有关，所以安全性应由通信距离与成码率二维空间的一条曲线来描述，对于确定的通信距离和成码率，如果这个点处于曲线之下表示这种状态下理论上是有安全保障的，反之理论上是不安全的。

　　2. 由于分析量子通信理论安全的模型不是唯一的，具体计算方法也各有不同，所以实际上这类理论安全曲线不止一条而是一簇。为了分析的方便，可以求出这一簇曲线的上下包络线，下包络线就是理论安全曲线的下限RL，而上包络线就是理论安全曲线的上限RU。对于确定的通信距离和成码率，如果处于RL之下，它在理论上是安全的；如果在RU之上，它就是不安全的。

　　3. 从量子通信安全性的理论分析中可以看出，为了保障量子通信的绝对安全，在较长的距离上，量子通信的成码率低得可怜，在许多场合下很难产生实际应用价值。

　　由此可知，"量子通信理论上是绝对安全的"不是一种正确的科学表述方式。即使从理论上来看，量子通信的安全性至少也与通信距离和成码率息息相关，脱离具体的环境谈安全性没有什么意义。把量子通信的安全性、通信距离和成码率三大要素分隔开来宣传，一会儿说量子通信绝对安全，一会儿又说量子通信距离突破 XXX 公里或者成码率又达到 YYY，这种宣传也许每一句话都没有错，但是这完全不表示这个 QKD 系统在 XXX 公里距离上、成码率为 YYY 的情况下是绝对安全的。

论文原件：Laser-Seeding Attack in Quantum Key Distribution
https://journals.aps.org/prapplied/abstract/10.1103/PhysRevApplied.12.064043

[2] 本文发表后收到不少的评论，这其中有些极具启发性，对于澄清某些错误观念大有帮助，收录如下。

评论 A
1. 攻击方法是采用在光纤线路上对光源进行光子注入，这个光纤线路可不仅仅是在机房里，是在光纤的任何一个位置，甚至比如在你家里光纤入户的那块就可以发起攻击。
2. 这不是破坏，而是增强信号光强，相当于由光源自己进行了光子的复制。知道量通专家成天说的不可克隆原理了吧，这个技术手段就是复制光子打脸给你看的。
3. 量通采用的诱骗态理论，理论本身就是概率安全，存在安全界限，文章中所谓上界就是在曲线之上的范围都是绝对不安全区域，下界是所谓的安全区域，上下界之间存在概率性被破解的可能。注意了，这是量通自己的理论说的结论，文章只不过用了这个理论证明通过这个光子注入方式，使得密钥分发处于上界区域，从而被绝对破解
4. 诱骗态理论的在成码率和传输距离方面是相互制约的，高成码率和长传输距离意味着低安全性甚至绝对不安全，好处不能兼得。大家听到量通的那些高成码率和长距离宣传从来都不可能放

在一起来说，而且这些技术措施一律让安全性成为空中楼阁。注意啊，这还仅仅是理论告诉我们的乐观结论。

5. 从理论落实到实践中，实践比理论预测的还要糟糕，量通的安全性来自两方面，第一是嘴上，第二是没人乐意花钱花时间去破解它，你让量通把国家最机密的密钥放上去，看看有没有人愿意去破解它？

评论 B

在科学界，量通那套把戏和说辞早就成了过街老鼠，不再敢拿出来露丑了，所谓潘要求发表在顶级刊物上的文章才值得回应，这不是来自于他的自信，而是心虚的表现，你听说哪个科学家对于实实在在实验揭露出来的问题还得要求必须刊登在什么顶级刊物？什么叫顶级刊物？物理期刊(Physical Review Applied)算不算？或者他只认 SCN 三大刊？这种回应不叫回应，叫胆怯。科学是不容掺假的，你可以一时骗了一群人，但是你无法骗了所有人，更无法在所有时候一直骗下去。一个科学技术领域的东西混得如此声名狼藉，你觉得哪个最终被历史证明的理论有过如此经历？

科学界已经烂了名声的量通，在股票界开始混得风生水起，这期间的故事实在耐人寻味。

评论 C

1. 此文是对高挡物理期刊上的一篇严肃的科学论文的翻译和解读，作者几乎不带自己的意见和观点；

2. 文中的图 2 是实验装置，很明显黑客可以在通信光纤的任何一点发起攻击，完全不需要进入机房接触光源，需要注入的激光能量仅为 100nW，微乎其微。黑客的攻击手段很难被觉察，这与破坏和干涉完全无关。

第五章 美国、英国和欧盟的军情机关一致拒绝量子通信

第一节 美国国家安全局重拳出击 量子通信工程被判出局

当汽车沿着巴尔的摩与华盛顿之间的高速公路行驶，接近马里兰州的米德堡公园时，透过数百米远的森林，隐隐约约可以看到一片"神秘的迷宫"，其规模比中央情报局总部还大。那就是美国国家安全局(National Security Agency)的总部所在地，NSA又称国家保密局。它是1952年根据杜鲁门总统的一项秘密指令，把敌情捕获和解密的职能部门从当时的军事机构中独立出来，发展成为了美国情报机构的神经中枢。

NSA是全世界雇佣数学博士、计算机博士和语言学家最多的机构，也是美国最神秘的情报机构，"神秘机关初长成，养在深闺人未识。"很多美国人不知道这个重要机构，所以它的缩写NSA又被戏称为"No Such Agency（没有这个局）"。

美国国家安全局才是谍中之谍，黑箱中的黑箱，是世界密码学发展的源头和风向标。2020年11月18日，美国国家安全局发表了一篇关于量子密钥分发和量子密码术《Quantum Key Distribution (QKD) and Quantum Cryptography(QC)》的政策报告。这份报告其实就是对量子通信QKD的死刑判决书！

现把报告中的重要内容直译如下，原文参见[1]。

概要

NSA 继续评估加密解决方案以确保国家安全系统中数据的传输安全。 NSA 不建议使用量子密钥分发和量子密码术来确保国家安全系统（NSS）中的数据传输，除非能解决以下这些技术困境。

量子密钥分发的技术困境
1）量子密钥分发只是部分解决方案。

QKD 为加密算法生成所需的密钥以保证通信的私密性。如果这个由 QKD 传输过来的密钥确实来自身份可信的通信方（即经过身份认证的），那么该密钥也可以为对称密码提供通信完整性和身份认证功能。但是 QKD 本身不能提供通信客户的身份认证。因此，客户身份验证还得需要使用非对称密码或预置的密钥来提供身份验证。更重要的是，通过抗量子密码技术(PQC)可以取代 QKD 为通信提供保密性服务，而且 PQC 通常成本较低廉又风险可控。

2）量子密钥分发需要专用设备。

QKD 基于物理原则，其安全性基于特定的物理层通信。这要求用户租用专用的光纤连接或物理控制的自由空间发射器。它不能通过软件或网络服务来实现，它也不能轻松地集成到现有的网络设备中。由于 QKD 是硬件系统，因此它必然缺乏安全补丁和系统升级的灵活性。

3）量子密钥分发增加了基础架构成本和内部风险。

QKD 网络经常需要使用"可信任中继"，这会增加安全设施的建设和使用成本，而由此产生的内部威胁带来了严重安全风险。这就注定了在许多实用环境中 QKD 没有立足之地。

4）确保和验证量子密钥分配的安全性是一个重大的挑战。

QKD 系统提供的实际安全性不可能来自物理定律的理论无条件安全性（后者只是数学建模的结果），它更决定于由硬件和工程设计提供的有限的安全性。但是，密码安全对不确定性的容忍度要比大多数物理工程方案小很多个数量级，因此 QKD 安全性验证很

难通过。用于执行 QKD 的特定硬件会引入漏洞，从而导致对商业
QKD 系统的一系列广为人知的黑客攻击。

5）量子密钥分发会增加拒绝服务(DoS)的风险。

作为 QKD 安全的理论基础是对窃听行为的敏感反应，由此可知
拒绝服务(DoS)攻击必然是 QKD 的死穴。

结论

总之，NSA 将抗量子加密技术(PQC)视为比量子密钥分发更具成
本效益的且易于维护的解决方案。由于所有以上的这些原因，NSA
不支持使用 QKD 或 QC 来保护通信除非克服了这些限制，否则不会
期望对美国国家安全系统(NSS)客户使用的任何 QKD 或 QC 安全产
品进行认证或批准。

美国国家安全局对量子密钥分发 QKD 作出的判决可谓是"刀刀
见血、剑剑穿心"，一个国家的权威机构对于密码技术作出如此
严肃明确的表态实属罕见。可见 QKD 的炒作造成的损失和困惑已
经到了必须彻底解决的关口。如果方向错了，停下来就是进步。
我为 NSA 的果断决策点赞！

美国国家安全局对 QKD 的这份裁决书有两点最为关键：
- 报告明确指出，QKD 所谓的无条件安全性只是根据近似
的数学模型计算出来的结果，它跟本无法保证 QKD 的实
际安全性。QKD 实际安全性远低于传统密码的标准，现实
环境中 QKD 系统被一次又一次地破解就是明证。这世上
对安全性有着极高要求的不只是密码系统，难道疫苗、
飞机、水坝、和核电站的安全性不重要吗？但从来没有
把疫苗、飞机、水坝、和核电站的理论安全性拿来说事
的，因为说了也没用。其实这些都是常识。
- 使用软件技术的抗量子公钥密码 PQC 才是保护信息安
全最有前途的实用技术，NSA 说得清清楚楚明明白白，争
议到此结束。

这份关于量子通信 QKD 的判决书出自密码技术最高权威机构——美国国家安全局，它是这个权威机构根据客观事实做出的严谨的科学判断，所以这份关于量子通信 QKD 的判决具有高度的权威性。

美国国家安全局的这份报告对于量子密钥分发炒作无疑是致命一击，Game is over。这条信息在我们圈子中流转时，正是 2021 年元旦前后，几人欢喜几人愁。因为我们这个圈子中有好几位是 QKD 方面的研究人员，自 2018 年后，研究经费已经被大幅压缩，这个报告一出来，恐怕今后 QKD 行内人真的要喝西北风了[2]。

美国国家安全局重拳出击，一路跌跌撞撞走过来的量子通信工程终于倒在了 2021 年新年的门口。

参考资料

[1] QUANTUM KEY DISTRIBUTION (QKD) AND QUANTUM CRYPTOGRAPHY QC
https://www.nsa.gov/Cybersecurity/Quantum-Key-Distribution-QKD-and-Quantum-Cryptography-QC/
[2]

Hi Sxxxx,

The following pdf file is what Hixxta's sent me last night which has the report date of 11/18/2020, very recent indeed, which was cut off in the link I sent. Notice the Conclusion says that QKD and other QC (I suppose it stands for quantum cryptography in this context) is not accepted for use in NSS (national security strategy), which I think is a fatal blow to QKD funding.

Likely this policy has been proposed and carried out to some extent earlier already, which explains the absence of QKD in the 2018 Congressional initiative in quantum information technology.

第二节 英美等国家如何评估"量子通信"工程化

——"他山之石，可以攻玉。"

为什么英美和日本等发达国家在"量子通信"的工程化和产业化进程中给人的印象是"起个大早赶个晚集"。关于这个问题一直以来都有不同的解读。

本文将对英国情报部门的白皮书、美国空军的一份调研报告和日本科学家的一篇综述性论文作些介绍，为读者们分析上述问题提供一个全新的视角。"他山之石，可以攻玉。""愚者千虑，必有一得。"在作重大技术决策时，多听听别人的声音多了解外人的想法这大概不会错吧？

英国情报部门所属国家网络安全中心发布的白皮书

2016 年 10 月，隶属于英国情报安全总部(GCHQ)的国家网络安全中心(NCSC)发布了一份白皮书[1]，建议撤销量子密钥分发技术(QKD)的发展。

白皮书第一部分主要分析了 QKD 的技术局限性

1）QKD 没有能力解决大部分的通信安全问题

QKD 协议仅是密钥分发协商的一种新机制，供通信双方在数据加密解密时使用。而现代通信要求提供身份验证、数据完整性证明、网络信道建立、访问控制和自动软件更新等多样化的安全服务，通信安全更依赖于身份验证和完整性证明，而不仅是加密解密。

QKD 技术不能取代传统公钥密码的灵活有效的认证机制。物联网（IoT）、大数据应用、社交媒体和云服务这些新技术对通信安全提出了更多更新的要求，对这一系列新的挑战 QKD 更是无能为力。

2）QKD 系统在应用方面受到许多限制

相对较短的有效传输范围，以及 BB84 和其他类似协议都是点对点协议，这是 QKD 技术的两个致命弱点。这意味着 QKD 很难与互联网、移动互联网集成和融合。

一些研究人员试图将 QKD 通过"可信节点"与经典网络设备集成来解决这些问题。但这会立即使任何基于量子力学定律得来的"量子安全保证"归于无效，并且这些辅助网络设备会带来一系列新的安全隐患。

3）QKD 系统工程不太可能具有经济效益

QKD 本质上是一种纯粹的硬件方案，而硬件的获得和维护都相对昂贵。与传统密码使用的软件方案完全不同，硬件在升级或发现漏洞时无法作远程修补以降低维护成本。

白皮书第二部份着重分析了 QKD 的安全性

任何真实的 QKD 系统都将使用经典组件构建，例如光源、探测器、光纤、以及潜在的辅助经典网络设备，它们都可能存在安全隐患。

已经在 QKD 的示范系统上进行了多种黑客攻击实验，这些攻击最后控制了系统中一个或多个硬件组件，从而在不触发警报的情况下获取了共享密钥。

与现代互联网或移动网络技术相比，QKD 可能更难经受得住"拒绝服务"(DoS)的攻击。

QKD 面临着一系列潜在的黑客攻击风险，对于这些攻击的细节和危害性我们尚未有充分的理解。英国目前对真实世界的 QKD 系统的漏洞缺乏系统深入的研究。应该鼓励开展这方面的研究，以建立一个有关攻击和防护 QKD 系统的全面完整的知识体系。

还应进一步研究如何准确评估工程设备的安全性，为 QKD 工程系统的安全性评估开发出量化的手段和标准。

白皮书第三部分主要分析了替代 QKD 的方案

学术界和工业界对开发"量子安全"或"后量子"(经典)公钥密码有了新的兴趣。而现有的公钥方案 RSA、DSA 和 ECDH 在未来大型量子计算机出现后可能会变得不安全，它们将被新一代的后量子公钥密码替代。

新的共识是，实现量子时代通信安全的最佳方案是：在采用后量子公钥密码技术的基础上，对目前使用的传统密码和基于分组交换的通信协议实施稳妥有序的更新和升级。后量子公钥密码技术的软件或固件应该更容易开发、部署和维护，工程项目的全周期总体成本会更低，并且比基于 QKD 的解决方案具有更高的安全性。

鉴于 QKD 仅只提供密码系统中密钥分发的功能，而现实世界的通信安全就仍然要依赖于传统公钥密码以满足设备和用户认证，以及软件更新等多种要求。对于现代通信安全而言，后量子公钥密码技术相比 QKD 应用面更广阔、性能更优越。因此，无论有无 QKD，开展后量子公钥密码技术的研究对于保证未来网络安全都是必不可缺的。

白皮书第四部分做出了关于增强通信安全性的应对措施和方案

考虑到上述列举的所有实际情况、利弊得失和安全原因，我们的决定是：

- **不支持在任何政府或军事用途中采用 QKD 方案**
- **建议在商业应用中不要用 QKD 替换任何现有的公钥解决方案**

对 QKD 的科学研究应该继续。但是，应该开展更多的对 QKD 工程的安全漏洞的研究，正反两个方向的研究必须同时进行且保持平衡。为客观检验 QKD 工程系统安全性，必须开发出量化的手段和标准。负责任的创新必须伴随独立的验证。

上述决定不会有改变，除非满足以下条件：

在实际 QKD 漏洞研究中获得经验并取得可量化的安全性验证手段基础上，建立起健全的 QKD 的商业标准；

商用 QKD 系统的全工程周期的总体成本可以有更可靠的的估算方法。

我们鼓励研究开发后量子公钥密码技术，这是保护通信系统免受未来量子计算机威胁的更实际和更具成本效益的应对方案。尽管需要向后量子公钥方案过渡，但我们认为对当前系统升级的需要并不紧迫。一个稳妥且经过深思熟虑的升级过程将使研究人员有足够时间对最佳的后量子公钥协议达成共识。

白皮书的最后部分是结论

对量子密钥分发 QKD 技术评估的结果是：

- 该技术在工程实施中存在诸多障碍和瓶颈；
- 该技术对于解决许多安全隐患无能为力；
- 人们对该技术潜在的安全隐患仍知之甚少。

相比之下，**为了应对未来量子计算机的安全威胁，后量子公钥密码技术 PQC 可以为现实世界中的通信安全提供更有效的解决方案。**

美国空军科学顾问委员会关于量子信息技术的调研报告

无独有偶，2016 年，美国空军科学顾问委员会(SAB)就量子信息技术的潜在影响进行深入的调研后形成了一份报告，该委员会是由 50 名科学家和研究人员组成的独立的联邦咨询委员会[2]。

SAB 主席、美国空军前首席科学家达姆(Werner Dahm)在该报告问世前向外界透露："评估研究进行了大约三分之一，很明显发现这个领域有很多的炒作。有不少人反来复去地说量子信息技术可能会出现奇迹"他说。**"这些技术可能具有巨大的潜力，但是实际上更多的是炒作，它们并没有实际效用。"**

该委员会资深成员兼技术和国家安全计划主任菲茨杰拉德(Ben FitzGerald)表示：量子信息是"下一代的下一代技术"的一部分，它对国防安全产生的影响可能还在遥远的未来。

该报告对外公布的摘要中的第四点非常明确指出：量子密钥分发技术显着增加了系统的复杂性，但不太可能在整体上增强通信安全性，它与最佳经典替代方案相比不具有什么优势。

量子通信效果不佳，SAB 得出结论认为在该领域应该将资金用于其他技术的开发。

"这个结论对我来说非常令人惊讶，但这就是我们做这些[研究]的原因，"达姆又说。

今年（2018 年），欧盟发布了关于量子技术的科学决策报告[3]，这份报告的第二部份是针对量子通信的共 80 多页，报告的结论在第 52，53 页中。结论可以归纳为三点：1）在 QKD 的标准化没有确定下来之前，QKD 的现实应用只能处在等待状态；2）QKD 和后量子密码技术都是应对未来量子计算机攻击的侯选者，在这两种技术的竞争过程中，政府政策立场应取中立；3）政府最多只能调节科研经费的投入力度，工程产业化应由市场决定。

以上是英国政府情报部门、美国军方对量子密钥分发技术的政策评估和欧盟政策声明的主要内容。

最后谈谈我的一些看法。

1）这几份报告的结论是一致的，他们都认为量子密钥分发 QKD 技术（即所谓的"量子通信"）对于保护现代通信安全没有实用价值，真正值得努力发展的应该是基于数学原理依靠软件实现的后量子密码 PQC 技术。

2）这些报告的结论当然值得关注，但是是白皮书中分析和评估方法比最后的结论更有价值。分析比结论更重要，掌握了科学化的数据采集和分析评估方法，有关部门就可根据自身国情独立地作出与时俱进的科学决策。

3）QKD 的安全性分析是整个决策评估的关键。必须明白 QKD 的安全性在基础理论、应用技术和工程实施三个层面上是完全不一样的，这是引起许多分歧和误解的主要原因。QKD 在理论上(在书本上)的无条件安全性是有争议的；在应用技术层面(在实验室中)存在许多安全隐患；而工程项目(在实际使用中)的安全性目前不如传统密码技术。希望媒体在宣传量子通信技术时再也不要用"无条件绝对安全"这种过份夸张的词汇来误导大众了，因为这不是科学事实，它过去不是、现在不是、将来也不是。

4）英美情报和军方认定 QKD 在技术层面上存在许多不安全因素，我觉得这个结论与国际学术界的研究结果是一致的。美国和日本的量子信息领域的教授专家们就 QKD 的安全性在 IEEE 等期刊上发表了不少论文。在工程和应用技术层面，IEEE 期刊往往比

《自然》等杂志更具权威性。下面是 2017 年日本一位量子信息学教授的论文的结论 [4]：

【量子密钥分发 (QKD) 吸引了许多研究人员，因为自 1984 年发明以来这是一种可行的分发密钥的方式。然而，在 2009 年，H. P. Yuen 对其安全性产生了疑问，然后 O. Hirota, K Kato, T. Iwakoshi 接着完成了 Yuen 的研究，并解释了为什么 Yuen 的说法是正确的。随后，Yuen 自己在 2016 年又发表了一篇论文，总结了他提出的批评，指出了 QKD 的安全要求与实际情况之间的差距。本文诠释了 Yuen 详细指出的问题，以及有关不同于 QKD 的其他协议研究的最新趋势。实际上，QKD 的本身具有重要意义，它是使用量子力学保护通信安全的尝试的第一步。然而，Yuen 已经澄清，QKD 的安全性证明仍有问题，并且除了 QKD 之外他还提出了其他选择。作者认为，在 QKD 研究中获得的知识对其它协议也是有用的。如果研究人员仍然继续研究 QKD，作者希望他们能够非常认真地对待 Yuen 的批评。】

5）英国情报部门没有把量子密钥分发技术的门全部关闭。注意，没有实用价值不等於没有科研价值，QKD 的科学研究应该继续。白皮书强调 QKD 技术的研究应该正反两个方向同时进行，寻找和攻击 QKD 的安全漏洞应该放在更重要的位置。而且攻防研究必须有二个独立的团队来实施，这二个团队的经费来源、隶属关系必须完全独立，就像实战演练中拼力厮杀的红军和蓝军一样。英国不愧是老牌帝国主义，考虑问题确实周到老辣。

6）非常明显英美更关心和重视的是量子计算机而不是"量子通信"。如果说量子计算机是破坏通信安全之矛，那么量子密钥分发技术 QKD 就是保护通信安全之盾。如果认为 QKD 技术是无条件绝对安全的盾，英美明知对手有这种盾而自己却没有，但他们对此却不屑一顾，却天天使尽力气打造那支对敌无用、对已有害的矛，脑子一定是进水了，世上难道真有如此愚蠢的阴谋家？这里只有一个合理解释，那就是英美心知肚明，量子密钥分发技术并不是无条件绝对安全的盾。

有一点需要声明，我只是借用阴谋论作逻辑推理，绝不是要证实阴谋论存在。对于各种阴谋论的夸大宣传我一直是很反感的。在诸如量子计算机、"量子通信"和后量子密码学这些科学研究的前沿领域，各国科学家的合作远大于竞争。

参考资料

[1] 英国情报部门所属国家网络安全中心(NCSC)发布的白皮书
https://www.ncsc.gov.uk/whitepaper/quantum-key-distribution
[2] 美国空军科学顾问委员会关于量子信息技术分析报告（对外发布的摘要）
https://www.scientificadvisoryboard.af.mil/Portals/73/documents/AFD-151214-041.pdf?ver=2016-08-19-101445-230
[3] 欧盟关于量子技术的科学决策报告（2018）
http://publications.jrc.ec.europa.eu/repository/bitstream/JRC107386/jrc_report_quantumcommunications.pdf
[4] 日本量子信息技术专家的论文：量子密钥分发技术安全性的批判与展望
https://arxiv.org/pdf/1711.03617.pdf

第三节 否决量子通信工程，英国情报部门再发白皮书

2020 年 3 月 24 日，隶属于英国情报安全总部(GCHQ)的国家网络安全中心(NCSC)再次发布了一份白皮书[1]。

　　白皮书阐述了 NCSC 在两种依赖于量子物理学的安全技术上的立场：量子通信 QKD 和量子随机数生成。这里把有关 QKD 的重点部分直译出来与读者分享。

1)

However, because QKD protocols do not provide authentication, they are vulnerable to physical man-in-the-middle attacks in which an adversary can agree individual shared secret keys with two parties who believe they are communicating with each other.

　　但是，由于 QKD 协议不提供身份验证，因此容易受到中间人的物理攻击，在这种攻击中，攻击者可以与正在相互通信的双方分别协商出两个密钥，而让通信双方自以为取得了共享密钥。（译注：攻击者与 A 取得共享密钥 KA，与 B 取得共享密钥 KB，而 A 误以为他与 B 取得了共享密钥 KA，B 则误以为他与 A 取得了共享密钥 KB。A 与 B 都被攻击者蒙在了鼓里）

2)

QKD is not the only mitigation against the threat of quantum computers. Work towards standardising quantum-safe cryptographic algorithms is underway in international standards bodies such as NIST. These algorithms can be implemented on today's classical computers, and, unlike QKD solutions, do not require dedicated or specialist hardware. Quantum-safe cryptographic algorithms allow two remote parties to agree a shared secret key with authentication, hence without the risk of man-in-the-middle attacks.

　　QKD 并不是应对量子计算机威胁的唯一方法。NIST 等国际标准组织对"量子安全密码算法"已经进入标准化的阶段，这些算法

可以在现有的传统计算机上实现，并且与 QKD 解决方案不同，它
们不需要特定或专业的硬件。量子安全的密码算法允许两个远程
用户通过身份验证共享密钥，从而避免了中间人攻击的风险。

3)

Given the specialised hardware requirements of QKD over
classical cryptographic key agreement mechanisms and the
requirement for authentication in all use cases, the NCSC
does not endorse the use of QKD for any government or
military applications, and cautions against sole reliance
on QKD for business-critical networks, especially in
Critical National Infrastructure sectors.

鉴于 QKD 在传统加密密钥协商机制上需要添置特殊硬件，而且
又需要进行额外的身份验证，因此 NCSC 不赞成在任何政府或军事
机构中使用 QKD，并告诫不要将 QKD 用于重要的商业通信网络，特
别是关键的国家基础设施领域不要使用 QKD。

4)

NCSC advice is that the best mitigation against the
threat of quantum computers is quantum-safe cryptography.

**NCSC 的建议是，应对量子计算机威胁的最佳方案是"量子安全
密码算法"。**（译注：又称为"后量子时代密码 PQC ）

For this reason, QKD protocols must be deployed
alongside cryptographic mechanisms that ensure
authentication. These cryptographic mechanisms must also
be secure against the quantum threat.

由于这个原因，QKD 协议实施时必须依赖传统密码机制提供身份
认证。而这个传统密码机制又需要抵御量子计算机威胁。（这段

论述非常幽默！为抵抗量子计算机攻击使用 QKD，必须搭配传统密码提供身份认证。而加添的传统密码也会受到量子计算机的攻击，必须先用 QKD 加以保护。这里进入了一个死循环：QKD 使用前需传统密码保护—>传统密码使用前需要 QKD 保护—>QKD 使用前需传统密码保护 • • • ）

参考资料

[1] Quantum security technologies
https://www.ncsc.gov.uk/whitepaper/quantum-security-technologies

第四节 欧盟网络安全局否定量子通信的实用性

2021 年 2 月 9 日，欧盟网络安全局发布了一份研究报告：《后量子公钥密码 PQC，抗量子攻击的现状和未来》。继美国安全局之后，世界上更多的发达国家放弃量子通信 QKD，决定采用 PQC 以应对量子计算机威胁保护信息安全。

欧盟网络安全局 ENISA 是负责欧盟各成员国网络安全的专业机构。欧盟网络安全局成立于 2004 年，并通过《欧盟网络安全法》加强了权威性，为欧盟网络决策做出了贡献。它通过网络安全认证计划增强了 ICT 产品和服务的可信度，并与成员国和欧盟其他机构进行合作，为欧洲应对未来的网络挑战做好准备。

欧盟网络安全局的这篇政策报告有 37 页之多，报告对美国国家标准与技术研究院(NIST)推动后量子时代公钥密码算法标准化作出了详细的分析评估。

美国 NIST 推动 PQC 标准化的过程将放在第六章中介绍，这里不再重复。欧盟的这篇报告中有两点特别值得关注：

- **如何应对信息的长期安全性问题**
- **为什么决定放弃量子通信 QKD**

1）如何应对信息的长期安全性问题

所谓的数据长期安全性问题是指攻击者目前虽然无法破解公钥密码，但攻击者可以收集密文和相关信息并存放起来，等大型量子计算机可以实用后再行分析破解。如果某些敏感数据保密的期限要求超过 10 年的话，目前有两种实用的应对方案可以选择。

第一种选择是使用传统公钥密码和后量子公钥密码 PQC 的组合，把它们传送的两个密钥混合后组成新的密钥。总体来看，传统公钥密码技术上比较成熟，PQC 理论上更有优势，它们目前各有所长，混合方式可以增强长期安全性。因为只要其中一种算法是安全的最终的密钥就难以破解。而且混合解决方案具有可操作性，这将有助于未来有秩合规地推动 PQC 的标准化和实用化。

第二种选择是采用概念上简单但实施复杂的方案，将预共享密钥混合到通过公用密码传送的密钥中组成新的密钥。这个方案有极可靠的长期安全性，因为无论多么强大的量子计算机都无法破解预共享的密钥。这种方案比较适合企事业内部，在这种环境中预置共享密钥比较容易实现，而且也能承受由此而带来的额外管理成本。

该报告的第五部分对以上两个选项有较详细的分析介绍，但是在关于加强信息长期安全性的技术讨论中却一字不提量子通信。

2）为什么决定放弃量子通信 QKD

欧盟网络安全局在表达对量子通信 QKD 态度上极富戏剧性，报告从头开始不提一句量子通信 QKD，到了报告的结尾处忽然笔峰一转，特别声明：不提 QKD 绝非一时疏忽而是精心的安排。这段结尾的文字很精彩，现直译如下。

"细心的读者会注意到本文中没有提到量子密钥分发 QKD 或量子密码学。这绝非无意的疏忽而是精心的选择。QKD 是一种已存在很多年的量子应用技术。它试图通过物理定律提供了一种安全的方式来分发和共享密码协议所必需的密钥。它本质上只提供密钥分发服务，但不提供身份验证或信息完整性，对于后者我们需要依靠基于数学的密码技术。换句话说，QKD 只能作为传统的密码系统的一种补充，其设置依赖于预先建立的经过身份验证的通信通道。但是，这种经过身份验证的通道存在的前提是，通信双方过去曾经设法私下交换过对称密钥（例如，通过物理接触）或使用公钥密码。在前一种情况下，认证是通过直接交互方式来实现的，这严重限制了实际的应用范围。而对于后者，我们被迫使用的公钥密码可能难以抵抗量子攻击。显然，QKD 并不是直接应对量子攻击的方案，它只是一种相对成熟的量子应用技术。另一方面，术语"量子密码技术"通常用于表示 QKD，或者错误地表示"后量子"算法，如本报告中介绍 PQC 的算法。然而，它也可以指代更多利用量子特性的各种奇特的密码学应用，例如量子(伪)随机数发生器、程序混淆等。特别需要指出，作为量子密码应用技术并不表示它对量子或传统方式的攻击就具有免疫能力，对于许多量子密码应用而言，这仍然是一个悬而未决的问题。"

欧盟网络安全局的这段文字给出了两个重要结论：

- 量子通信 QKD 并不是对抗量子攻击的直接有效的方案
- 量子通信 QKD 这类利用量子原理的密码技术并非一定具有对量子攻击的免疫力

欧盟网络安全局的研究报告对量子通信的批评有理有据，直击要害。欧盟网络安全局在本已奄奄一息的量子通信身上补上了致命的一刀。

参考资料

［1］后量子公钥密码 PQC，抗量子攻击的现状和未来
https://www.enisa.europa.eu/publications/post-quantum-
cryptography-current-state-and-quantum-mitigation

第五节 法国国家网络安全局质疑量子通信实用性

2020 年 5 月，法国国家网络安全局(ANSSI)发布了一份重要的技术指导文件，文件的题目是：应该将量子密钥分发(QKD)用于安全通信吗？

法国政府对量子通信的态度从这份文件的题目上表露无遗，不过这也不足为奇，否定量子通信工程化，早已有英美政府走前头，对此我已经撰写过多篇文章作了较详细的分析和介绍。现在法国又加入到这个行列中，多一个不多、少一个不少，我原本无意为此再写一个续篇。但是当我认真阅读文件之后，不觉拍案称奇，大大刷新了我对法兰西共和国的印象。全文事实清楚、逻辑严密、观点精准，对量子通信的一些致命弱点分析非常到位，这是批评量子通信的一篇纲领性文件，值得有关方面引起重视。

开门见山，让我先把该文件的结论直译如下：

"虽然 QKD 原则上可以提供安全保证，但是在具体实施过程中会受到诸多限制，这些技术挑战不仅压缩了 QKD 的应用范围，同时也导致 QKD 的实际安全性大打折扣，特别是在网络通信环境中 QKD 线路的相互联接会产生更多问题。QKD 在点对点的简单应用场景中，也许可以被当作纵深防御措施而成为传统密码技术的一种补充，但为此付出的费用必须控制在一定的范围内，不能应此而损害到有关信息系统安全的总体战略部署"

解读：QKD 仅有理论上的优势，工程实施中处处都是劣势，QKD 的应用范围极为有限而且实际安全性差，而最大的技术障碍就在

组网上。在规划信息系统安全的总体战略时必须排除 QKD 的干涉。

文件中七个重要段落内容分别直译如下。

1）译文：为了多视角看清 QKD 的问题，文件郑重建议参考英国情报安全总部 (GCHQ) 的国家网络安全中心 (NCSC) 发布的白皮书 [1]。

解读：法国国家网络安全局 (ANSSI) 与英国情报安全总部有关 QKD 的基本立场是一致的，英雄所见略同。

2）译文：除了与量子通道有关的缺陷（通信距离、与传统通信设备不兼容）之外，QKD 需要特定硬件这一事实使它在所有软件加密的生态环境中均处于明显的劣势。这就使得 QKD 为云计算环境中提供端到端安全性变得非常困难。

解读：在信息系统加速数字化、网络化、移动化和虚拟化的大潮流中，依靠特定硬件设施的 QKD 技术逆潮流而动，量子通信发展前途极为有限。

3）译文：首先必须指出，QKD 对黑客攻击的免疫力并非绝对的。虽然理论上 QKD 协议不容易受到数学攻击，但实际上要完全做到这一点非常困难。此外，攻击者可以造成 QKD 设备运行出现异常。实施时与理论协议的任何偏差（无论是故意或无意引起的）都可能导致安全隐患，最后成为黑客攻击的目标。尽管这与传统密码学的侧通道安全问题相类似，但是 QKD 在这方面的问题更为突出，对商用 QKD 设备展开的安全调查研究证实了这一点，详情参见 [5,6]。此外，QKD 设备可能具有与量子协议无关的弱点：例如，软件漏洞或电磁辐射导致的机密泄露。有关这些特殊的安全问题，我们对传统密码设备一直有系统和深入的研究，但是直到目前为止对 QKD 所知有限；为了保护敏感数据，对 QKD 产品进行全面的标准化的安全评估是必须的 [4]。

解读：对于量子通信理论上的绝对安全性一直是有争议的，退一步，即使理论上是绝对安全的，也根本无法保证工程实施中是绝对安全的。量子物理原理无法防御侧通道攻击、电磁辐射泄漏等类问题，QKD 的安全隐患远较传统密码更严重、更难解决。

4）译文：QKD 的有效距离不足（需要使用卫星来克服它们），点对点的连接方式以及对量子通道物理特性的依赖性，所有这些负面因素使得大规模部署 QKD 极为困难，且成本很高。更严重的问题是，当客户两端无法通过单一的 QKD 线路直接相连时，这就必须在多段 QKD 线路上分别协商出密钥，然后在通信的中间节点上对密钥明文作某种处理，这就需要建立可信任的通信中间节点，与目前传统密钥端到端直接协商方法相比，QKD 其实是技术上的倒退。受终端数量和网络扩展的约束，把需要通信的所有终端都两两直接链接起来的方法实际上并不可行（除非是一些小型网络）。虽然使用卫星可扩展 QKD 的使用范围，但是除非通信的两端都具有自己的卫星地面站，否则仍无法取得端到端的信息安全保护；而且还要假定每个卫星本身都是受信任的节点，这意味着必须完全消除计算机入侵卫星的风险。

解读：一针见血！与传统密码相比，QKD 在组网和中继等方面确实是一种技术上的倒退。使用卫星也无法从根本上解决这些问题。法国的这份文件对于卫星在量子通信中的局限性有深刻的洞察。

5）译文：关于非对称数字签名方案，就更没有替换当前算法的需求。确实，与信息加密不同，数字签名不可能被追溯攻击。此外，已经存在由相当成熟的基本单元构建的数字签名方案，该方案几乎不会受到量子计算机的攻击（参见[8]）。这些方案虽然不能完全替代现有方案，但适用于某些使用场合。

解读："不可能被追溯攻击"等价于长效安全性，这个文件指出传统公钥密码的某些重要功能具有长效安全性。而所谓的长效安全性一直是 QKD 的重要卖点，这就从根本上否定了 QKD 的必要性。

6）译文：假设世界上没有了非对称密钥协商方案，我们可以通过几乎不受量子计算机威胁的纯对称密码机制完成所有功能而无需 QKD 介入（出版物[2]提供了这种实用协议的示例）。大规模地使用这种解决方案，将使安全的通信系统退回到不对称密码机制普及之前的初级状态：系统复杂且成本高昂，需要对密钥进行集中管理，因此只有政府和大型企事业使用得起。但是，这种系统仍与现有网络兼容，它们还是比 QKD 更容易部署得多。

解读：这一段非常精彩。请不要再拿量子计算机和公钥密码危机说事了，退一万步，即使没有公钥密码，天也塌不下来。对称密码可以取代公钥的功能，无非是成本昂贵和使用不便而已，但相比 QKD 还是要实惠太多。总之，无论发生什么都没有量子通信的立足之地。

7）译文：基于量子物理学原理的量子密钥分发(QKD)可以在不安全的通道上安全分配密钥。不幸的是，QKD 实施中的不完美会损害其信息理论的安全性。与测量设备无关的量子密钥分发(MDI-QKD)是一种有前途的方案，这样可以从测量设备中移除所有侧通道攻击——这本是 QKD 的"致命弱点"。但是 MDI-QKD 中的一个基本假设是光源必须可信的。但是实验显示，半导体激光二极管的光源很容易受到激光注入攻击，从通信线路注入的激光会导致 QKD 信号强度增加。理论证明，QKD 的信号强度的意外增加会严重影响 QKD 的安全性。该理论证明不仅适用于 QKD 的诱骗态 BB84 协议和 MDI-QKD 协议，而且也适用于以诱骗态为基础的其它量子密码协议。

解读：这是文件的核心内容。文件引用了 2019 年 12 月发表在国际著名物理期刊(Physical Review Applied)上的一篇论文《破解量子密钥分发的激光注入式攻击》[6]，该论文证明，QKD 的诱骗态 BB84 协议和所谓面向未来的 MDI-QKD 协议都存在严重的安全隐患。

最后，谈谈我的一点体会。美英法三国对量子通信工程化和实用化的总的态度基本上是一致的，但是在具体的应对措施上有所区别。美国的做法比较大而化之，他只说我的军队和情报系统不会使用 QKD，其它无所谓；而法国在量子通信实用化问题上态度认真、分析详细、应对到位；英国的做法处于美法之间。我觉得这些区别是由国情不同所决定的。美国的产业市场化最为彻底，从美国政府角度来看，量子通信工程化问题本应让市场去决定，量子通信是驴是马到市场上溜溜就是了，政府管不了也赖得管。而法国相对英美而言政府的职能较为强势，因而政府的产业政策比较认真负责，所以才会有这样一份否定量子通信技术的国家指导文件出台。

REFERENCES 原文的参考资料

[1] Post-Quantum Cryptography Standardization, NIST, USA

[2] "Symmetric Authenticated Key-Exchange (SAKE) with Perfect Forward Secrecy", 2019

[3] White paper - Quantum Security Technologies, NCSC, UK, 2020/03

[4] Certification critères communs - ANSSI (French)

[5] "Hacking commercial quantum cryptography systems by tailored bright illumination", 2010

[6] "Laser seeding attack in quantum key distribution", 2019

[7] A Survey of the Prominent Quantum Key Distribution Protocols, 2007

[8] "XMSS - A Practical Forward Secure Signature Scheme based on Minimal Security Assumptions", 2011

参考资料

SHOULD QUANTUM KEY DISTRIBUTION BE USED FOR SECURE COMMUNICATIONS?

https://www.ssi.gouv.fr/en/publication/should-quantum-key-distribution-be-used-for-secure-communications/

第六节 美国国防部对量子通信技术的评估

2019 年 12 月，美国防部国防科学委员会发布《量子技术的应用》报告的摘要。摘要概述了量子传感、量子计算，以及量子通信与纠缠分发领域的主要发现，认为量子传感系统、计算及通信系统的应用将为美国防部开创量子能力的新时代，并就下一步的发展提出建议。

在关于(量子)通信系统部分，该报告摘要明确指出：理论上量子密钥分发可提供香农信息论定义的密码安全，但其能力和安全还存在欠缺，不能供美国防部使用。

该报告摘要的中文版链接地址：美国防科学委员会发布报告分析 量子技术的未来应用
（http://oldimg.kongzhi.net/news/detail_171332.html）

为避免翻译中的歧义，特摘录有关量子通信部份的原文如下：

Quantum Information Science: Applications, Global Research and Development, and Policy Considerations

Quantum key distribution (QKD) is a method of securing communications that uses quantum physics, rather than mathematical algorithms, to safeguard data sent over unprotected networks. However, signals traveling over fiber-optic cable weaken at about 60 miles and must be retransmitted. Quantum repeaters can extend the distance the signal can be sent, but they significantly increase the complexity of the process. The communications are not only secure, but any eavesdropping attempt will destroy the communication, revealing the eavesdropping attempt.

The Chinese government has been spending heavily on QKD, but many analysts in North America and Europe do not believe that the benefits over existing nonquantum technologies outweigh the costs associated with QKD, making commercial demand difficult to ascertain. [6]

....

[6]Assessment of the Future Economic Impact of Quantum Information Science, IDA.

Congressional Research Service 2

原文链接
Executive Summary of the DSB Report on Applications of Quantum Technologies

（https://www.globalsecurity.org/military/library/repor
t/2019/quantum-technologies_execsum_dsb_20191023.pdf）

• Finding 6: In principle, quantum key distribution
(QKD) provides natural information theoretic (Shannon)
cryptographic security. QKD systems do not support
authenticated key exchange.

• Finding 7: QKD has not been implemented with
sufficient capability or security to be deployed for DoD
mission use. The Task Force concurs with the National
Security Agency (NSA)'s assessment of QKD certification.

• Finding 8: QKD developments and use by foreign
parties should be understood and tracked.

第七节 为量子通信工程翻案弄巧成拙 玩弄文字游戏越描越黑

世上只有两支笔，一支揭示事实真相，一支粉饰弥天大谎。

在 2021 年辞旧迎新之际，量子通信工程何去何从引起了业界的关注。

2020-11-18 美国国家安全局 NSA 发表了关于量子通信 QKD 的政策报告，这份报告其实就是对 QKD 工程的死亡判决书；
2021-1-3 NSA 报告由徐令予翻译后介绍到国内，很遗憾，该文章 24 小时内被举报并迅速从公众号上删除，举报单位是"中国信息协会"；

2021-1-26　中国信息协会量子信息分会发布《量子密钥分发的技术挑战及应对分析》报告，大概可以算是对 NSA 死亡判决的申诉书吧；

2021-2-4　　李红雨老师发文：应对量子通信的技术挑战，中国信息协会搞错在哪？

美国安全局对 QKD 的判决书发布后，中国信息学会首先就是通过举报封杀消息的传播，失效后再生一计——偷梁换柱，在 NSA 报告的翻译上玩弄文字游戏，偷换概念混淆是非。

所谓的"中国信息协会量子信息分会"只是一个民间的行业团体，他们与科大国盾量子的关系路人皆知，只要看看这个协会报告中的第一作者和致谢名单中都是何方神圣就什么都明白了。一个企业披上一件带有"中国"字样的马甲，真以为自己就有资格代表国家与美国安全局争夺量子通信的话语权，实在有点滑稽可笑。

在中国，与美国安全局具有相当地位的机构是中国国家密码管理局，美国安全局关于量子通信工程的政策发布后，中国密码管理局没有评论、一言不发，没有态度其实也是一种态度，此时无声胜有声。说什么不重要，重要的是干什么或者不干什么，只要看看量子通信国家干线目前的开工状况就一清二楚了。

对于科技发展策略当然谁都可以提出批评质疑，唯一要求是说真话实话。但是中国信息协会量子信息分会在回应的文件中，竟然对 NSA 原文中的关键结论作了删除或者篡改。请注意，他们删除和篡改的地方不是一处而是多处，不是随意而是非常的精准。由此可知，他们非常清楚 QKD 的要害问题在哪里，我一直希望他们仅仅是无知，但现在的情况更让人担心，**"如果一个人堕落到宣传自己根本不相信的东西的时候，他已经做好了干一切坏事的准备。"**

这份协会报告虽然谎话连篇，但也并非一无是处。仔细对照原文和协会的译文对于加深理解美国安全局的报告极有助益，凡是被协会故意遗漏、篡改或者歪曲的地方其实都是 QKD 的软肋，都是 QKD 工程中难以克服的障碍。从这个角度看，这份协会报告不失为一份绝佳的反面教材。

NSA 报告中指出的都是关于 QKD 的原理性缺陷，这些要害问题很难通过技术进步得到解决，它们是 QKD 工程化道路上难以逾越的鸿沟。可惜某些量子通信工程推动者不是正视这是要害问题，而是玩弄文字游戏企图在文件上删除和屏蔽这些技术要害问题，这比掩耳盗铃更为可笑。

强烈推荐阅读李红雨老师的文章：应对量子通信的技术挑战，中国信息协会搞错在哪？[1] 但是该文比较长，我这里作了个精简版与读者们分享。

1) 量子密钥分发只是部分解决方案

协会报告的翻译：

QKD 可为提供机密应用的加密算法生成密钥。这样的密钥也可以结合对称密码算法提供完整性和认证等应用，但是 QKD 系统的运行需要预置密钥或应用公钥密码提前认证。QKD 的功能都可以通过抗量子计算的密码（QRC，也常称为"后量子密码"，本文统一用 PQC 表示）来实现。而且 PQC 更加便宜，安全风险被理解的更清楚。

原文：

QKD generates keying material for an encryption algorithm that provides confidentiality. Such keying material could also be used in symmetric key cryptographic algorithms to provide integrity and authentication if one has the cryptographic assurance that the original QKD transmission comes from the desired entity (i.e. entity source authentication). QKD does not provide a means to authenticate the QKD transmission source. Therefore, source authentication requires the use of asymmetric cryptography or preplaced keys to provide that authentication. Moreover, the confidentiality services QKD offers can be provided by

quantum-resistant cryptography, which is typically less expensive with a better understood risk profile.

我们的翻译：

QKD 为加密算法生成所需的密钥以保证通信的私密性。如果这个由 QKD 传输过来的密钥确实来自身份可信的通信方（即经过身份认证的），那么该密钥也可以为对称密码提供通信完整性和身份认证功能。但是 QKD 本身不能提供通信客户的身份认证。因此，客户身份验证还得需要使用非对称密码或预置的密钥来提供身份验证。更重要的是，通过抗量子密码技术(PQC)可以取代 QKD 为通信提供保密性服务，而且 PQC 通常成本较低廉又风险可控。

通过对照立马原形毕露，协会报告的翻译故意漏掉了 NSA 关键的一句话："QKD 不提供信息完整性和身份验证机制"，而且在他们的正文中竟然伪造了这样一句话硬塞进 NSA 的嘴里："正如 NSA 列举的 QKD 在信息的机密性、完整性和真实性上能够发挥作用。"

NSA 报告明确指出，"QKD 不提供信息完整性和身份验证机制"，协会报告通过一删一增，竟然变成了"正如 NSA 列举的 QKD 在信息的机密性、完整性和真实性上能够发挥作用。" 混淆是非、颠倒黑白莫此为甚。

事出反常必有妖，协会报告在这个问题上造谣惑众是有其深刻原因，因为不能提供信息完整性和身份验证机制是 QKD 的一个致命缺陷。

量子通信缺失身份认证和数字签名功能，所以量子通信在密钥分发时为了防御"中间人"攻击，在它的量子通道和传统检验通道上都必须依赖传统密码的身份认证功能。被吹嘘得神乎其神的量子通信其实更像是泥菩萨过河—自身难保，量子通信连自身的安全都难保，竟然奢谈为高端客户提供绝对通信安全，实在令人啼笑皆非。

欲知详情可参阅第三章第三节：缺失身份认证机制，无法抵御"中间人攻击"

2）量子密钥分发需要专用设备

协会报告的翻译：

QKD 是通过物理层通信来实现的。用户需要专门的光纤连接或者控制自由空间的发射装置。QKD 不能通过网络用软件进行升级，也不易与现有的网络设备进行集成。QKD 的硬件实现方式使其缺少了升级和打安全补丁的灵活性。

原文：

QKD is based on physical properties, and its security derives from unique physical layer communications. This requires users to lease dedicated fiber connections or physically manage free-space transmitters. It cannot be implemented in software or as a service on a network, and cannot be easily integrated into existing network equipment. Since QKD is hardware-based it also lacks flexibility for upgrades or security patches.

我们的翻译：

QKD 基于物理原则，其安全性基于特定的物理层通信。这要求用户租用专用的光纤连接或物理控制的自由空间发射器。它不能通过软件或网络服务来实现，它也不能轻松地集成到现有的网络设备中。由于 QKD 是硬件系统，因此它必然缺乏安全补丁和系统升级的灵活性。

第二个问题，协会报告版本又丢掉了至关重要的一句话：QKD 的安全性基于特定的物理层通信。

NSA 的这个结论实质上把 QKD 网络彻底的排除出了互联网。因为传统密码的安全性是建立互联网的高层—应用层，它与物理层无关，这就保证了互联网底层的物理层可以多样化和可扩充化，这是互联网飞速迭代和壮大的主要原因。而 QKD 的安全性依靠的是特定的僵死的物理层，这注定了它根本无法融合进多样性、多变性的互联网中。

欲知详情可参阅第三章第二节：不能与互联网兼容

3）量子密钥分发增加了基础架构成本和内部风险
协会报告的翻译：
QKD 网络必须频繁使用可信中继，需要额外的安全设施，从而增加了成本和内部安全风险，使得很多使得很多应用场景受到了限制。

谢天谢地，总算这段翻译没有争议。

从通信技术层面上看：距离超过一百公里的"量子通信"必须依靠带有严重安全隐患的"可信中继站"技术，密钥经过每个中继站都必须赤身露体面对硬件设备。量子通信的可信中继站为密钥失窃敞开了大门。一条量子通信干线有 30 多个节点可供攻击，任何一个节点陷落都意味着密钥的彻底暴露。利用卫星空中分发密钥即使不计技术困难和经济效益，更大的挑战是"最后一公里困境"，必然还得面对"可信中继站"的这个死结。

由此可知，量子通信工程不是在为网络安全提供解决方案，它实际上成了网络安全的 Trouble Maker （肇事者）。

欲知详情可参阅第三章第一节：可信中继站带来严重的安全隐患

4）确保和验证量子密钥分配的安全性是一个重大的挑战

协会报告的翻译：

QKD 的安全性不是物理规律保障的无条件理论安全，而是受到硬件和工程实现的限制，密码安全的错误容限比大部分工程实现场景能够达到的条件要小很多数量级，因此 QKD 的实现难以验证。用于实现 QKD 的专用硬件会引入安全漏洞，从而导致了不少广为人知的安全攻击。

原文：

The actual security provided by a QKD system is not the theoretical unconditional security from the laws of physics (as modeled and often suggested), but rather the more limited security that can be achieved by hardware and engineering designs. The tolerance for error in cryptographic security, however, is many orders of magnitude smaller than in most physical engineering scenarios making it very difficult to validate. The specific hardware used to perform QKD can introduce vulnerabilities, resulting in several well-publicized attacks on commercial QKD systems.

我们的翻译：

QKD 系统提供的实际安全性不可能来自物理定律的理论无条件安全性（后者只是数学建模的结果），它更决定于由硬件和工程设计提供的有限的安全性。但是，密码安全对出错的容忍度要比大多数物理工程方案小很多个数量级，因此 QKD 安全性验证很难通过。用于执行 QKD 的特定硬件会引入安全漏洞，从而导致对商业 QKD 系统的一系列广为人知的安全攻击。

请注意，协会报告这次仍然精准地将最关键的那句放在括号里的句子选择性漏掉了。在这里 NSA 实质上是否定了 QKD 安全性证明的有效性，并且明确指出 QKD 所谓的安全性证明其实是建立在 QKD 自己的数学模型上的，是无法拿过来直接推广到无限广大充满未知的物理世界的，这个结论对 QKD 的打击是非常致命的，它将 QKD 存在的合理性来了个釜底抽薪！

欲知详情可参阅第四章：量子通信在理论上不是绝对完全的，它的实际安全性低于传统密码

5）量子密钥分发会增加拒绝服务(DoS)的风险

协会报告的翻译：

QKD 声称的对窃听者的灵敏感知也带来了更加严重的拒绝服务攻击的风险。

原文：

The sensitivity to an eavesdropper as the theoretical basis for QKD security claims also shows that denial of service is a significant risk for QKD.

我们的翻译：

作为 QKD 安全的理论基础是对窃听行为的敏感反应，由此可知拒绝服务(DoS)攻击必然是 QKD 的死穴。

NSA 尖锐地指出，QKD 对窃听行为的敏感反应其实就是保证密钥分发安全的必要条件，而协会报告故技重演又在关键字眼上做手脚，把引发 QKD 对窃听行为的敏感反应的真实原因删除了，企图造成 QKD 对外界干扰的过敏反应是可以改善的假象。

事实真相是，QKD 的敏感性就是安全性最根本的保证，提高 QKD
的通讯稳定性、鲁棒性、传输距离、和成码率，就必定以降低 QKD
安全性为代价。

为了对抗拒绝服务(DoS)攻击，协会报告中提出用存储 QKD 密钥
和多条 QKD 通道两种方案。密钥存储会带来严重的安全隐患；多
余 QKD 通道不仅会增加成本，而且在没有路由协议的情况下也毫
无实际效果。

欲知详情可参阅第七章第三节 密钥安全漫谈："分发"不是难
堪处，"管理"方为大问题！

最后引用李红雨老师文章的结尾：总之，"经过了几乎逐字逐
句的分析，我们对协会报告的内容已经有了比较充分的认识。总
体来说，协会报告对 NSA 问题的翻译遗漏是比较多的，并且都是
关键性的遗漏，这对于进一步的理解和讨论有很大的影响，为
此，我们觉得协会报告远没有达到与 NSA 的专业性等量齐观的水
准，QKD 专家们的反驳意见在没有进一步的权威分析报告发布之
前，NSA 报告的权威性仍然不可动摇。"

参考资料
[1] 应对量子通信的技术挑战，中国信息协会搞错在哪？
https://zhuanlan.zhihu.com/p/349501793

附录：世界各主要国家的情报安全机构否定量子通信 QKD 大事记

2016 年 10 月，隶属于英国情报安全总部(GCHQ)的国家网络安全中心(NCSC)发布了一份白皮书，建议撤销量子密钥分发技术(QKD)的发展；

2016 年，美国空军科学顾问委员会(SAB)就量子信息技术的潜在影响进行深入的调研后形成了一份报告，该委员会资深成员兼技术和国家安全计划主任菲茨杰拉德(Ben FitzGerald)表示：量子信息是"下一代的下一代技术"的一部分，它对国防安全产生的影响可能还在遥远的未来；

2019 年 12 月，美国防部国防科学委员会发布《量子技术的应用》报告的摘要。该报告摘要明确指出：理论上量子密钥分发可提供香农信息论定义的密码安全，但其能力和安全还存在欠缺，不能供美国防部使用；

2020 年 3 月 24 日，隶属于英国情报安全总部(GCHQ)的国家网络安全中心(NCSC)再发白皮书否决量子通信工程；

2020 年 5 月，法国国家网络安全局(ANSSI)发布了一份重要的技术指导文件，文件的题目是：应该将量子密钥分发(QKD)用于安全通信吗？法国政府对量子通信的态度从这份文件的题目上已经表露无遗；

2020 年 11 月 18 日，美国国家安全局发表了一篇关于量子密钥分发和量子密码术的政策报告。这份报告其实就是量子通信 QKD 的死刑判决书；

2021 年 2 月 9 日，欧盟网络安全局发布了一份研究报告：《后量子公钥密码 PQC，抗量子攻击的现状和未来》。这是继美国安全局之后，世界上更多的先进国家决定放弃量子通信 QKD 而采用 PQC，以应对未来量子计算机对公钥密码的潜在威胁。

第六章 后量子密码技术全面超越量子通信

第一节 后量子密码技术（PQC）

2018 年 4 月在美国佛罗里达州的劳德代尔堡，美国国家标准与技术研究院 NIST 主持召开了首届后量子时代公钥密码标准化的国际会议(First PQC Standardization Conference)。该会议受到全世界密码界人士的热烈关注，会议入场卷一票难求，盛况空前。

令人高兴的是中国有三位专家学者参加大会发言，他们分别来自复旦大学、中国科学院和上海交通大学。由复旦大学赵运磊教授团队首创的 KCL 方案是基于 LWE 及其变体的后量子时代公钥密码系统，该系统在密钥协商和公钥加密领域具有相当的技术优势。我为我的两所母校在世界密码学研究中的取得的成就感到自豪，中国为互联网未来安全布局的积极、进取和合作的态度值得肯定。

公钥密码的安全关系着互联网的"建久安之势，成长治之业。"众所周知，TLS 是互联网传输层安全协议，它是互联网数据传输安全的基石。而 TLS 的核心是有关通信的加密解密、密钥分发、身份认证和电子签名。TLS 的这些核心功能分别由对称密码和公钥密码（非对称密码）协同完成的。

对称密码使用共享密钥对数据进行加密解密，保证了数据在公共信道上传输的安全，公钥密码让通信双方在通信初始状态在公共信道上彼此建立信任并获得共享密钥。可以毫不夸张的说，公

钥密码为互联网而生，没有公钥密码的互联网安全是不能设想
的。

　　互联网上通信双方远隔千山万水又从未见过面，他们如何取得
彼此的信任并协商出共享的密钥，而又不被第三者偷窃，这是对
密码学的严峻考验。解决这个难题靠的就是公钥密码。公钥密码
算法产生出一对密钥：公钥和私钥，通信双方通过交换公钥作身
份验证和协商出共享的对称密钥。公钥密码巧妙地解决了网上通
信双方的"第一次"的尴尬，安全上网一日不可无此君。

　　对称密码的安全性是有可靠保证的，那么公钥密码的安全性又
如何呢？到目前为止，公钥密码还是安全的，至少与网络上许多
其它隐患相比，它的相对安全性是有足够保证的。但是面对传统
电子计算机性能的提升和将来有可能出现的量子计算机的潜在威
胁，有必要开发公钥密码的新算法，提高安全性增加灵活性，未
雨绸缪为互联网的未来安全作好充分准备。为了互联网的长治久
安，加紧研发新一代的公钥密码系统成为了密码学专家学者的共
识，并为此取名为"后量子时代密码学 PQC"这就是这次召开的国
际密码学会议的中心议题。

【后量子密码系统的历史回顾】

　　2012 年～ ：美国国家标准与技术研究院 NIST 启动后量子时代
密码 PQC 项目，成立了包括 12 个密码专家的项目成员组

　　2015 年 4 月：举行第一次 PQC 专题研讨会

　　2015 年 8 月：美国国家安全局 NSA 就 PQC 发布声明

　　2016 年 2 月：NIST 发布 PQC 工作报告 NISTIR 8105

　　2016 年 2 月：NIST 就 PQC 的标准化提出初步设想

　　2016 年 8 月：制定出对 PQC 新算法的要求和评估标准的初稿，
并公开征求意见

　　2016 年 9 月：初稿征求意见期结束

　　2016 年 12 月：对新算法的要求和评估标准被正式确定，面向全
世界征求 PQC 新算法

2017 年 11 月 30 日：提交 PQC 新算法的截止日期。

【后量子密码系统的现状】

到 2017 年 11 月 30 日截止日期前，NIST 共收到各种后量子时代公钥密码方案 82 项，其中 59 项有关密钥分发/加密解密，23 项有关身份认证/电子签名。这些方案分别来自美国 16 个州和世界六大洲共 25 个国家。表面上看方案来自五湖四海，但实际上仍为欧美国家所把持。中国也提交了一个方案，但与量子通信 QKD 技术完全无关。

在提交的八十多项方案中，有些方案明显受到较多的关注，这里就让几位明日之星亮亮相，它们都是能够抗御量子攻击的 128 位字长的公钥密码。

NTRUEncrypt：这是后量子密码算法中最受关注的一位，NTRU（发音 en-true）基于数学的格理论，它的好处主要是内存占用低和运行速度快。缺点是涉及专利。很可惜，历史上开源项目一般都不会倾情于有专利授权的算法。

McEliece 与 Goppa：McEliece 加密系统是目前密码界的一颗新星，它是第一个在加密过程中使用随机化的算法。它的好处是比 RSA 更快捷，主要缺点是密钥位数过长。典型的 RSA 密钥的键长是 2048 位，而 McEliece 键长达 512 千位！比 RSA 长 256 倍！

Ring Learning with Errors：另一个很有希望的后量子密钥分发方法是"带错的环学习"（RLWE）。它与场/集合理论中的问题有关，可以用于同态加密，这是密码界的另一个热点。 RLWE 使用 7,000 位的密钥，比 McEliece 密钥短得多，与现在常用的 RSA 密钥长度在同一数量级。

CECPQ1：这是密码界新杀出的一匹黑马。它是谷歌在 RLWE 基础上研发出了一种创新的密码算法并且作了实际测试，这是经典的椭圆曲线算法（Curve 25519）和被称为 New Hope 的 RLWE 变体的一种组合算法。谷歌使用一小部分 Chrome 浏览器和谷歌自已的服务器（可以有效地控制 TLS 通信的双方，谷歌做起来得心应手）测试了 CECPQ1 密钥分发功能。测试除了发现增加了 1 毫秒的延迟外，并没有发现任何其它的障碍，这可能是与密钥的大小有关。谷歌的实验已经结束，正在等待 IETF 的最后评判。

为后量子时代挑选合格的公钥密码有点像红楼梦剧组寻找林黛玉，在众多的美女演员中找来找去，初看个个千娇百媚，走近一看发现她们每个人都有这样那样的瑕疵，不知天上什么时候才会掉下一个十全十美的林妹妹。

【后量子密码系统的展望】

2017 年 12 月：NIST 公布所有提交的新算法

2018 年 4 月：召开第一届 PQC 算法标准化全会，由算法提交方作陈述，并听取专家意见，这就是本星期大会的主要内容

对第一轮候选 PQC 算法进行 16～18 个月评估和分析

2019 年 9 月：召开第二届 PQC 算法标准化全会

对第二轮候选算法做出进一步评估和分析

估计在 2022 年或稍后，PQC 算法的标准草案正式公布并开始征求意见。

对后量子时代密码系统的要求和评估标准

1）安全性。这一点容易理解，保证数据传输的安全隐秘当然是考核评估的先决条件和首要标准。对公钥密码新算法的安全性评估不仅要考虑量子计算机的攻击，还必须考虑到传统电子计算机的攻击，在今后相当长时间内，后者的威胁可能更为现实。

2）运行性能。这一点往往被外行们所忽视，这也是量子通信工程的一大问题。评价密码系统只谈安全而不讲效率和速度实质上毫无意义。从工程角度来看，世界上本无绝对的信息传输安全，也不需要绝对安全，所有信息的重要性也都有时间性。密码系统所要做的就是以最低的代价保证信息在其有效期内不被敌方破

解，或者至少让敌方为了破解而付出难以忍受的代价。高效率低成本是选择后量子时代新公钥密码的重要考量。

3）兼容性。新的密码系统必须与今日互联网的物理没备和各种通信协议兼容，与上文提及的 TLS 无缝衔接是必须的。仅仅为了应对仍停留在纸上的量子攻击，而丢弃所有现成的通信安全技术，建设所谓的量子通信工程是不负责任的行为。

4）还要解决互联网安全的一些老问题和新矛盾，诸如解密出错、PFS 和侧道攻击等等。这些问题并不常见而且太过专业，本文就不作进一步讨论了。

在确定后量子时代密码新标准时，NIST 对密码系统的成本和效能作了明确的要求：

1）要求密码新标准必须能运行在传统计算机平台上；

2）密码新标准能在尽量多种多样的操作系统上运行，并满足不同应用程序的需求；

3）新标准可能会选择多种算法，利用它们的各自优势去满足不同的需求，在这场标准化竞争中，胜出者很有可能不止一种算法；

4）为提高效能易于平行化运行的密码算法会得到优先考虑。

通过以上对 TLS 通信安全协议和后量子时代密码学的分析，我们可以清楚地看到，对 TLS 不断改善升级同时研发全新的公钥密码算法是保卫互联网安全的唯一可行路线，这是由互联网安全的态势、技术的可行性和兼容性所决定的。

我们必须认识到今天互联网安全的主要威胁根本不在公钥密码系统上，公钥密码在可预见的将来是安全的。匆促启动量子通信工程来代替公钥密码不仅毫无必有要，而且也不具备可行性。因为量子通信在组网等关键技术上远未成熟。缺乏对互联网安全形势的全面深入的了解，采取草率过激的反应，有意或无意中夸大量子通信的重要性，只会误导大众、自乱阵脚，其结果必然是浪费资源。

更为关键的问题是技术的兼容性。我们一定要明白，所谓的量子通信不是一种新的通信技术，量子通信事实上也不是一种新的完整的密码技术，确切地说它仅能提供公钥密码中的一部分功能——即对称密钥的分发功能。通信和密码是皮和毛的关系，密码是毛，它只能依附在通信这张皮上为皮服务的。皮之不存毛将焉附，甩开传统互联网这张皮，量子通信这撮毛何以安身立命？

从更长远的角度来看，任何技术都需要更新和完善，公钥密码技术当然也不例外。但是更新后的系统必须与互联网的总体框架协调，升级换代的过程也要稳步有序地推进。密码系统牵动整个互联网的生态环境，这是一个比操作系统远为庞大复杂的生态系统，对于这种牵一发而动全身的技术更新，我们千万不能异想天开、草率行事。

在不断改善升级 TLS 的同时，研发全新的公钥密码算法，这条提升互联网安全的路线把技术的可行性和兼容性放在评估标准的首位，这是一条稳妥、可靠、行之有效的路线。这条路线也是一条开放合作的路线，所有的协议细节和密码算法全部公开放在桌面上讨论分析，所以也取得了世界大多数国家有关专家的认同和支持，开放和合作是推动互联网稳步向前发展的基础。

第二节 后量子密码技术取得新进展 中国量子通信工程将成摆设

2020 年 7 月 22 日是公钥密码技术发展史上的又一个重要的里程碑，美国国家标准与技术研究院 NIST 公布了进入第三轮评审的七种后量子时代公钥密码算法，引起了国际密码学界的高度关注[1]。

公钥密码目前是足够安全的，但是量子计算机的进步和传统电子计算机的飞速发展对公钥密码的未来投下了阴影。为了确保互联网的长治久安，未雨绸缪不断地完善和提高公钥密码的安全性，这已经成了密码学界的共识。

从 2012 年起，NIST 启动后量子时代密码(PQC)项目，成立了包括 12 个密码专家的项目成员组。下表展示了 NIST 推动 PQC 标准化的时间表。

Table 1: NIST PQC Standardization Process Timeline

April 2-3, 2015	Workshop on Cybersecurity in a Post-Quantum World, NIST, Gaithersburg, MD
February 24, 2016	PQC Standardization: Announcement and outline of NIST's Call for Submissions presentation given at PQCrypto 2016 [5]
April 28, 2016	NISTIR 8105, *Report on Post-Quantum Cryptography*, released [6]
December 20, 2016	Federal Register Notice – Announcing Request for Nominations for Public-Key Post-Quantum Cryptographic Algorithms [7]
November 30, 2017	Submission Deadline for NIST PQC Standardization Process
December 20, 2017	First-round candidates announced. The public comment period on the first-round candidates began.
April 11-13, 2018	First NIST PQC Standardization Conference, Ft. Lauderdale, FL [8]
January 30, 2019	Second-round candidates announced. NISTIR 8240, *Status Report on the First Round of the NIST Post-Quantum Cryptography Standardization Process* [9], released. The public comment period on the second-round candidates began.
April 1, 2019	Deadline for updated submission packages for the second round
August 22-24, 2019	Second NIST PQC Standardization Conference, Santa Barbara, CA
April 15, 2020	NIST invited comments from submitters and the community to inform its decision-making process for the selection of third-round candidates.
July 22, 2020	Third round finalists and alternate candidates announced. The public comment period on the third round began. NISTIR 8309, *Status Report on the Second Round of the NIST Post-Quantum Cryptography Standardization Process*, released.

图 6.1

到 2017 年 11 月 30 日截止日期前，NIST 共收到各种后量子时代公钥密码算法 82 项，其中 59 项有关密钥分发/加密解密，23 项有关身份认证/电子签名。这些算法分别来自美国 16 个州和世界六大洲共 25 个国家。其中共有 69 种候选算法同时满足最低验收标准和提交要求，被正式列入第一轮审核程序。

171

第一轮评审持续到 2019 年 1 月，在此期间对候选算法的安全性、效率和其他特性进行了深入的评估，然后 NIST 选择了 26 种算法进入第二轮评审。接着在公众反馈和内部反复的测试评估的基础上，通过大浪淘沙，有 15 种算法脱颖而出进入第三轮评审。这 15 种获胜的算法被分成两组，其中的 7 种入围决赛，另 8 种将作为候补算法，详见下图。

Third Round Finalists		**Alternate Candidates**	
Public-Key Encryption/KEMs	Type	Public-Key Encryption/KEMs	Type
Classic McEliece	Code-Based	BIKE	Code-Based
CRYSTALS-KYBER	Lattice-Based	HQC	Code-Based
NTRU	Lattice-Based	FrodoKEM	Lattice-Based
SABER	Lattice-Based	NTRU Prime	Lattice-Based
		SIKE	Supersingular Isogeny Based
Digital Signatures	Type	Digital Signature	Type
CRYSTALS-DILITHIUM	Lattice-Based	GeMSS	Multi-variate Based
FALCON	Lattice-Based	Picnic	Hash-Based
Rainbow	Multi-Variate Based	SPHINCS+	Hash-Based

图 6.2

决赛入围的密码算法很有可能在第三轮评审结束后立即进行标准化。由于 CRYSTALS-KYBER，NTRU 和 SABRE 都是基于格理论的密码算法，因此 NIST 打算选择其中的一种作为密钥分发的最后标准。对于数字签名方案也会在 CRYSTALS-DILITHIUM 和 FALCON 中二选其一。由此看来，基于格理论的密码算法似乎是用于公钥加密、密钥分发(KEM)和数字签名方案的最有前途的通用算法[2]。

NIST 这次设立候补小组颇具创意。在下一轮评估后，某种候补算法有可能弯道超车，被选为最后的标准算法。另外，某些运营效率较差的候补算法也有可能因为其高安全性而被推荐给特定客户，以满足某些应用场景的特殊需求。

接下来的第三轮评审预计将持续 12 至 18 个月。在这个攻坚阶段中，NIST 希望密码界同仁们能对候选方案做出更深入的评估。NIST 特别强调，评审的重点除了密码算法的安全性以外，必须把算法抗侧道攻击的能力，算法与互联网协议的兼容，以及算法在各种硬件设备上运行的效率作为评价的重要依据。

NIST 计划在 2021 年春季或夏季主办第三次 PQC 标准化会议。希望在 2022 年初在最后胜出的算法中选定几个实施标准化，因此第三轮将作为 PQC 标准化第一阶段的最后一轮评审。

下面谈谈我对 PQC 技术发展的几点体会。

1）君子引而不发，跃如也。

近年来，NIST 主导下的后量子时代公钥密码标准化过程一直在紧锣密鼓地进行中，在新冠疫情引发的全球性灾难中，PQC 标准化依旧按照原定的时间表有条不紊地向前推进。但是 NIST 也反复强调，如果评审过程中有新的技术突破或其它不确定因素出现，PQC 标准化进度会随时做出调整，不排除增加新一轮（第四轮）评审的可能。

量子计算机对公钥密码安全毕竟没有即刻的威胁，所以完全没有必要急于固化技术匆忙推出产品；但同时又保持高度的警惕，不断研发、测试并掌握多种新的抗量子攻击的密码算法，一旦面临威胁立刻可以把研究成果产品化，并快速投入实用。文武之道、一张一弛，NIST 在推进 PQC 标准化的过程中始终保持着良好的节奏感。

我的老家苏州有句俗语：不要船还没翻就跳进河里去。为了互联网的长治久安，密码安全的研发必须时刻准备着，但千万不要操之过急自乱阵脚。君子引而不发，跃如也。这才是真正谋长远、做大局的正确决策。

2）具有现实感的理想主义者

一种技术的优劣是由该技术的多项性能共同决定的，因此技术评审时，在选取考核的各项性能和确定它们的权重时必须统筹兼顾有全局观念。评估密码算法的核心标准是安全性，这毫无疑问，但是 NIST 又把密码算法的运行效率、与互联网的兼容性等作为评估的重要标准，这是十分明智的做法。技术评审不是选美，不是挑花架子出来做秀。评审的最终目的是挑选最实用的技术以满足市场的需求，这就注定了必须从使用者的角度出发，把技术的可行性、易用性放在十分重要的位置。

另外，在指定技术性能的标准时，也必须科学合理、实事求是。NIST 在整个评审过程中从来也没有提出过"无条件绝对安全"这类不合理的要求。因为"无条件绝对安全"的要求不仅很难实现，而且为了这个目标一定会付出难以承受的代价，在工程界的词典中它从来就不存在。

从更长远的角度来看，任何技术都需要更新和完善，公钥密码技术当然也不例外。但是更新后的系统必须与互联网的总体框架协调，升级换代的过程也要稳步有序地推进。密码系统牵动整个互联网的生态环境，这是一个比操作系统更为庞大复杂的生态系统，对于这种牵一发而动全身的技术更新，千万不能异想天开、草率行事。

与科学家不同，一个优秀的工程师应该是具有现实感的理想主义者。只有理想不顾现实，就会走向极端导致失败；反之，只有现实而没有理想，则难以脱颖而出迈向优秀。一个优秀的工程师就是不断地在理想和现实之间寻求妥协、保持平衡。

3）以多元化应付不确定的未来

NIST 在多轮评审中，在淘汰一些密码算法时保持了高度的克制，在推出本轮候选算法时特地安排了一个包括 8 种密码算法的后备梯队。为了保留抗量子密码算法的多样性，NIST 真可谓是煞费可心。

　　评审后量子时代公钥密码是为了应对未来信息安全的挑战，而未来是高度不确定的，信息安全领域更是技术对抗博弈的战场，需要面对的问题高度复杂和不确定。技术多样化是应付高度复杂且不确定的未来的唯一选择，地球上生物能够绵延数亿年靠的就是多样化，这里面的道理是相通的。

　　后量子密码技术 PQC 是以数学为基础的软件技术，软件技术可以让多种密码算法共存于一个系统之中，这使用过程中可以方便地更新和切换，所以 PQC 其实是对抗后量子时代高度不确定环境的唯一途径。

　　关于公钥密码的升级换代，存在两条绝然不同的技术路线：主流路线是 IETF 推出 TLS1.3，NIST 规划用十年的时间制定后量子时代密码的新标准；另一条路线是中国开建量子通信干线工程，这两种路线形成鲜明的对比，世界主流路线 PQC 是渐进、开放和合作的路线，采用的是以数学原理为基础的软件技术；而中国的 QKD 相反采取了激进、封闭的路线，采用的是以物理原理为基础的硬件技术。究竟哪条路线能更有效地确保互联网未来的安全呢？我觉得都不用查看内容，单从思维的总体格局来看高下立见。

　　当然，中国密码界不乏有识之士，我的母校复旦大学和上海交大在 PQC 的学术研究领域都有高水准的成果。但是科研的资源和媒体的灯光全都聚焦在中科大的量子通信项目上，所以对 PQC 的进展就鲜有人知。

　　近期量子通信的宣传基调也作了调整，反复强调 QKD 不会取代传统密码，而是要与传统密码合作，特别提到要携手 PQC 共同对抗量子计算机威胁。但问题是 PQC 有完整的解决方案，它完全不需要 QKD，有关 PQC 的所有国际会议和海量资料中对 QKD 没有只字片语，这就是明证。量子通信想要牵手 PQC 恐怕只能是一厢情愿的单想思罢了。

参考资料

[1] Status Report on the Second Round of the NIST Post-Quantum Cryptography Standardization Process

[2] 公钥密码的功能可归纳为三个方面：1）为通信双方建立共享的对称密钥；2）为通信双方提供身份认证，以及保证传输文件的完整性和不可抵赖性；3）提供数据的加密解密功能。公钥密码功能中第一和第二项是互联网上数据传输安全的根本保证，大多数情况下有第一第二项就足够了。其中第三项与第一项在功能上有重叠：一般而言，数据的加密解密应该依靠通信双方取得的对称密钥，而不是公钥密码。

第三节 后量子密码技术(PQC)全方位碾压量子通信(QKD)

今日的量子通信工程只是用物理手段为通信双方分发一个随机数，用它作为密码加密解密时的密钥，应称为量子密钥分发 QKD。必须明白，远在 QKD 出现之前密钥分发就有了多种成熟有效的技术，QKD 既不是密钥分发的唯一方案，更不是密钥分发安全有效的好方案。

目前，密钥分发在企业专网上使用对称密码为主，在互联网上则使用公钥密码。理论上，量子计算机破解密码的威胁也仅对公钥密码有效，而高端绝密信息很少会在互联网上传输，所以 QKD 即使能替代公钥密码其意义也是十分有限的，如果它真能做到的话。

况且，大型实用的量子计算机还在未定之天，公钥密码也远非像宣传的那样脆弱不堪。应对未来的抗量子攻击的公钥密码

（PQC）技术也比量子通信（QKD）更成熟更有效[1]。QKD 是"食之无味、弃之也可"，它连"鸡肋"可能都算不上。

让我们看看究竟谁比谁更牛？PQC 对决 QKD 的详细信息列于下面表格中，清清楚楚一目了然。

	PQC 后量子时代公钥密码	QKD 量子密钥分发
工作原理	以数学为基础的软件技术	以物理为基础的硬件技术
技术功能	密钥分发 加密解密 数字签名 身份认证	密钥协商
通信网络	与互联网兼容	与互联网不兼容
理论安全性	抗量子攻击	抗量子攻击
实际安全性	安全且可控	存在诸多不可控的安全隐患
投资成本	低廉可控	成本至少比 PQC 昂贵千倍
运营维护	方便、迅速、便宜	困难、漫长、费钱
用户体验	易用，对用户几乎透明	使用麻烦，需操作培训
技术新旧对比	2012 年启动	1984 年公佈 BB84 协议
标准化进程	2018 年第一届国际标准化会议召开，会议每年一次 2022 年将制定出国际标准	还在纸上谈兵阶段
技术透明共享	算法完全公开透明，有需要的用户可以自行编程生成自主可控的密码产品	几乎没有这样的可能性

图 6.3

其实把量子通信 QKD 送上擂台与 PQC 对抗，也太不讲"武德"了，因为它两本不是一个量级的对手。如果真要同台交手的话，不用 30 秒钟 QKD 就被彻底 KO 了，估计它的下场比那位马某某还不如。

请看表格中的第 2 行，PQC 具有密钥分发、加密解密、数字签名和身份认证等功能，是一个全能型重量级选手，反观瘦小单薄的 QKD 只有密钥分发一项技能[2]，QKD 在实战中碰上 PQC 这种对手当然只有挨揍的份。这也能解释为什么 QKD 阵营中的大佬们反复恳求要与 PQC 合作，但 PQC 团队却连表面敷衍的功夫都懒得做，一点面子也不给，PQC 多次国际会议的议程和论文集中没有只字片语提及 QKD 就是最好的证明。

　　PQC 碾压 QKD 的原因有很多，其中最为本质的原因是：数字信息系统中数学软件方案完胜物理硬件方案，这其实早已成为信息安全学界的共识。

　　我们今天生活在一个信息化社会，这个社会的特征就是信息的数字化。我们把反映现实世界的信息—声、光、文字和图片都转化成二进制的数字，然后利用电子计算机通过各种软件对这些数字化了的信息进行处理、分类和存储，又通过联接计算机的互联网传输和分享这些数字化的信息，而所有这些软件都是在执行数学算法。可以毫不夸张地说，数学才是这个信息社会安身立命的基石。能用数学方法解决的问题绝不应再考虑其它方法。

　　密码系统是用来保护信息安全的，保护数字化信息安全的加密和解密其实就是一种特殊的信息处理方法，加密和解密就是一种数学算法，参与加密解密的数学参数称为密钥，它只是一个 1 和 0 组成的二进制的随机数。

　　因为密钥是一个二进制的随机数，它也是数字化信息，所以分发密钥的最好办法就是用密码系统加密后转送，在互联网时代，密钥这种随机数都是通过密码加密解密后在互联网上传递分发的，而公钥密钥更是直接以明文形式直接在互联网上传递。

　　互联这个网，什么信息都往上跑，这不仅包括了数字化了的文字、图片、声音、视频，也包括了处理这些信息的软件、信息的密文、而且还包括了加密过的密钥和未加密的公钥。所有这些数字化的信息全都在互联网上传输，对于互联网来说，其实它们全是 1 和 0 组成的二进制数字串，互联网是来者不拒、一视同仁、海纳百川。

　　人们以为互联网的最大好处是互联互通，往往忽视了互联网本质的优势就是一网装进了所有的数字化信息，这才是互联网的伟大之处。互联网不同于我们的物理世界，物质的传输分成公路、河道、海运和空运，船归船路归路，效率十分低下。

但是有那么几个实验物理学家，完全无视信息技术的基本原则。为了分送一个 1 和 0 组成的随机数，他们非要在互联网之外叠床架屋再建一个物理的"量子通信网"，这种想法从未得到通信密码界的认可，项目动工之前也缺乏工程必要性、可行性、经济效益评估等严格的论证和审核过程，这些问题的性质已经超出学术不端的范畴了。

一个通信工作干不成，密钥分发又做不好的"量子通信网"要来干什么？难道用公钥密码在互联网上分发密钥真的不安全吗？这是一个毫无事实根据的慌言。

公钥密码过去、现在和可预见的未来都是安全的。公钥密码是保护互联网安全的万里长城，这么多年来互联网上的数据传输和购物交易的总数是个天文数字，虽然偶尔也有这样那样的安全问题，但都不是公钥密码本身的错。

公钥密码也是数字货币的盾！中国央行和美国有关部门都在加速推进数字货币，再一次充分说明公钥密码不仅现在是安全的，而且在可预见的未来都是安全的。如果公钥密码真的像某些量子通信专家宣传的那样不堪一击，那么建立在公钥密码基础上的数字货币岂不成了肥皂泡沫。

货币安全是主权安全！无人敢在货币安全上开玩笑。在关系国家主权安全的大是大非面前，我们究竟应该相信央行的密码学权威还是某些搞物理的学者呢？其实中美两国金融机构的高层决策者门儿清，他们决不会被几个量子物理教授牵着鼻子走的。

退一万步，如果哪一天外太空人带来了一台真正能运行的大型量子计算机，现在的公钥密码安全受到了威胁，天塌下来自有高个子撑住，那个高个子就是上面表格中的抗量子公钥密码PQC，怎么也不会有那个弱不禁风的矮个子QKD什么事。

QKD完败于PQC，所谓的量子通信毫无实用价值，量子通信不是真牛而是吹牛。"如无必要，勿增实体"，量子通信被奥卡姆剃刀修理只是时间问题。

参考资料

[1] PQC也是一种公钥密码，目前常用的传统公钥密码绝大部分使用了RSA、ElGamal和ECC等著名的加密算法，PQC都是基于不能转换成离散傅立叶变换的数学难题而建立起来的一些加密算法。QKD是以BB84协议为基础协商产生密钥的物理设施，它必须配合特定的加密算法才能构成完整的密码系统。

[2] 其实这个量子通信QKD只能用作密钥协商，连密钥分发也做不到，密钥协商只是密钥分发的低端替代品，密钥协商和密钥分发看似相近，其实功能差之远矣。密钥分发是有主从关系的，密钥从甲传送到乙，而密钥协商是甲与乙共同商量出一个密钥。这个功能上的差别严重限制了QKD在密码系统中的实际应用。有兴趣的读者可参阅第七章的"企业专用网环境中密钥的分发和管理"一节。

第四节 应对量子计算机威胁 兰德公司强烈推荐后量子密码技术

兰德公司(RAND)原先是美国最重要的以军事为主的综合性战略研究机构，长年来逐渐发展成为一个研究政治、军事、经济科技、社会等各方面的综合性思想库，被誉为现代智囊的"大脑集中营"、"超级军事学院"。它可以说是当今美国乃至世界最负盛名的决策咨询机构。

2020 年，兰德公司就信息安全问题发布了一篇战略决策报告：《量子计算时代的通信安全》—管控密码风险（付标题）[1]。

兰德公司在撰写这篇报告的过程中，采访了许多世界一流的信息安全和通信密码专家，报告极具权威性。

兰德公司的报告强烈推荐后量子密码技术(PQC)，以应对未来量子计算机的威胁。PQC 与传统公钥密码都是以数学为基础的软件技术，可以毫不夸张地说，整篇报告是围绕着 PQC 而展开的，量子通信 QKD 被彻底的边缘化。

兰德公司报告有三条建议。

1）采取措施，尽快推动 PQC 的广泛采用。广泛、恰当地过渡到 PQC 将是对抗量子计算机威协的最有效手段。而且，有关 PQC 的交互操作标准越早广泛实施，最终的风险就越少。

2）在数字基础设施中增进网络的生存力和加密的灵活性。当我们对安全措施进行调整，以响应关键基础设施遭受到的不断变化的当前以及未来威胁（例如量子计算）时，应该考虑如何使新的安全措施更加灵活。过渡到 PQC 需要系统性的变革，这就为通信和信息系统中使用密码学的整体构架作出改进提供了机会。这可以提高我们对当前和将来的网络威胁做出响应的能力。

3）为不确定的未来做好准备。量子计算发展的时间表仍然非常不确定，但不确定的未来并不一定是不那么安全的未来。 与公众就量子计算机风险进行的沟通时，应在夸大威胁和无视真实风险之间寻找到一个中间立场。美国有降低风险的解决方案，即使在最坏的情况下也不会导致数字信息安全的灾难。在最佳情况下，全球网络安全可能会有所改善。

应对未来量子计算机威胁、增强网络通信安全，美国国家安全局于去年正式判定量子通信 QKD 出局，接着兰德智库的报告把后量子密码 PQC 确定为对抗量子计算威胁的唯一方案。故然是应了一句老话，破字当头、立在其中！

QKD 跌倒，PQC 吃饱！

参考资料

[1]Securing Communications in the Quantum Computing Age

第七章 量子通信工程失败的深层原因—魔鬼藏在细节里

第一节 企业专用网环境中密钥的分发和管理

中国银行业通信安全管理的规范称为 PBOC，这其实是沿袭美国的银行标准制定出来的，全世界其它地区也基本遵照这个标准。如果物理学家在策划量子通信工程之前，认真坐下来消化一下这几十页的行业标准，他们就不会再有"彼可取而代之也"的冲动了。因为银行这套密码系统完全不像他们想象中的那样，需要不断分发对称密钥，并用 RSA 这类公钥密码进行加密。其实银行间的密钥更新根本不分发密钥的，分发的只是完全不需要保密的随机数而已。这些随机数任何人拿去都无所谓，因为它根本就不是密钥，对称密钥的分发就是这么神奇。

对称密钥的分发和管理采用分级的形式，从总行到各大区的支行，大概不超过三级，每级的密钥分发管理中心称为 KDC，每个用作层级管理的对称密钥称作该级别主密钥，比如第三级就叫 3 级主密钥。总行的 KDC 用来生成顶级密钥，这个顶级密钥一般有多组，每次拿出一组顶级密钥使用，其它组密钥处于备份状态。主密钥可不是用来分发的，而是用来生成分发密钥。生成分发密钥首先需要产生一个随机数，并用主密钥对其进行加密操作，生成的密文就作为分发密钥，用于分发到下一级 KDC。下一级接收到上一级的分发密钥，将其作为这一级 KDC 的主密钥，然后使用该主密钥给下一级生成分发密钥。

假如一个 KDC 要将一个新的对称密钥传送给下级 KDC，我们把这个新的对称密钥记作 K。

1）上级 KDC 从已有的一组对称密钥中选择一个出来，不妨称作密钥 A，并记下这个对称密钥在已知密钥小组中的序号。

2）然后在系统中生成一个随机数，接着用密钥 A 对其进行加密，生成一个密文，这个密文作为过程密钥，不妨称作 P。

3）再用 P 对要传送的新的对称密钥 K 进行加密生成密文。

4）最后将上一步产生的密文、生成过程密钥的随机数和对称密钥的序列号一起发送给下一级 KDC。

请注意，这个时候，在公网上发送的 K 是使用 P 经过对称加密的密文，这个是绝对安全的，而且 P 并没有发布到公网上，发布出去的只有随机数和加密密钥序列号，这些信息是不能利用来还原 P 的，因而也毫无办法对密文进行破解的。

5）接收端的 KDC 有了加密密钥小组序列号，就从自己的主密钥库中提取出来对应的密钥，并将收到的随机数进行加密，这样就能还原过程秘钥 P，然后就可以直接用 P 将收到的 K 的密文解密成明文 K，下级 KDC 就得到了新的对称密钥，从而完成主密钥的更新。

上面介绍的是企业网专用环境中对称密钥的分发和更新的真实过程，从中我们可以得到以下五点结论：

第一点，　在银行系统这类专用环境中，对称密钥都是事先配置好的，绝不会依赖公钥密码。密钥分发除了初始化的第一次以外，之后采用的都是对称密码加密，而且对分发密钥加密用的是不断变化的过程密钥，所以密钥分发过程是非常安全可靠的。即使是初始化过程，其实也不需要用公钥密码系统，任何能够安全地将初始化密钥设置到 KDC 的手段都可以采用，毕竟只需要做一次的事情，再高的代价也能接受。在金融、军队等专用环境中，公钥密码从来只起辅助作用，主要是为了方便和降低成本，不用公钥密码一点问题也没有，认为没有公钥密码就会沦落到用人工传递密钥是量子通信布道者们无知的表现。

第二点， 对称密钥在经过所有的线路、路由器和中继站时都是由对称密码加密后产生的密文形式出现，所以根本不可能在网络任何环节泄密。这一点比量子通信的可信任中继站方案不知要安全多少倍！认为传统密码通信线路上需要点点设防是十足的慌言。

第三点， 在 PBOC 系统中对称密钥可以随时更新和分发，密钥分发的成码率高、不受网络结构和传输距离的限制，相比量子密钥分发技术(QKD)更安全、更方便、而且成本要低得多。

第四点， 更新的密钥在 KDC 进行还原，只有在这个环节会产生泄密的危险，因此保护 KDC 的安全才是整个环节中的关键。KDC 的功能除了负责对称密钥的更新分发以外，还承担了密钥的分级管理、存贮备份、应急处理、逐级监督、用户身份认证等等重要功能，在安全级别要求极高的系统中，类似 KDC 这样的职能部门是不可或缺的。如果密钥没有分级管理，难道允许下级用户之间自己协商出密钥作通信，把上级也封杀掉？在一个系统中，特别是军队和金融机构，密钥必须实行分级分发和管理。量子通信不仅无法取消 KDC，还要增加很多的漏洞百出的可信任中继站，这将使得整个系统的安全隐患变得更难控制。这也是为什么至今没有一个银行系统把 QKD 作为他们密码系统的核心技术的，因为这既没有必要，也根本不可行。

第五点， 请注意，本文一直使用密钥"分发"两字，而 QKD 实质上只能作密钥协商，"分发"与"协商"是完全不同的两回事。分发的密钥是在过程开始前已被确定，而协商的密钥是在过程完成后才被确定。正是这个区别使得量子通信根本无法在有上下结构的系统中提供密钥分发管理的主要功能。对此我也不想再多讲了，让量子通信的布道者们继续他们的小孩玩家家吧。密码学工程的本质就是高度的猜忌、怀疑和不信任任何人，由自我感觉良好的物理学教授主持密码学工程，这本身就是天大的笑话。

上面介绍了在企业网专用环境中 KDC 之间对称密钥分发更新的细节。下面将介绍在专用网环境中两个终端用户通信开始时如何取得一致的对称密钥（又称作通信密钥）[1]。请注意，在这个过程中也根本没有公钥密码的什么事，更无需量子通信添乱。

基本原理：密钥分发中心 KDC 和终端用户 A 和 B 都共享一组主密钥。终端用户之间每次通信，都要向 KDC 申请全新的通信密钥，通信密钥是通过用户与 KDC 共享的主密钥加密来完成传递。具体过程如下（参见左图）

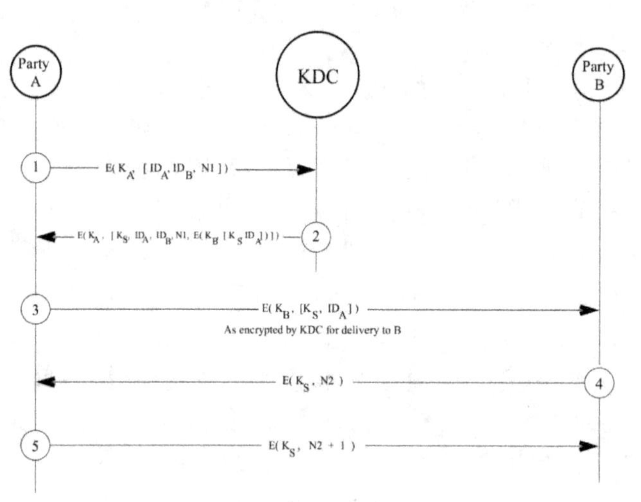

Figure 1: *A pictorial depiction of the Needham-Schroder protocol.* (This figure is from Lecture 10 of "Computer and Network Security" by Avi Kak)

图 7.1

1）A 用自己的主密钥 Ka 加密向 KDC 发送通信密钥请求包，其中包括通话双方 A、B 的身份以及该次传输的唯一标识 N1，称为临时交互号（nonce）。临时交互号可以选择时间戳、随机数或者计数器等。KDC 可根据临时交互号设计防重放机制。

2）KDC 返回的信息包括两部分。

第一部分是 A 想获取的信息，用 A 的主密钥 Ka 加密，被加密的内容包括通话密钥 Ks 和 KDC 收到的请求包内容（用以验证消息到达 KDC 前是否被修改或者重放过）。

第二部分是 B 想获取的信息，用 B 的主密钥 Kb 加密，被加密的内容包括通话密钥 Ks 和 A 的身份。

3）A 收到后将第二部分信息后按原样转发给 B。

4）为保证 A 发给 B 的通信密钥信息未被重放攻击，A、B 使用通信密钥进行最后的验证。B 使用新的通信密钥 Ks 加密临时交互号 N2 并发给 A。

5）A 对 N2 进行一个函数变换后，用通信密钥发给 B 验证。

从这里我们进一步可看到，在专用环境中两个终端用户之间通信前为取得对称密钥，他们并非按某些人想象的那样是使用公钥密码分发对称密钥的，更不是靠人来传递的。事实上，两个终端用户是在 KDC 的支持和监督下使用对称密码取得共享的对称密钥，这个过程是安全可靠的，同时也把身份认证也一起解决了。

本文讲述了在企业专用网环境中，各级密钥分发中心 KDC 之间是如何使用对称密码更新和分发主密钥，终端客户又是如何在 KDC 的支持和监督下使用对称密码获得共享的通信密钥。在企业专用网环境中公钥密码不是非缺不可的，在某些场合中使用公钥密码只是为了方便和降低成本。宣传公钥密码危机论就是贩卖焦虑而已。

退一万步，即使公钥密码明天早晨崩溃，那么不用公钥密码就是了，企业专用网的通信运行"我自岿然不动"，不会有任何问题的，因为量子计算机并不能破解对称密码。明白了这些最基本朴素的道理，谁还会认为量子通信工程可以在专用企业网中发挥什么作用就不仅仅是无知了。

量子通信在企业专用网环境的密钥分发过程中根本没有切入口，完全是画蛇添足、多此一举。

参考资料
[1]
https://engineering.purdue.edu/kak/compsec/NewLectures/Lecture10.pdf

第二节 互联网环境中的密钥的分发和管理

2018 年 3 月 23 日，国际互联网工程任务组（IETF）批准了 TLS1.3 的正式运行版本，为互联网安全筑起了新的长城。这是互联网发展道路上的一块重要里程碑。

TLS 是有关互联网传输层的安全协议，TLS1.3 是 TLS 的最新标准。TLS 为互联网上密钥的分发、数据传输时加密解密、用户的身份认证及电子签名等制定统一的标准和算法，网络服务商和软件开发商将根据 TLS1.3 的标准开发出相应的软件包和程序库。网页浏览、微信、电子邮件等应用程序在处理数据传输时都会自动调用这些具有统一标准的软件包和程序库，以确保数据在互联网传输时的安全。

当你使用 IE、火狐、UC 等任何一款浏览器访问互联网上的网站，这些浏览器和网站服务器都会首先调用 TLS 软件包。TLS 制定的公钥密码算法为通信双方分别产生公钥和私钥；然后通过握手程序交换公钥和身份认证信息；接着根据 TLS 提供的算法验证对方身份并计算出共享的对称密钥；最后使用共享密钥对传输数据（这其中包括了用户的口令、信用卡号码和帐户余额等数据）作加密和解密，保证这些数据在公共网络传输过程中不被破解和篡改。

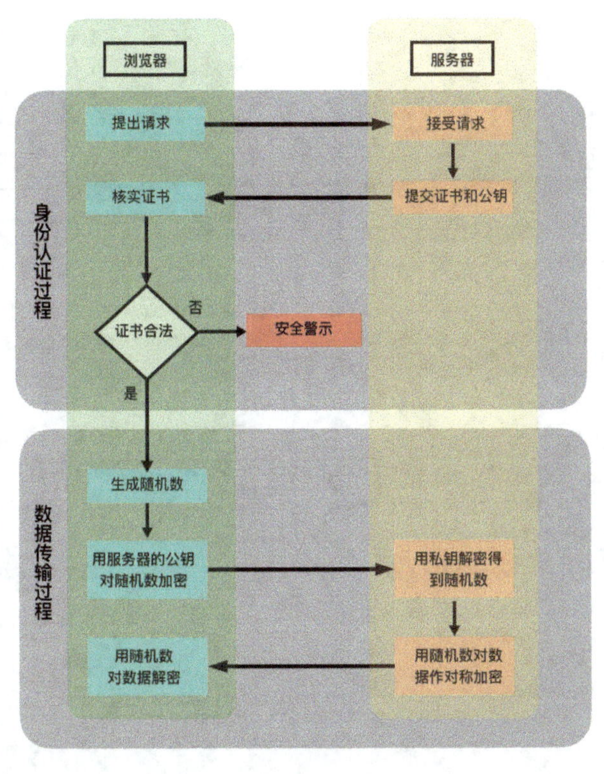

图 7.2

微信、电子邮件和互联网上各种其它应用程序也都是在 TLS 规约下按照上述相似流程来保证数据在公共网络上安全地传输。TLS 就是互联网安全的基石，它是每个网民的护身符！

长久以来人们都把密码与军事、外交联系在一起，印象中使用密码的人物如果不是躲在阴暗角落的间谍特务就是捍卫国家安全的孤胆英雄。事实上，随着互联网的普及，今天每个普通人都离不开密码，密码技术已经"飞入寻常百姓家"。当你在网上购物，当你用手机通话或收发微信，所有信息都在开放共享的网络上传输，现代通讯技术使得信息的传输变得越来越方便、迅速和高效，但是也使得信息非常容易被黑客截获，没有密码技术保护在网上发送短信、用支付宝付款、在移动网上通话等等都是难以想象的。

　　在我们每天使用的电脑、手机中都有执行 TLS 协议的整套软件，它们在后台默默无声、忠实无悔地守护着互联网用户的隐私和秘密，它们是新时代为网民服务的好战士。当我们享受着互联网种种福利时，又有多少人会感谢那些设计、运行和维护 TLS 的工程技术人员呢？"谁知网上游，步步皆辛苦！"没有了 TLS，网上的日子一分钟也没法过。

　　TLS 的前身是安全套接层协议 SSL。SSL 诞生于九十年代初期，它的 2.0 版本在 1995 年 2 月发布，但因为存在数个严重的安全漏洞一年后而被 3.0 版本替代。进入二十一世纪后，更为先进有效的 TLS 代替 SSL 扛起了互联网安全卫士的重任，互联网上数据传输的安全问题一直困扰着人们，SSL/TLS 一次次的变迁和升级就是一部互联网抗击黑客的血泪史。

　　目前网上广泛使用的安全协议 TLS1.2 始于 2008 年，这些年来它为网民们遮风挡雨立下汗马功劳，但是在满世界黑客的明枪暗箭攻击下也是满目沧桑。为了修补漏洞，执行 TLS1.2 协议的软件打满了补丁，俗话说："新三年旧三年，缝缝补补又三年。" 九年多了，TLS1.2 也到了功成身退的时候了。

　　在众人瞩目中即将登台上任的 TLS1.3 究竟有些什么亮点呢？TLS1.3 是一次全面升级，与此前版本相比，它具有两大优势：

●增强安全性

旧版 TLS1.2 为了向下兼容，接收了太多 90 年代遗留下来的落后的加密方式，背上了沉重的包袱。TLS1.2 虽然具有很强的兼容性，但是它也成为了过去几年来受到攻击的主因。

　　TLS1.3 实施"少而精"的原则，取消了对一些陈旧落后的加密和哈希算法的支持，诸如 SHA—1、SHA-224、RC4、MD5、DES、3DES 等算法均被剔除，取而代之的是 ChaCha20、Poly1305、

Ed25519、x25519、x448 等更为安全的算法。这意味着一系列潜在的漏洞将被永久关闭。

TLS 1.3 具有抵御降级攻击的功能，这是它最为突出的优点。这样就堵死了攻击者诱骗服务器降级使用较旧版本的可能，杜绝黑客利用旧版软件中漏洞的任何机会。

●提升处理速度

为了保护数据传输，用户访问网站时，双方必须依靠 TLS 先行取得共享的对称密钥，这个被称为握手过程。为完成握手过程，TLS1.2 需要在用户和网站之间传递信息 6 次，而新版 TLS1.3 仅需 4 次。减短握手的过程就可更早地传递有效数据，也就加快了网页传输的速度。

不仅如此，对于近期访问过的站点，TLS1.3 可以在第一次给服务器发消息时就发送有用的数据。这叫做"零消息往来"模式（0-RTT），这会会使网页传输变得更快。

虽然新版 TLS1.3 为每次网页加载节省的时间有限（大约十分之一秒），但是积少成多，对于每天接受千万次以上访问的大型网站，这个提速影响不容小觑。不信到双十一节可以试试！

TLS 安全协议的核心是通过公钥密码系统让通信双方协商取得共享的对称密钥，这个过程也被称为对称密钥分发。通信双方一旦拥有了共享的对称密钥以后，他们之间的通信安全是有足够保证的。但是互联网上通信双方远隔千山万水又从未见过面，他们如何取得彼此的信任并协商出共享的密钥，而又不被第三者偷窃，这是对密码学的严峻考验。

解决这个难题靠的就是公钥密码。公钥密码算法产生出一对密钥：公钥和私钥，通信双方通过交换公钥作身份验证和协商出共享的对称密钥。公钥密码巧妙地解决了网上通信双方的"第一次"的尴尬，网上安全一日不可无此君。

　　我们前面已经指出对称密码的安全性是有足够保证的，这是有数学证明的，那么公钥密码的安全性又如何呢？到目前为止，公钥密码还是安全的，至少与网络上许多其它隐患相比，它的相对安全性是不容质疑的。但是面对未来的量子计算机和传统计算机的飞速发展，现在使用的公钥密码存在安全隐患。

　　解决公钥密码隐患的正确之路是研究开发更安全有效的新一代公钥密码算法。实现公钥密码已经有多种方法，TLS1.3 就取消了用 RSA 这种公钥密码算法作密钥分发，而改用 ECDH 算法。更为先进安全的公钥密码新算法正在研究评估中，对此本书第六章有较为详细的介绍。

　　目前的量子通信在工程意义上不是切实可行的解决方案。京沪量子通信干线使用的 BB84 改良版是一种点到点的密钥分发协议，它与分组交换协议构建起来的复杂拓扑结构的互联网格格不入。量子通信连最基本的路由器和交换器的协议草案都没有，目前组网的可能性几乎为零。

　　TLS 提供的网络安全服务不仅是密钥分发，还包括非常重要的身份验证和电子签名。量子通信工程只能作密钥分发，它目前既没有能力替代 TLS，也无法补充改善 TLS。即使将来有关量子通信的组网设备和协议都被研制开发出来了，还面临如何与现存互联网的融合问题，还有额外的成本和运行效率问题。

　　退一步说，即使量子通信的所有工程问题明天早上都得到解决，工程的成本问题也不去考虑，反正就是不差钱，量子通信与互联网安全依旧是两条道上跑的车。这里有一个核心问题—"兼容"，量子通信技术如果不能与现存的密码系统兼容，不能成为 TLS 协议有机的组成部分，那么对亿万互联网的网民而言就是零存在。网民在互联网上点击这里点击哪里，数据传输安全靠的是应用程序自动调用 TLS，TLS 调用相应密码算法。没有人会有兴趣也没有本事去弄懂量子通信的原理和使用方法的，要让量子通信真正造福大众，它必须融入今日互联网安全系统中成为 TLS 的一部分，而不是推翻现存的互联网构架去另建所谓的"量子互联网"。"量子互联网"和"量子小镇"一样，实质上都是海市蜃楼，至少在可预见的未来就是如此。

从现在开始，TLS1.3 将会受到网络服务行业和用户的广泛支持，并将在未来十年中成为互联网的忠诚卫士，再下一代 TLS 的预案也已经启动，它们将为未来一二十年的互联网安全负责。TLS1.3 和它的下一代都没有为量子通信预留任何接口，互联网安全与量子通信没一点关系。全世界互联网通信安全专家们都把稳妥可靠、兼容可行作为技术发展的首要考量，他们将着力研发新一代公钥密码系统应对后量子时代的信息安全态势，为亿万网民筑起互联网上的新长城。

第三节　密钥安全漫谈：分发不是难堪处，管理方为大问题！

量子通信工程中存在许多问题，例如"极低的成码率"、"不能与互联网兼容"、"极不安全的可信中继站"、"缺失身份认证机制"等等技术困境，这些问题就是秃子头上的虱子—明摆着的，它们都是由量子通信本身的物理特性和工作原理所决定的，更正确地说这些应该都是"原理性困境"。量子通信从娘胎中带来的基因疾病，是先天不足的问题，本文将换一个视角，从密钥安全管理的角度来审视量子通信工程更为严重的后天失调问题。

密钥是密码系统的重要组成部分。密码系统其实并不神秘，它与日常生活中的密码保险箱的基本工作原理是十分相似的，密码保险箱把信息藏匿起来不让别人"看到"，密码系统把信息彻底打乱不让别人"看懂"，目的都是保障信息的私密性。

　　现代密码系统使用数学方法把信息彻底打乱，这种专用的数学方法称为"密码算法"。密码算法就对应于密码保险箱，前者把信息打乱、后者把信息藏匿；密码算法对信息加密和解密就对应于密码保险箱的锁门和开门；密码算法加密、解密时使用的参数称为"密钥"，密钥就对应于密码保险箱锁门、开门时输入的"一串数字"。

　　密码系统是由密码算法和密钥二大部分组成的。尽管密码算法是密码技术的关键，但是现代商用密码产品中的密码算法是公开的，从密码使用的角度来看，密码系统中最机密、最需要保护的就是密钥，密钥管理是密码系统安全的生命线。

　　密钥管理是根据安全策略，对密钥的产生、分发、存储、更新、归档、撤销、备份、恢复和销毁各个环节的全方位管理，以确保密钥在全生命周期的每个环节都是安全的。密钥分发仅是密钥管理诸多环节中的一个环节，而且是目前最为坚固的一环，单纯提高密钥分发的安全性不仅得不偿失，而且对提高密钥总体安全也毫无实际意义。不计代价偏面地追求密钥分发安全将严重浪费资源，客观上会损害信息安全的总体部署。

　　"战战兢兢、如临深渊、如履薄冰。"密钥无时无刻不处于高危状态，密钥在"分发"和"存放使用"过程中面临着不同的安全威胁。在分发过程中，密钥都是用"公钥密码"或"对称密码"加密后以密文形式发送的，所以尽管密钥分发时跨越千山万水，但是相对来说还算比较安全的。在密钥存放使用过程中，密钥在计算机系统中通常是以明文的方式呈现的，攻击者利用计算机系统中的各种漏洞可以直接取得密钥的部分甚至全部信息。所以对于密钥安全而言，"分发"不是难堪处，"管理"方为大问题！

一）密钥在存放使用过程中面临的各种攻击和安全威胁

　　首先，侧信道攻击一直是密码系统的严重威胁[1]。对于密钥的不同取值，计算机在密码算法执行过程中会产生外部状态的细微差异（例如，功率消耗、电磁辐射、计算时间、高速缓存状态等等），攻击者通过观测收集计算机外部状态数据就可获得密钥的全部或者部分信息。密码算法不论以软件形式或者硬件形式实现，密钥安全都会受到侧信道攻击的威胁。

　　其次，在计算机系统中，密钥就是内存空间中的数据，所以现有计算机系统中对内存数据的所有攻击手段也同样会威胁到密钥。这类型的安全威胁又可细分为如下三个方面。

1）物理攻击

　　攻击者与计算机系统有物理接触，然后利用物理接触条件读取敏感数据。最典型的物理攻击是冷启动攻击和 DMA 攻击。

　　冷启动攻击利用动态随机访问内存(DRAM)的剩余特性(remanence effect)，即停止供电之后存储内容随时间慢慢消失，整个过程持续好几秒，如果利用制冷剂可以将时间延长到几小时。攻击者可以直接取出计算机系统的内存芯片，放在攻击者控制的计算机上读取其中的密钥数据。

　　DMA 攻击是指攻击者插入恶意外设，发起 DMA 请求、绕过操作系统的访问控制，直接访问内存读取密钥数据。

2）软件攻击

　　攻击者利用计算机系统的软件漏洞非法读取内存中的密钥数据。例如，操作系统软件漏洞会导致恶意进程绕过内存的隔离机制，读取其他进程甚至内核空间中的密钥数据。

　　软件系统的一些常用工具程序也有可能导致内存数据泄露，例如 Core dump 或者 Crash report 就有可能使得内存中的密钥数据外泄。

　　密码算法软件运行中也会导致密钥泄露。OpenSSL 的心跳处理 (heartbeat) 程序没有检测请求数据包的长度是否和后续的数据块长度相符合，攻击者可以利用这一点，构造异常的数据包，来获取心跳数据所在的内存区域的后续数据。这些数据中可能包含了证书私钥、用户名、用户口令、用户邮箱等敏感信息。该漏洞导致攻击者从内存中读取多达 64KB 的数据。

　　3）硬件攻击

　　近年来有多个 CPU 硬件漏洞被披露（包括 Meltdown、Spectre、Foreshadow/L1TF 和 ZombieLoad 等），这些漏洞都有可能使得攻击者读取到内存中包括密钥等一些敏感数据。

二）保护密钥安全的技术方案

　　在通用的计算机系统上执行密码算法过程中如何保护密钥安全，一直都是密码学术界和 IT 业界关注的焦点。主要的进展有以下四个方面。

　　1）Windows 操作系统的 CSP (Cryptographic Service Provider) 和 CNG (Cryptographic Next Generation) 都支持在内核空间中执行密码运算，保证密钥数据仅出现在系统的内核内存空间。同样，Linux 操作系统在 v2.5.45 之后，也有内核空间的密码计算服务，称为 Crypto API。由于密钥数据仅出现在内核空间，攻击者必须获得系统权限方可读取内核空间数据，因而密钥安全有了保障。

2）基于寄存器 Register 的密钥安全技术可以有效地防范冷启动攻击。2010 年，TRESOR 利用 Intel CPU 的 AES-NI 指令，完成了只使用寄存器实现的 AES 算法，有效抵抗冷启动攻击。后续研究工作将其推广到 RSA 算法，在 Intel CPU 计算机上完成寄存器实现的 RSA 算法，同样能够抵抗冷启动攻击。

3）2014 年，中科院 DCS 中心研究团队第一次完成了基于 CPU 高速缓存的密码算法软件实现，在 Intel 的 CPU 上、利用高速缓存的工作模式配置，将 RSA 私钥计算限定在 CPU 高速缓存内。相比基于寄存器的密码算法软件实现，高速缓存的存储空间足够大，又能够支持更多类型的密码算法，而且支持高级语言实现、不需要使用汇编实现。

4）使用 Intel TSX (Transactional Synchronization Extension) 硬件的事务内存特性，完成密钥保护方案。在执行 RSA 签名或解密时，以事务内存模式运行：先将 RSA 私钥的明文解密到内存中(进入 Write-Set)，然后执行 RSA 私钥计算，最后清除残余的敏感数据并结束事务内存任务。在 RSA 私钥计算期间，恶意的内存信息泄露攻击如果读取 RSA 私钥，就会导致事务回滚，RSA 私钥被自动清除，攻击者不能获得任何信息。同时，结合了基于寄存器的 AES 算法实现：没有 RSA 计算任务时，RSA 私钥使用 AES 算法加密后以密文形式存储在内存中，而 AES 的密钥只存储在 CPU 的寄存器中。

总上所述，可以得到以下两个结论：

- 计算机执行密码算法时，在密钥的提取、使用和存放过程中对密钥构成了严重的安全隐患。攻击者可以利用计算软件、硬件等各种漏洞窃取密钥的全部或部分信息，攻击的手段五花八门、防不胜防。密钥的最大安全隐患不在分发而在存放使用环节。

- **在计算机中保护密钥的要诀是：密钥应尽量远离计算机内存；密钥与密码算法进程应尽量靠近不要分离；密钥应随用随生成，尽量避免积余贮存。**

通过上面的分析讨论，对密钥安全问题就有了全面深入了解，再回头重新审视所谓的量子通信就不难做出更为客观公正的判断。

众所周知，传统密钥分发过程中是有密码加密保护的，如果将来的量子计算机对公钥密码构成威胁，那么就用抗量子公钥密码（PQC），实在不行的话使用对称密码就是了，哪里有 QKD 的份？况且，本文的结论已经明确指出，密钥的最大安全隐患不在分发而在存放使用环节，QKD 避重就轻，使用昂贵的硬件方案在次要环节上纠缠不休纯属浪费资源。请记住奥卡姆剃刀原理，"如无必要，勿增实体。"

量子密钥分发 QKD 是用量子物理原理以明文方式分发传统的密钥，而不是分发量子的密钥。量子通信的要害是以"明文"分发"传统"的密钥。因此，高度敏感的密钥从产生、通过计算机外设接口、进入内存、直至被密码算法进程调用全是以明文形式一路裸奔的，整个过程为攻击者提供了太多的机会。QKD 完全违背了上述保护密钥安全的三条原则。

在传统密钥分发过程中，密钥的明文仅出现在计算机的内核空间或寄存器中，它与密码算法进程紧密结合、须臾不离。密钥需要分发时立即被加密，只有加密后的密钥才会离开安全的内核空间进入内存、外设接口、最后进入外网传输，不给攻击者任何下手机会。

而且由于 QKD 的成码率极低，密钥生成速度远远赶不上消耗，所以常常被迫提早启动密钥分发过程，把生成的密钥贮存后备用。其结果是密钥以明文形式存在的时间大大增长，这正是攻击者求之不得的。

QKD 导致密钥以明文形式在空间和时间两个尺度上的曝露程度都远远超过了传统密钥分发技术，因此，从密钥的总体实际安全角度衡量，量子密钥分发是落后于传统密钥分发技术的。

必须强调指出，以上结论是在假设"量子密钥分发"本身绝对安全的条件下得到的。而在现实工程环境下，量子通信分发密钥存在严重的安全隐患，量子通信还面临四大难以克服的工程技术障碍。由此可知，量子通信 QKD 对于保护密钥安全没有任何现实意义。

参考资料

[1] 侧信道攻击 side channel attack 简称 SCA，针对加密电子设备在运行过程中的时间消耗、功率消耗或电磁辐射之类的侧信道信息泄露而对加密设备进行攻击的方法被称为测信道攻击。这类新型攻击的有效性远高于密码分析的数学方法，因此给密码设备带来了严重的威胁。

第八章 量子通信工程毫无实用价值

第一节 密码法颁布之日即为量子通信工程下台之时

十三届全国人大常委会第十四次会议 10 月 26 日下午表决通过了密码法，并于 2020 年 1 月 1 日起施行。密码法旨在规范密码应用和管理，促进密码事业发展，保障网络与信息安全，是中国密码领域的综合性、基础性法律。

密码法规定：密码分为核心密码、普通密码和商用密码。核心密码、普通密码用于保护国家秘密信息，商用密码用于保护不属于国家秘密的信息。国家对密码实行分类管理。

这部密码法高屋建瓴、抓纲带目、纲举目张，它将一举扫清密码领域的雾霾，为密码技术的健康发展指明方向。

用密码法对照，量子通信工程 QKD 立即显出原形。QKD 的安全性不可控，使用极不方便，性价比又太低，所以 QKD 根本不可能成为合格的商用密码。QKD 使用的"可信中继站"存在严重的安全隐患，技术上还处于摸索阶段，而且这种硬件方案在实施时需要太多的设计、生产和维护人员参与，这会给国家密码机构的管理带来难以克服的困难，所以 QKD 注定没有资格成为国家核心密码、普通密码的成员。

QKD 向上没有资格成为国家的核心密码、普通密码，向下又没有能力参与商用密码的市场竞争，量子密码就是不上不下的半吊子技术。**但是这些年来，量子通信工程一直在打擦边球，依仗政府的全额拨款做着所谓的商用化产业化的工程项目。**京沪量子通信干线开通已经五年有余，投资的钱一分也收不回，至今连项目的日常维护费用都支付不了。这场密码界的闹剧到了该收场的时候了，"今日欢呼密码法，只缘妖雾不重来。"

为什么量子通信 QKD 不可能成为合格的商用密码？作为商用密码必须符合以下几个基本要求：

1）有足够和可控的安全性；

2）使用方便可靠，操作过程对大多数用户应该是透明的；

3）费用必须让普通百姓都能承担得起。

QKD 要满足以上三大要求简直比登天还难！让我们逐项分析如下。

1）商用密码的安全性要求

《密码法》第八条规定：商用密码用于保护不属于国家秘密的信息。商用密码保护的都是公民、法人和其他各类组织的信息，这些信息的安全是社会和经济有序运行的保障，因此商用密码必须具有足够的安全性。

商用密码不追求绝对的安全性。世上本不需要永远保密的信息，而商用密码的保密期更为有限。商用密码只要保证信息在敏感期内不被破解，或者更正确的说，在信息敏感期内让破解要付出难以承受的代价，这样的商用密码就是足够安全的。

对于商用密码而言，绝对的安全性不是补品而是毒药！商用密码顾名思议它就是一种商品，是任何人可以从市场上购得的。绝对安全、不可破解的商用密码落入犯罪分子和恐怖组织之手是国家安全的噩梦，所以任何负责任的政府都绝不允许这类商用密码的存在。

商用密码的安全性必须是可控的，它对于使用者应该具有足够的安全性，但是国家安全和执法部门在必要的时候应该有足够的能力破解商用密码。换言之，商用密码的安全性不是绝对的，不是越高越好，商用密码的安全性必须是有条件的，是可以控制的，做不到这一点就不是合格的商用密码。

　　商用密码要做到安全可控就必须采用建立在数学基础之上的传统密码技术。量子通信工程(QKD)鼓吹者总是攻击传统密码的安全性是靠算力保证的，尽管他们对密码学的观点大多是错得离谱，但是在这个观点上总算没有错，先为他们难得正确点个赞。但是他们却有所不知，靠算力保证安全性恰恰是传统密码的高明之处，商用密码更是非如此不可。这个道理其实不难理解，请问超算中心都控制在谁的手中，究竟谁有最强大的算力？毫无疑问国家机器才拥有最强大的算力，所以任何负责任的国家只允许依靠算力决定安全性的商用密码的存在。

　　由此可知，商用密码只可能使用建立在数学原理上的传统密码技术。而 QKD 是建立在物理基础上的，长年以来，量子通信的推动者一直吹嘘 QKD 是无条件绝对安全的，其实他们挖了一个大坑把自己深深地埋了进去。请你站在国家的立场上想想吧，对于国家而言，一个无条件安全、绝对不可破解的商用密码的存在一定如芒刺背，非欲除之而后快的。量子通信如果真要推动工程化、产业化做商用密码的话，奉劝你们就不要再吹嘘什么无条件绝对安全的神话故事了。

　　当然现在大家都知道，QKD 实际上也根本不是无条件安全的，详见第四章。QKD 是基于物理原理的，而物理效应注定是一个多因素难以控制的复杂过程。QKD 利用的是光量子偏振态分发密钥，在这个过程中必然会发生电磁辐射，甚至会有力学、声学效应。QKD 的安全性虽然与算力无直接关系，但却与许许多多的其他物理因素发生了关联，它的安全性就变得难以预测和不可控制，这就使得破解 QKD 商用密码时，国家机器对黑客不再具有压倒性的优势。如果商用密码使用 QKD，不仅用户的安全得不到保障，而且国家的监督管理将会流于形式，QKD 一而再、再而三地被黑客攻破就是最好的证明，详见第四章的第四、五两节。

2）商用密码必须使用非常方便 操作过程对于一般用户应该是透明的

今日之商用密码早已突破商家的圈子飞入了尽常人家。当你在网上购物，当你用手机通话或收发微信，所有信息都在开放共享的网络上传输，现代通讯技术使得信息的传输变得越来越方便、迅速和高效，但是也使得信息非常容易被黑客截获，没有商用密码技术保护在网上收发短信、用支付宝付款、用手机通话等等都是不可想象的。

大多数人认为密码系统是高大上的技术，与己无关。却不知商用密码就在每个人的手机、电脑和各种智能设备里，它们就是捍卫信息安全的无名英雄。

商用密码在互联网上是通过互联网传输层的安全协议(TLS)执行的。TLS 为互联网上密钥的产生和分发、数据传输的加密和解密、用户的身份认证及电子签名等制定统一的标准和算法。商用密码开发商根据 TLS 的标准开发出相应的软件包和程序库，并预装在手机和电脑里。网页浏览、微信、电子邮件等应用程序在处理数据传输时都会自动调用这些具有统一标准的软件包和程序库，以确保互联网上数据在传输过程中的保密性、真实性、完整性、和可用性。

每个人通过手机、电脑传送的微信、语音、视频和支付信息全部都是经过加密后以密文形式在网络上传输的，而加密、解密、和密钥分发都是由商用密码系统在后台自动执行无需用户操心，而且商用密码自身不断的修补、更新和升级也是完全自动完成的，整个操作过程对终端用户是完全透明的。商用密码能够做到这些的根本原因就在于它是依靠数学原理的软件技术。

QKD 是一种依靠物理原理的硬件技术，为了使用 QKD，每个用户的手机、电脑中都要加装光量子产生和检测的硬件设备，同时还要再拖上一根光纤，这给终端用户带来了许多不便和烦恼。更严重的问题是 QKD 仅是一种密钥分发的硬件技术，它只是密码系统中的一种子功能，它不具备加密解密、身份认证等等功能，因而它必须依附传统密码。这就必然产生一个怎样与传统商用密码对接协调的问题。互联网上的传统商用密码是通过 TLS 组织和管理的，到目前为止，国际标准 TLS1.2 和最新的 TLS1.3 均无 QKD 的接口协议，下一代规划中的 TLS 也没有任何关于 QKD 的设计按排。换言之，如何操作使用 QKD 全得由终端用户自己负责，而且 QKD 的硬件的维护、更新和升级也得由用户自己操办。说到底，QKD 就是一种难以实际操作的技术，真的不知道会有多少终端用户有足够能力和耐心去接受 QKD。其实答案早就已经给出，请看建成已有五年之久的京沪量子通信干线的运营的惨况吧。

3）性价比是商用密码的生命线

"国盾量子"是 QKD 设备的制造商，下面是他的财务报表截图，从中可以看出单台 QKD 的价格约为人民币 40 万左右。如果为每个手机、电脑配上 QKD 作为商用密码，这个配件比主机的价格还要贵几十倍，请问这种主次颠倒的生意真能做得下去吗？

因国家广域量子保密通信骨干网络建设一期工程项目（沪合段、汉广段），发行人共销售 344 台 QKD 设备及配套产品，合计确认收入 14,037.94 万元，具体情况如下：

合同金额（万元）	收入确认金额（万元）	发货数量	发货时间	验收及收入确认时间
1,658.07	1,417.15	28 台 QKD 设备及配套产品	2017-12-25	2018-2-28
8,803.30	7,589.05	200 台 QKD 设备及配套产品	2018-12-19	2018-12-20
5,836.82	5,031.74	116 台 QKD 设备及配套产品	2018-12-19 2018-12-20	2018-12-21

图 8.1

当然扩大生产可以降低 QKD 的价格，降低一千倍做得到吗？即使降低一千倍不是还要几百元吗？请注意，QKD 不能替代传统密码，这几百元是采用 QKD 后每个用户必须付出的额外开销，这里面还没有计入 QKD 光纤和光纤接入费用。每个用户为了 QKD 要增加上千元的开支，换来的是种种的不方便却什么好处也没有，请问去哪里找如此脑残的客户群？

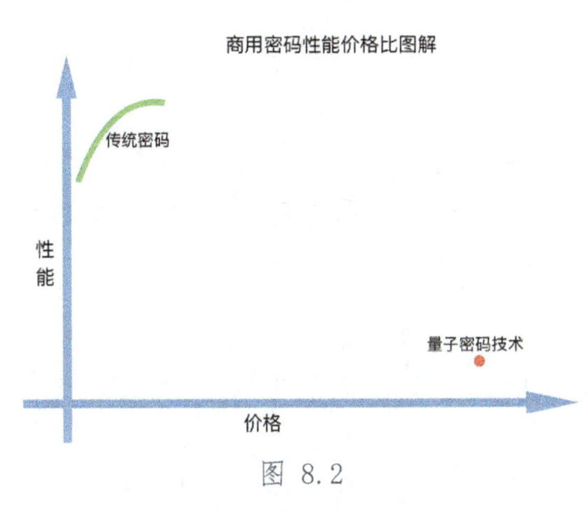

图 8.2

说到底，商用密码就是商品，商品的生命线就是性价比。究竟什么才是好的商用密码，物理学家、教授博导说啥不顶用。评价商用密码的唯一正确方法是工程师们常用的性能价格指数图，图的直轴代表性能、横轴为产品价格。各种商用密码是马是驴都得拉到这张图上来溜溜，一个合格的好的商用密码应该占据左上角力压群雄。我不知道 QKD 有没有资格出现在这张图上，但有一点可以肯定，即便要硬挤来，它的位置也只配在右下角，成为次劣产品的典型。

作个小结：QKD 的安全性不可控，使用极不方便，性价比又太低，所以 QKD 根本不可能成为合格的商用密码。

那么 QKD 能否用作国家的核心密码、普通密码呢？答案更是否定的。原因主要归于以下几个方面。

1）核心密码、普通密码用于保护国家秘密信息，因此核心密码、普通密码必须万分安全不能有丝毫的差错。国家在选择使用核心密码、普通密码的技术方案时一定是"如临深渊，如履薄冰"，绝不会放过任何一个疑虑。QKD 的可信中继站存在十分严重的安全隐患，详见第三章第一节。这种技术方案根本不可能进入国家密码管理人员的法眼！现在量子通信推动者宣称他们有能力在十年后补上"中继站"的漏洞，我们就再信他们一回吧。但是现在怎么办？难道国家级密码会采用一种"十年以后有可能变成安全的密码技术"吗？有这样作死的吗？

2）国家制定密码法把商用密码与国家密码分隔开，就是为了"坚持创新发展和确保安全相统一"。国家使用的核心密码、普通密码为了确保安全，只可能采用经过长时期考验、十分成熟的传统密码技术，决不会考虑那些充满争议乃在试探中的量子密码技术。而密码技术的试探和创新就只可能放在商用密码领域，让它们去接受市场的考验和折腾。

在密码安全问题上千万不能搞"唯技术论"。国家的核心密码、普通密码的安全决定于严格的管理和科学化的规章制度。虽然这些国家级的密码与商用密码在基本的数学原理上并无太大区别，但是国家级密码在具体实施时都作了特别的处理和剪裁，它们都是非标准化的。核心密码、普通密码的具体算法、密钥的位数和管理方法都是国家的最高机密。认为密钥分发的机密性就等于密码安全性，认为窃取了密钥就能破解密码，这些都是搞量子通信的几个物理教授们的想入非非而已，他们其实离国家密码的门都没有摸到。

3）QKD是一种典型的硬件技术，采用这种技术这就必然会涉及到众多的零部件生产商、设备制造商、光纤网络集成商和系统运行维护团队等等的机构。QKD的每个"可信中继站"中就有二位数的工作人员，一条干线三十多个中继站，全国网又要多少条干线？支撑QKD需要一支庞大的的工程技术和管理维护队伍，这个队伍中的每个人都会涉及国家机密，对他们的监督和管理将成为十分头疼的问题。

我们必须再次强调，QKD不是独立完整的密码系统，没有传统密码的主导它什么也做不了。换言之，QKD在传统密码系统之上增添了数量可观的涉密人群，如果把 QKD 纳入国家单独管理的核心密码、普通密码之中，势必大幅增加公务员编制，对这些人员的安排处理不当有可能造成严重的安全隐患。

事实证明，量子通信技术不仅被美、英、法和欧盟的军情机构的高端用户拒之门外，量子通信产品其实也从来没有进入过中国军事和国安等高端领域。中科大《国盾量子》公司是 QKD 设备主要供应商，它在招股书中承认："传统密码产品已持续、广泛地应用于社会的方方面面，客户对传统密码消费习惯难以在短期内改变。其次，公司产品在有资质严格要求的高安全性需求领域，尚需在密码管理相关部门监督指导下，进行测评和认证才能进入，相关标准仍在研究制定中。第三，公司产品价格相对较高，民商用领域对价格敏感。"

作个小结，量子通信的可信中继站存在严重的安全隐患，该技术远未成熟仍处于初始阶段，而且这种硬件方案的实施需要太多的设计、生产和维护人员参与，涉密人员的大幅增加仍密码界之大忌，所以量子密码技术不可能被国家的核心密码、普通密码所采用。

综上所述，量子通信工程向上没有资格成为国家的核心密码、普通密码，向下又没有本事参与商用密码的市场竞争，量子通信工程就是不上不下的半吊子技术。但是这些年来，量子通信工程一直在打擦边球，拿着政府的全额拨款做着所谓的商用化产业化的工程项目，结果是一点收益也没有，不仅一分钱的投资也收不回，连项目的日常维护费都支付不了。有了密码法，量子通信工程的闹剧就再也演不下去了。

国家密码法的核心理念就是坚持简政放权和加强监管相统一，该管的死守严防，该放的彻底撒手。对于国家的核心密码、普通密码必须高标准严要求实行封闭管理，对于商用密码则放手交给市场，政府最多只作裁判员。有了密码法，量子通信拿了政府的钱作商业化产业化的好日子终于走到了尽头，密码法颁布之日即为量子通信工程下台之时。

第二节 《密码法》新年上路，几家欢乐几家愁？

新年来临之际，网上疯传一条奇闻："中国《密码法》将于2020年1月1日上路：密码将由国家统一管理，用意为保护信息安全。"这是一个谎言，《密码法》中的"密码"与网民上网使用的"密码"南辕北辙，此"密码"非彼"密码"矣。

密码学在英文中对应的是 Cryptography，该词源于希腊语 kryptós "隐藏的"，和 gráphein "书写"两词的组合，在早期指的是一种掩盖文字真实内容的密写技术，现代密码学则是对信息进行加密保护、安全认证的一整套的技术和协议。密码学中的"密码"代表的是一个过程，它更像是一个动词而不是一个名词。Cryptography 的中文译成"加密解密系统"更为正确一些。

客户用来登录的是 Password，俗称"密码"，其实它的正确译名应是"口令"。口令与指纹、虹膜、人脸等都是身份识别的信息，它们是需要密码系统加以保护的重要信息。

个人用来登录的是口令而不是密码，密码系统是一种用于保护口令等各种敏感信息的加密解密的技术手段和协议，前者是被保护的客体而后者是保护前者的一整套技术手段，它们是完全不同的两种概念。中文是一种优美动人的文字系统，但常有词不达意的欠缺。

2020年1月1日起将要正式施行的是《中华人民共和国密码法》。该法的第二条明确指出：
第二条本法所称密码，是指采用特定变换的方法对信息等进行加密保护、安全认证的技术、产品和服务。

　　《密码法》的第二条说得很清楚，密码是有关加密解密和安全认证的一整套的技术、产品和服务，与个人登录用的口令是风马牛不相及。新诞生的密码法不仅与统一管理"网络密码"毫无关系，即使对"密码技术"也不是要一统天下。《密码法》明确了密码分类管理的原则，规定核心密码、普通密码用于保护国家秘密信息，由密码管理部门实行严格统一管理。但是在商用密码管理方面，充分体现了简政放权的改革要求，大幅削减行政许可事项，进一步放宽市场准入，切实为商用密码从业单位松绑减负。详见《密码法》第二十一条。

　　商用密码就是用来保护千万网民的口令及相关敏感信息的，根据密码法，政府对于商用密码的总的原则是"放"而不是"收"，其目的是通过有序的市场竞争，让商用密码在优胜劣汰、去芜存菁的过程中不断提升产品的质量和竞争力。所以新的密码法的宗旨就是为了更可靠、更经济、更有效地保护全体网民们的隐私和通信安全。

　　重要的事情需要反复强调：《密码法》中的"密码"是指采用特定变换的方法对信息等进行加密保护、安全认证的技术、产品和服务，它与用户上网登录的所谓"密码"（其实是口令！）完全无关。

　　另外，许多网民对密码技术还存在着这样两种误解：一是觉得密码技术与己无关，二是认为有了密码技术就天下无贼可以高枕无忧了。其实这两个观点都是错的。

　　长久以来人们都把密码与军事、外交联系在一起，印象中密码的使用者如果不是躲在阴暗角落的间谍特务就是捍卫国家安全的孤胆英雄。事实上，今天每个普通人都离不开密码，密码技术已经飞入平常百姓家。当你在网上购物，当你用手机通话或收发微信，所有信息都在开放共享的网络上传输，现代通讯技术使得信息的传输变得方便、迅速和高效的同时它也使信息很容易被黑客截获，没有密码技术保护在网上使用信用卡，在无线网上通话将会是难以想象的。可以毫不夸张地说，密码技术是信息时代的保护神，密码技术对于政府、军队和大众生活，已是不可须臾离者也，它像空气一样，人们一刻也少不了它，但却常常为人们所忽视。

大多数人认为密码系统是高大上的技术，与己无关。却不知密码系统就在每个人的手机、电脑和各种智能设备里，它们就是捍卫信息安全的无名英雄。密码系统在互联网上是通过互联网传输层的安全协议(TLS)执行的。TLS 为互联网上密钥的产生和分发、数据传输的加密和解密、用户的身份认证及电子签名等制定统一的标准和算法。商用密码开发商根据 TLS 的标准开发出相应的软件包和程序库，并预装在手机和电脑里。网页浏览、微信、电子邮件等应用程序在处理数据传输时都会自动调用这些具有统一标准的软件包和程序库，以确保互联网上数据在传输过程中的保密性、真实性、完整性、和可用性。有关密码技术与互联网安全的更多详情，请阅读第七章第二节。

互联网时代必须高度重视密码技术，但是如果认为有了密码技术互联网就天下太平则更是大错特错。先不说密码技术本身也存在一些安全隐患，即使密码技术是无条件绝对安全，它也只能保证信息在传输过程中的安全性，即所谓的信道安全性。但是信息在用户和服务器的两端的设备上（手机、平板、电脑等等）都是以明文形式存在的，而这些设备又都是与互联网相通的，网上黑客可以利用这些设备的软硬件漏洞入侵并取得各种敏感信息，包括用户的账户、口令，加密解密的密钥。

今日信息系统的安全确实面临一系列严峻的挑战，但如果把这些挑战按照危急严重程度罗列出来的话，密码安全问题根本进不了前三甲。随着信息的电子化和网络化，密钥的产生和管理全部是由电子计算机完成的，相比计算机硬件和操作系统存在的严重安全隐患，密码系统的问题真是小巫见大巫了。千万不要以为有了密码法就可以天下太平了。有关信息系统总体安全的详细分析可阅读第二章第二节。

《密码法》是部好法，它必将对密码事业发展产生重大而深远的影响，它也会给千万网民带来更安全的网络环境。但是一部好法不一定会人人叫好，它也许会触动某些利益集团的蛋糕，我估计量子通信工程某些组织者可能会坐立不安了。详见本章第一节：密码法颁布之日，即为量子通信工程下台之时。

第三节 高不成低不就的量子通信工程毫无实用价值

现在已经很难听到量子通信的吆喝声了，当市场抛弃量子通信时，连一声再见都不想说。工程实践是检验技术的唯一标准，对于量子通信 QKD 工程的争议已经可以划上句号，再作更多的技术可行性分析实属多余。其实判断量子通信工程的成败也并不复杂，量子通信工程化违背了新技术发展的普遍规律，它从头开始就没有走上正路。

历史的经验一再证明，凡是有生命力的新技术出现后，总是因一技之长而首先被军事情报等高端领域采用，在高地上站稳脚跟后再慢慢向商品市场渗透，当市场占有率达到一定程度、成本迅速下降，导致市场占有率指数式增长，几年之间就可完成天翻地覆的技术革命。互联网、数字相机、移动通信等等几乎都是这样一路走过来的。

图 8.3 中的十条曲线分别代表了十种不同的技术占领市场的速度，这些对人类社会产生巨大影响的技术有一个共同点，它们的市场占有率都有指数式的增长。

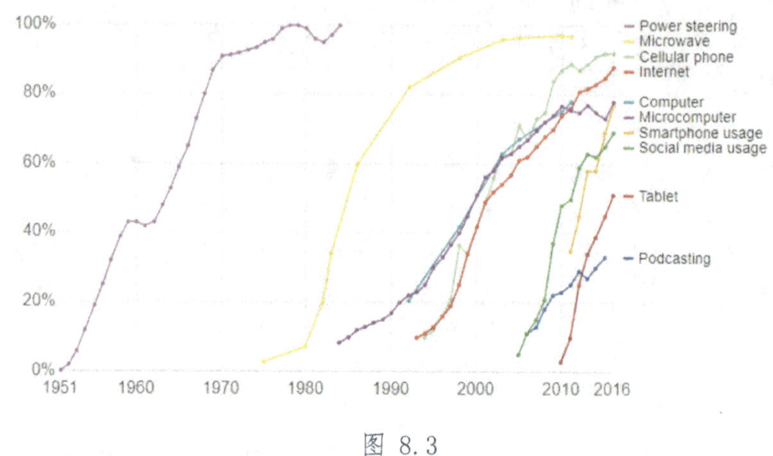

图 8.3

但是量子通信工程始终被高端安全领域拒之于门外，无奈之下又不自量力企图挤入商业密码市场，碰得头破血流是必然的结果。这么多年过去了，量子通信的市场占有率不仅没有出现指数式增长，反而迎来了负增长！上不能安邦定国、下无法造福大众，高不成低不就的量子通信毫无工程建设的必要性，盲目推动的结果必然成为烂尾楼工程。

1）量子通信工程上天无路，与高端安全领域完全绝缘。

量子通信产品其实从来也没有进入过军事和国安等高端领域，中科大《国盾量子》公司是 QKD 设备主要供应商，它在招股书中坦言："传统密码产品已持续、广泛地应用于社会的方方面面，客户对传统密码消费习惯难以在短期内改变。其次，公司产品在有资质严格要求的高安全性需求领域，尚需在密码管理相关部门监督指导下，进行测评和认证才能进入，相关标准仍在研究制定中。第三，公司产品价格相对较高，民商用领域对价格敏感。"

捣鼓了十多年，量子通信竟然踟蹰于信息安全高端领域之外，连入场的资格都没有，让"量粉"们情何以堪！目前的量子通信工程存在许多严重的技术障碍，其中最为致命的是"可信中继

212

站"和抗干涉性差，"量子通信"（QKD）的实际安全性低于传统密码技术。

国家密码法规定：密码分为核心密码、普通密码和商用密码。核心密码、普通密码用于保护国家秘密信息，商用密码用于保护不属于国家秘密的信息。量子通信连普通密码的手都没有拉过，核心密码就更别提了。量子通信对高安全性领域倒是一片痴情，但是换来的却是冷漠决绝，真可谓"有情反被无情恼"。

量子通信不仅在国内信息安全高端领域毫无立足之地，而且早被世界各国抛弃，详见本书第五章。

美、英、法和欧盟发布的这一系列政策文件都明确地把量子通信 QKD 工程产品排除出军事和情报高端领域。在有关 QKD 技术路线的决策过程中美国国家安全局 NSA 起了决定性的作用。这不仅因为 NSA 机构本身具有高度的权威性，而且他们对 QKD 的剖析非常客观理性。NSA 政策报告中列出了 QKD 五大严重问题，可谓是"刀刀见血、剑剑穿心"。在信息安全的高端领域，量子通信 QKD 工程已经被判处了死刑。可怜的量子通信是：出师未捷身先死，长使"量粉"泪满襟。

2）量子通信入地无门 在商业市场上碰得头破血流

目前 QKD 终端设备的单价在人民币 10 万以上。如果为每个手机、电脑配上 QKD 作密钥分发，这个配件比主机的价格还要贵十多倍，请问这种主次颠倒的配件生意真能做得下去吗？

量子通信这类分发密钥的硬件方案在成本上远远高于传统密码的软件方案，这种格局永世也不得翻身。因为软件方案的总成本基本上是固定的，随着用户数大幅增加，摊派到每个用户的成本可以趋向于零，这是硬件方案永远也无法做到的。虽然扩大市场规模可以降低硬件设备的成本，但无论如何，每个用户总得为自已使用的那份硬件设备付费，而且还须为设备的升级和运输持续地付费。

密钥分发的软件方案在成码率、可用性和产品更新等多项性能指标上全方位碾压量子通信QKD硬件方案。

商用密码不追求绝对的安全性。世上也不存在需要永远保密的信息，而商用密码的保密期就更为有限。商用密码只要保证信息在敏感期内不被破解，或者更正确的说，在信息敏感期内让破解付出难以承受的代价，那么这个商用密码就是足够安全的。

对于商用密码而言，绝对的安全性不是补品而是毒药！商用密码顾名思议它就是一种商品，是任何人可以从市场上购得的。绝对安全、不可破解的商用密码落入犯罪分子和恐怖组织之手是国家安全的噩梦，所以任何负责任的政府都绝不允许这类商用密码的存在。换言之，商用密码的安全性不是越高越好，商用密码的安全性必须是有条件的，是可控的，做不到这一点就不成其为商用密码。

由此可知，传统密钥分发技术在综合性能上优于QKD，在价格上又远低于QKD，因此传统密钥分发技术的性价比高出QKD好几个数量级，QKD在性价比上的劣势绝无翻盘的机会！性价比就是商品的生命线，因此QKD在商品市场上绝无出头之日。

中科大"国盾量子"公司是QKD产品的主要供应商，它的财务报表把QKD在商品市场上的惨况暴露无余。数据显示，从2017至2020年，国盾量子的应收账款周转天数分别为305.21天、412.44天、424.05天和661.13天。换言之，国盾量子的量子保密通信产品的"回款能力"竟然长达661天，接近两年！

如此长的收款周期只能说明"国盾量子"的产品长年来无人问津，基本上就是半送半卖硬塞给用户的。事实证明，量子通信QKD

产品根本不是什么高大上的紧销品，它更像是夕阳产业的滞销货。量子光环迷惑不了谁，市场更不相信眼泪，量子通信在商品市场上只能以彻底失败而告终。

1984 年美国 IBM 公司提出 BB84 协议为量子通信 QKD 制定了工程篮图，2003 年瑞士 IDQ 公司为数据中心开发出第一款 QKD 工程产品，2009 年中国构建了一个 4 节点全通行的量子通信网络。二三十年过去了，量子通信工程作为高大上的新技术，却始终无法跨越国内和国外高端安全领域的门槛；量子通信技术的性价比又极差，它要进入商业密码市场更是异想天开。量子通信工程化之路完全违背了大多数新技术发展的普遍规律，高不成低不就的量子通信成为烂尾楼工程有着历史的必然性，认清这一点只需要理客中，真的不需要懂量子物理。就像病人已经被送入火葬场，还要医生干什么？

白云苍狗、盛宴散场，怎样收摊才是关键，识事务者为俊杰，奉劝量子通信的弄潮儿好自为之，不要错过了最后的机会。

第四节 修修补补还是推倒重建 量子通信陷入两难困境

量子通信 QKD 技术是利用量子力学原理为传统密码系统分发密钥。一种技术从原理到工程实施一般都会有不同的途径和方案，例如利用原子核裂变释放能量可以制造原子弹，制作原子弹的材料既可采用铀 235 也可使用钚，具体方案又有枪式和内爆等。一种技术的效果和优劣不完全取决于它采用什么原理，更关键的是决定于实施的具体方案。许多时候，原理看上去是"头顶光环、美轮美奂"，方案出炉却是"歪瓜裂枣、面目全非"。

量子通信在工程实施中也有多种不同的技术方案，这些技术方案又称为协议，例如 BB84 协议、E91 协议、B92 协议和 MDI-QKD

协议。这些协议各有所长，安全性能也有高低不同。所以争论量子通信是否安全没有什么意义，真正应该关心的是量子通信的具体协议是否安全。因此通常都是"外行看原理，内行看协议。"

中国已建的所有量子通信工程使用的都是 BB84 协议的改进版—诱骗态，这种技术方案在测量端存在许多严重的安全隐患[1]，而且至今没有妥善的解决办法。在中科大量子通信团队公开发表的论文中有以下这样一段文字：

"尽管安全补丁可以抵御某些[对测量端]的攻击，但补丁对策本身可能会打开其他漏洞。结果，这可能会引入另一层安全风险（参见：Huang 等人，2016a；Qian 等人，2019；Sajeed 等人，2015b）。此外，安全修补程序的主要问题是它们仅阻止已知的攻击。对于潜在的未知攻击，对策可能会失败。因此，安全补丁只是临时的，它已经违背了 QKD 的信息理论安全框架。"[2]。

由此可知，所有已建的量子通信干线不仅不是绝对安全的，恰恰相反它们都是非常的不安全。造成今日的尴尬局面有客观因素，但是量子通信推动者的主观失误要负主要的责任。

解决测量端安全隐患存在较好的一揽子解决方案，即"测量设备无关量子密钥分发"MDI-QKD 协议[3]。MDI-QKD 协议诞生于 2012 年，2013 年已有多个实验室成功实现了该协议，到了 2016 年 MDI-QKD 在传输距离、密钥成码率等主要技术性能得到大幅提升，已经具备了替代老旧的 BB84 方案的可能。

京沪量子通信干线立项于 2013 年，是在 MDI-QKD 诞生之后，工程建设期中 MDI-QKD 日趋成熟。如果工程略为推迟一点，全部工程就可以采用相对比较安全的 MDI-QKD 方案，京沪量子通信干线至少就不会存在严重的测量端的安全隐患。

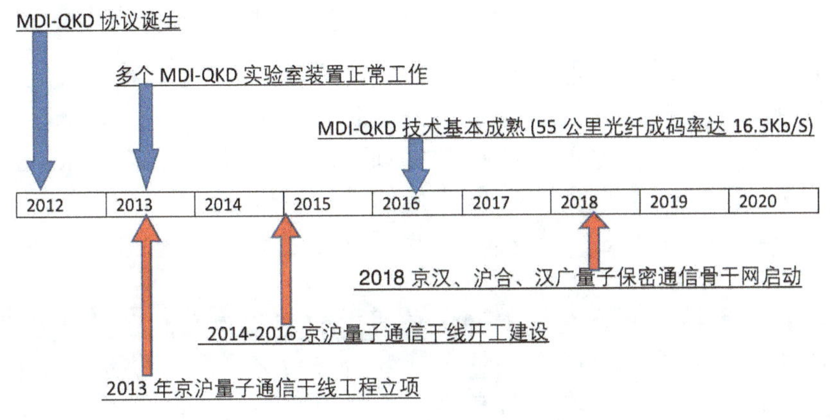

图 8.4

最令人费解的是，量子通信沪合、京汉、汉广等干线立项已经到了 2018 年，这时候 MDI-QKD 技术已经相当成熟，但是它仍被工程决策者拒之门外，这无论如何也很难自圆其说。

与目前使用的诱骗态 BB84 协议相比，MDI-QKD 协议的工程成本会更高一些，密钥的成码率可能也低一些。但是量子通信工程的目标是建设高安全性的密钥分发设施，那么工程成本和成码率就不应成为主要的考虑因素，至少不能为了节省成本、提高成码率而牺牲安全性，否则建设量子通信工程意义又何在？

唯一的解释是，量子通信工程的推动者从一开始就没有打算建设一条高安全性的密钥分发干线，他们从立项开始就在安全标准上放水，放弃使用 MDI-QKD 方案就是一个最好的证明。

量子通信工程推动者拒绝采用 MDI-QKD 的借口可能是"要与时间赛跑"，但是从上图的时间节点来看，这个借口是十分勉强的。即使为了采用 MDI-QKD 把京沪量子通信工程略为移后几年，绝对是利大于弊，工程建设是百年大计，安全稳妥应该压倒一切。

事实上量子通信工程的急迫性根本就不存在。量子通信工程只是用物理手段为通信双方分发一个随机数，用它作为密码加密解密时的密钥，又称为量子密钥分发 QKD。必须明白，远在 QKD 出现之前密钥分发就有了多种成熟有效的技术，QKD 既不是密钥分发的唯一方案，更不是密钥分发的安全有效方案。

目前，密钥分发在企业专网上使用对称密码为主，在互联网上则使用公钥密码。理论上，量子计算机破解密码的威胁也仅对公钥密码有效，而高端绝密信息很少会在互联网上传输，所以 QKD 即使能替代公钥密码其意义也是十分有限的，如果它真能做到的话。

况且，大型实用的量子计算机还在未定之天，公钥密码也远非像宣传的那样脆弱不堪。应对未来的抗量子攻击的公钥密码（PQC）技术也比量子通信（QKD）更成熟更有效。

所以从根本上看，量子通信工程没有必要性更不具备急迫性，京沪量子通信干线建成三年多来"门庭冷落车马稀"的现状就是是最好的证明。如果量子通信工程是国家一日不可须臾的战备工程，那么理应快马扬鞭加速建造，但是国家量子通信骨干线的进度不仅没有加速反而是连年减速，这一二年更是断崖式减速，这再一次证明量子通信工程的急迫性完全是子虚乌有。

虽然从国家利益来看量子通信工程完全不具备急迫性，但是生产量子通信设备的利益团体却有着他们自己的打算，对于他们来说尽快销售他们的产品是最要紧的，当然去科创板上市更有急迫性。

急匆匆地把产品销给了各级政府，火燎燎科创板也上市了，留下的好几条量子通信干线使用的却是安全漏洞百出的老旧方案，明知有较安全的 MDI-QKD 技术方案却不予采用，这使工程的未来发展陷入深深的困境。

由于 MDI-QKD 与旧方案 BB84 诱骗态不兼容，如果新建的工程采用新的方案 MDI-QKD，那么已建成的量子通信干线必须全盘推倒重来；但如果不采用新方案，那么不断扩大的量子通信干线将来势必更难更新。这就是量子通信工程今日陷入两难困境的一个重要原因，正可谓，"一着不慎，满盘皆输。"

有必要指出，MDI-QKD 只是解决量子通信 QKD 在测量端安全隐患的相对较好的一种方案，它也不是绝对安全的方案，况且量子通信的安全问题也远非只存在测量端。近年来就在 MDI-QKD 的光源端发现了好几处安全漏洞，至今也没有完整有效的对策，详见第四章第 5 节。QKD 的可信中继站里的问题更多更严重，而且在可预期的未来难有工程解决方案，详见第三章第一节。

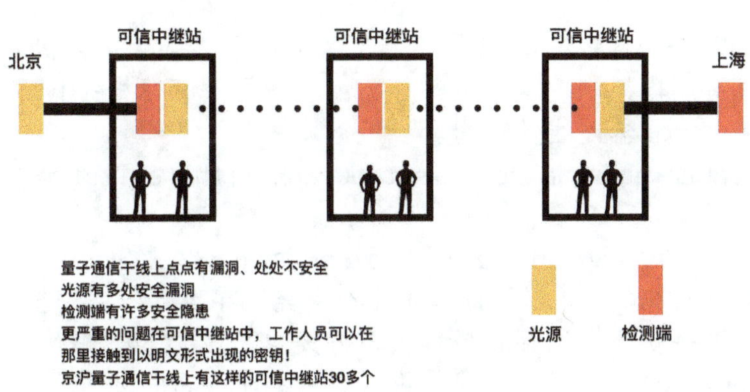

图 8.5

　　量子通信工程从光源到可信中继站再到测量端是"处处冒烟、点点失火"，从头到尾没一处是安全的可靠的。在高安全性的需求领域，根本就不可能采用量子通信工程来分发密钥的，所以量子通信产品至今无法进入国家的核心密码和普通密码系统之中。其实按目前情况，量子通信产品是否能通过商用密码标准审核都要打上一个问号。量子通信工程就是"绣花枕头一包草"。

　　其实令我反感的，远不是量子通信的无能，而是它所戴的漂亮光环。

参考资料
［1］QKD 检测端的安全隐患主要可归结为以下几类：
检测器效率不匹配攻击 （Detector-efficiency mismatch attacks）
波长依赖性攻击 （Wavelength-dependent attack）
检测器控制攻击 （Detector control attack）
激光伤害攻击 （Laser damage attack ）

　　在这些 QKD 检测端安全隐患中，尤以"检测器控制攻击"最为复杂严重。检测器控制攻击又可细分为：检测器致盲攻击；检测器后门攻击；检测器超线性攻击。
［2］ "Secure quantum key distribution with realistic devices"
https://arxiv.org/pdf/1903.09051.pdf#page32 P.36
［3］实际 QKD 系统中，因为器件的不完美性导致一系列安全性漏洞，针对这些安全漏洞存在多种攻击方案。2012 年多伦多大学的 Hoi-Kwong Lo 等人提出的测量设备无关的量子密钥分发协议（measurement-device-independent quantum key distribution, MDI-QKD）关闭了 QKD 系统所有测量端的漏洞。在 MDI-QKD 中通信双方 Alice 和 Bob 分别随机制备 BB84 弱相干态，然后发送给一个不可信的第三方 Charlie 进行贝尔态测

量，根据 Charlie 公布的贝尔态测量结果 Alice 和 Bob 建立安全的密钥。MDI-QKD 可以等价为一个时间反演的 BBM92 协议。

第五节 美国的量子互联网剑指何方？

2020 年 7 月 23 日，美国能源部公布了一份报告，该报告的标题是：全国协力建设量子网络，引领通信新时代。此事经媒体报道以后，陷入困境的中科大量子通信工程团队以为捞到了救命稻草，兴奋之状溢于言表。他们高兴得太早了，其实他们并没有真正读懂该份报告[1]。

	量子互联网 （美国） Quantum Internet	量子密钥分发 （中国） QKD
项目性质	科学研究	工程化、产业化
项目内容	量子计算机联网 量子通信应用 量子传感技术	为传统对称密码分发密钥
物理基础	量子纠缠、交换	弱激光偏振态编码
原创技术	单光子制备、控制和检测 量子比特存贮器 量子中继 贝尔检测 量子路由 量子处理器 量子通信协议	卫星自由空间 QKD

图 8.6

从这份被称为"美国量子互联网发展的战略蓝图"的报告中可以清楚看出，美国将立足于"量子互联网"，主要从事科学研究。而中国倾力于"量子密钥分发技术"（QKD），专注于工程化、产业化。两者基本上是各做各的，根本不处在同一层次上，就像苹果与桔子，没有什么可比性。详见图 8.6。

量子信息技术主要包括量子计算机、量子通信和量子传感技术三个方面。美国的思维是从基础设施做起，建设量子互联网，将用户、量子计算机、量子传感器等节点互联互通，融合量子计算机、量子通信和量子传感技术为一体，推动它们共同发展。

这有点像在深山老林里建设市镇，美国的做法是先着手"三通一平"，干的是苦差使，却不见楼起来；中国是不管三七二十一先把楼房建起来，结果是路不通电不来没有人居住，结果成了烂尾楼。这两种做法最后很可能是殊途同归，都是赔本赚吆喝，这其实就是整个量子信息技术目前的现状。

在未来相当一段时期中，量子互联网和 QKD 的努力都难有实质性效果，如果非要做比较的话，美方的做法还是略胜一筹。这可以从两个方面来看。

首先，美国在下面十年中主要是做基础性科学研究，他们把精力集中在开发量子中继、量子比特存贮和量子通信协议这些关键技术上。虽然某些目标有点好高骛远、不切实际，但是作为基础性研究也未尚不可。即使这些研究成果有限，但至少也可以培养出一批量子信息技术方面的人才，否则真的会"队伍不好带了"。其实这才是美国发展量子互联网的真实想法[2]。

其次，美国是在"明修栈道 暗渡陈仓"，看似在做量子互联网，其实剑指量子计算机。量子互联网的主要目标就是量子计算机联网，与 QKD 没什么关系，QKD 最多也是量子互联网水到渠成以后的一个副产品。有了量子互联网，可以把分散在各处的量子计算机资源有机地组合起来发挥更大的潜能，同时也可让人们更方便地使用量子计算机，这才是美国朝思暮想的目标[3]。

　　量子计算机才是所有量子信息技术的龙头，有了它才能把量子通信和量子传感技术有机地结合起来产生实际效益，抓住量子计算机这个龙头，抓纲带目方可"纲举目张"。

　　美国能源部的报告出来后不久有人发了个评论，还给评论加了这样一个导读：[4]：《民科们反量子通信的常见理由之一，就是美国不搞这个，可见它没有用处"。现在美国明确要用国家力量来搞了，这些人要不要说"美国政府也被骗了，美国搞量子通信的是骗子"呢？》

　　这位科普网红的这段评论 "Not even wrong"，他对量子通信、量子互联网和 QKD 的一些最基本概念都没有弄明白。

　　美国的量子互联网是涵盖量子计算机、量子通信和量子传感等技术的综合发展规划，着力于科学研究；而中国只是利用量子力学原理为传统密码分发密钥，做的是 QKD 的工程化产业化，连量子通信都算不上。两者在不同层次做着完全不同的工作，苹果与桔子毫无可比性。用别人吃苹果来证明自己吃桔子没有错，逻辑之混乱莫此为甚！

　　"现在美国明确要用国家力量来搞了"，这句话也是严重歪曲事实。这次启动量子互联网科研规划的只是美国的能源部，预计在未来 5 年中投入资金总额仅为 6 亿 2 千 5 百万美元。这点钱能做些什么？估计每年的经费拿来买一架 F35 都有点紧张。须知，这笔钱是要分到各个国家实验室和大学里，落地后岂不就成了毛毛细雨。这笔五年的总投资还不及我们 UCLA 的医学院一年的科研经费。单从资金投入规模来看，量子互联网根本算不上"美国明确要用国家力量来搞的"项目。为了带节奏可以完全置事实于不顾，这不应是一个科普工作者之所为。

　　这位科普网红只要谈及量子通信总是语无伦次、逻辑混乱，不知是否与他的中科大身份有关，他这次的失态究竟是护主心切还是临危受命就只有天知道了。其实我真心希望他仅仅是无知，只怕是利益驱使、屁股决定脑袋，一个人把利益放在是非对错之上，他的科普之路一定走不远。现在确实有不少精致的利己主义者常常一本正经地胡说八道，郑重其事地胡言乱语，他们只有被利益驱动的强健双腿，偏偏缺失明辨是非的目光。

下面对量子互联网和 QKD 再作更深入一些的分析比较。

量子互联网可以理解为支撑量子通信的一种新型功能网络，它不是、也不可能替代传统的互联网，而是传统互联网功能的延伸和补充。在传统互联网上传输的是由电信号承载的传统比特（bit），量子互联网传输的则是由量子态承载的量子比特（Qbit）。

人们以为互联网就是各种光纤、电缆和天线的组合，其实是大错特错了，支撑起互联网的功臣是路由器、交换机、服务器和 TCP/IP 通信协议，是它们的大力协作才能使传统比特信息高速、安全、准确、有序地传达四方。

同理，量子互联网的关键设备就是量子路由器、量子交换机和量子通信协议。但是由于量子态与传统电信号完全不一样，我们以往设计制造互联网设备的知识和经验基本上都没有用处，真是老革命碰到了新问题。发展量子互联网对人类在原子尺度上精确操纵物质的能力提出了极高要求，很多关键技术瓶颈尚待突破。毫不夸张的说，"量子互联网难，难于上青天！"

从原理层面来看，所有传统互联网上的网络设备其实就是特种形式的电子计算机，同理，量子互联网的设备必定就是特种形式的量子计算机。所以优先发展量子计算机是唯一正确的决策。传统互联网就成形于计算机技术的成熟之后，历史的经验不能忘记。

　　量子计算机关键技术不突破，不管是量子通信还是"量子密钥分发"必定行不稳、走不远。在量子计算机技术落后的情况下，坚持声称在量子通信领域领先西方十多年，这种说法不应出自科学家之口。

　　美国规划量子互联网也可看作否定量子密钥分发技术的另一种表达方式，而英美的情报和军方对量子密钥分发工程则公开持否定态度。中国量子通信推动者想借美国量子互联网规划作为自己的挡箭牌只能是自取其辱。

　　中国的"量子通信"根本就不是一种新的通信技术，在京沪量子通信干线上，北京客户想向上海的朋友送一个"Hello"都办不到。中国的"量子通信"其实只是量子密钥分发(QKD)，就是用量子力学原理为点到点的两个用户协商出一个随机数，为对称密码算法提供密钥。

　　京沪量子保密通信干线不是量子互联网的一条干线。因为光子在光纤中传播时必定有衰减，单个光子是无法从北京全程传递到上海，而带有量子比特信息的光子又不能用传统放大器为其接力加油。百般无奈之下只能在北京至上海的一路上建立 30 多个可信中继站，中继站之间的距离大约 60 多公里，光子每到一个中继站就结束了它的使命，把承载的量子比特转换成传统比特，然后依靠传统电子设备作后续处理。由于密钥在这些中继站里是以明文形式存在，必须挑选许多可信任的人员 24 小时值班驻守，所以它们又被称为可信中继站。

　　由此可知，京沪量子保密通信干线没有办法让量子比特从北京直接送到上海，这让我想起了五六十年代的京沪铁路。在没有南京长江大桥的岁月里，北京到上海的火车必须在南京浦口停下来，被拆成一段段装在船上摆渡过长江，又慢又不安全。严格来说当时的京沪铁路只能算是用摆渡船连接起来的两段铁路的代名词。同理，京沪量子保密通信干线其实也就是 30 多段简易量子通道的堆砌物，把它当作量子互联网的一条支线都是不合格的。请记住，至今量子互联网并不存在（To date, no quantum Internet exists.）这是量子通信界的共识，这写在了"美国量子互联网发展的战略蓝图"的报告中。

目前量子保密通信 QKD 诸多技术困境中最要命的是"无法与互联网兼容"和"可信中继站的安全隐患"，这二个严重的问题其实都因为没有量子互联网的基础设施造成的。QKD 应该是量子互联网的一种应用，只有运行在量子互联网上的 QKD 才可以彻底摆脱可信中继站的恶梦。

QKD 只是量子互联网上的一种应用，没有量子互联网的基础设施，包括 QKD 等所有量子通信应用都是浮云。没有量子互联网时，同时开展有关 QKD 的研究当然也可以，但直接上 QKD 工程就悲剧了。请设想一下，没有现在的互联网，依靠电话座机和传真机马化腾有那个本事推出微信来吗？但是这样浅显的道理某些物理学家偏不懂，他们一定要把马车放在马前边，而且还不让人质疑，真的让人无语。

量子互联网就是那匹马，它是拉动各种量子信息技术发展的原动力。但是这匹马只存在纸张上，其实美国科技界对能源部的量子互联网规划并不乐观，原因很简单，量子互联网对人类在原子尺度上精确操纵物质的能力提出了极高的挑战，很多关键技术瓶颈尚待突破。在这样的形势下盲目推动量子密钥分发工程化，陷入困境就是必然的结果。

参考资料

[1] Report of the DOE Quantum Internet Blueprint Workshop
  https://www.osti.gov/servlets/purl/1638794

[2] the centers will focus on training and education to ensure the United States has a quantum-ready workforce.

[3] NSF Quantum Leap Challenge Institute for Hybrid Quantum Architectures and Networks at University of Illinois at Urbana-Champaign. This institute will build interconnected networks of small-scale quantum processors and test their functionality for practical applications.

[4] https://mp.weixin.qq.com/s/oFTCglTqMqeetbArkQ3-zw

第六节 量子，多少骗局假汝名而行！

近日，量子安全通话手机再次受到媒体关注。其实炒作"量子手机"概念也并非什么新鲜事，早在 2017 年，科大国盾量子就曾经与中兴通讯合作推出全球首款商用"量子加密手机"。今年 2020 年 5 月 14 日，三星联合 SK 电讯郑重发布了全球第一款 5G 量子智能手机"Galaxy Quantum"。

我相信，为手机带上"量子"光环的营销案例这既不是第一次，也绝不会是最后一次。不过这类炒作多了，就很难再有什么轰动效应，反倒会引起消费者的怀疑。网上出现了"量子加密手机是李逵还是李鬼"这样的争议也就不足为奇了。

量子加密手机究竟是李逵还是李鬼？可用以下 4 个事实作为判断的依据。

1）从 GSM(2G) 时代开始，手机之间的语音和数据传输一直都有加密保护的，利用量子通信(QKD) 为手机通话加密纯属多余；

2）保护移动通信安全仅有私密性是远远不够的，在许多应用场景中"身份认证"更为重要，只有传统密码系统才能把身份认证和密钥分发同时完成并做到天衣无缝，QKD 对此完全无能为力；

3）建立量子安全为的是抵抗量子计算机攻击，而量子计算机的威胁只对公钥密码有效，移动通信网络使用的是对称密码系统，在移动通信系统中推动 QKD 与唐吉诃德大战风车一样可笑；

4）受物理原理的限制，QKD 为手机之间提供直接的密钥分发不具可行性，所有对密钥的间接转发，包括量子密钥 SIM 卡植入都是技术的大倒退，这与过去地下交通站分发密码本没有本质区别。

简而言之，在移动通信网络环境中：
- 量子通信作为密钥分发技术 —— 纯属多余；
- 量子通信对保护通信完整性 —— 无能为力；
- 在以对称密码为安全基础的移动通信网络中推进量子通信工程是 —— 无的放矢；
- 用量子密钥植入替代手机之间密钥直接分发则是 —— 倒行逆势。

本文将对以上四个事实做出详细深入的阐述。

1）量子通信为手机分发密钥：纯属多余

中国电信和国盾量子对外宣布，双方正在研发一个手机支持量子安全通话的项目。有了这款手机：用户可在通话过程中一键选择两种通话模式，"加密通话"或"普通通话"。

这条新闻有不实宣传之嫌，它让人误以为平常的手机通话—"普通通话"是不经过加密的，是不安全的，这与事实严重不符。其实手机的语音通话和数据传输从 GSM(2G) 时代开始都是经过加密的，详情请看图 8.7。

加密算法	私有	私有	KAUSMI	KAUSMI	SNOW 3G	AES	ZUC
密钥长度	64	64	64	128	128	128	128
模式	XOR	XOR	f8-mode	f8-mode	XOR	CTR	XOR
GSM(2G)	A5/1	A5/2	A5/3	A5/4			
GPRS(2.5G)	GEA1	GEA2	GEA3	GEA4			
UMTS(3G)				UEA1	UEA2		
LTE(4G)					128-EEA1	128-EEA2	128-EEA3
NR(5G)					128-NEA1	128-NEA2	128-NEA3

图　8.7

表格展示了各代移动通信网络保护手机语音和数据私密性时使用的加密解密算法、密钥长度和加密模式（流加密、块加密）。这些加密技术全都属于传统的对称密码系统，随着移动通信技术的升级换代，加密技术也有了长足的进步。到了LTE(4G)时代，国内移动通信网络的加密算法使用非常现代和成熟的三种技术：AES是久经考验的国际上通用的对称加密算法；SNOW 3G是在移动通信网络中经过不断完善升级的流加密算法；而祖冲之算法(ZUC)是中国自主开发的加密算法。

到目前为止，还没有公开资料显示AES、SNOW 3G、ZUC存在安全问题，这些算法在128bit密钥的长度上可以有效地防止各类恶性攻击[1]。在可预见的未来，传统密码技术能确保手机语音和数据通信的私密性，增加量子保密通信功能纯属多余。

务请注意，保护通信安全仅有私密性是远远不够的，如果说量子通信在保护私密性方面仅属多余，那么它在保护通信安全的更高层面上则是完全无能为力了。

2）量子通信对保护手机的通信完整性：无能为力

密码界常用 "CIA" 来概括通信安全的三要素：Confidentiality 私密性，Integrity 完整性，Availability 可

229

利用性。保护通信安全仅有私密性是远远不够的，脱离通信的完整性高谈阔论通信的安全性毫无意义。

移动通信网络存在多种安全问题，但是手机通话内容泄密从来都进不了前三甲，排在前面的肯定是"复制卡"、"伪基站"、"电信诈骗"、"垃圾短信"、"改号"……，其实这些安全隐患或多或少都和通信完整性有关。

夜幕降临，你和你的好朋友在大排挡上吃小龙虾，然后用手机付款，在这个移动通信场景中，数据的私密性并不是最重要的，你一般也不会很在乎有谁知道你吃了几斤小龙虾，小龙虾价格是多少，你最关心的一定是把钱付给了让你又吃又喝的老板，而不是隔壁的老王家。由此可知，在许多应用场景中，保证通信的完整性远比通信的私密性更迫切更重要。

通信的完整性包括了用户认证和信息的不可篡改性，本文将着重讨论移动网络上的用户认证问题，认证是网络与用户之间相互识别的过程。

网络名言："你永远不知道网络的对面是一个人还是一条狗！"因此要安全通信，首先你得知道对方是谁，其次才是对话内容的保密，否则就等于主动送上秘密，这是常识。

通信的用户认证就是要解决"你是谁？"和"你是不是你？"这两个问题。

认证的依据可归于以下几条：1）被认证方拥有一个独特的、不可复制的物件；2）双方共享的一个秘密；3）被认证方的某种唯一特征。从 2G 开始的移动通信网络的认证过程都是综合使用前两种方式：被认证方拥有独特的物件 SIM 卡和双方共享的秘密，而这个秘密就是分别存放在运营商网络的 AuC（Authentication Center）和用户的 SIM 卡里面的一个密钥（128 位的随机数）

手机用户通过 SIM 卡中携带的用户身份 IMSI 解决了"你是谁?"的问题;而要解决"你是不是你?"的问题靠的就是这个密钥。移动通信网络中的认证过程采用的是古老的"挑战—响应"机制,即认证方首先向被认证方发送一个"挑战",一般而言就是一个随机数;被认证方基于双方共享密钥计算出一个"响应"值,并把该值交付认证方验收;认证方把这个响应值与自己计算的结果相对比,两值相等就可认定对方确实是该 SIM 卡的主人。

认证过程的关键是安全认证算法和密钥 K,移动通信网络中这个密钥 K 分别存放在运营商网络的 AuC(Authentication Center)和用户的 SIM 卡里面。AuC 和 SIM 卡的安全是移动通信网安全的基石,对 SIM 卡中密钥 K 有一整套完整成熟的保护机制。

认证的具体步骤和对密钥 K 的保护措施都列于文后注解[2]中,希望对技术发烧友有所帮助,说到底科普才是我写作的原始动力。

这个认证过程中同时实现了身份认证和过程密钥协商分发两大功能,被称为 AKA(Authentication and Key Agreement)协议。

请注意,目前的量子通信只是量子密钥分发 QKD,它仅有密钥分发一个功能,而移动通信网络的 AKA 协议可以同时完成身份认证和密钥分发两个功能,请问移动通信网络加添 QKD 功能的理由究竟又在哪里?而且 QKD 为了防止中间人攻击,它本身还需要类似 AKA 这种协议作身份认证,QKD 在移动通信网络除了添乱不会有任何好处。归根结底,身份认证一直就是量子通信的阿喀琉斯之踵(Achilles' Heel),详见第三章第三节和第五章第一节。

奥卡姆剃刀原理认定最简单的解决方案总是正确的。换句话说,我们应该避免寻找过于复杂的问题解决方案,不要画蛇添足,必须"无情地剔除所有累赘"。奥卡姆剃刀是规律之上的规律，"如无必要，勿增实体"是普适的原则，它为量子通信进入移动通信网络划下了不可逾越的红线。

3）在以对称密码为安全基础的移动通信网络中推进量子通信工程是：无的放矢

量子通信是用来应对后量子时代的公钥密码危机的，至少理论上一直是这样宣传的。建立"量子安全"为的是抵抗量子计算机攻击，量子计算机的威胁针对的是公钥密码，但是移动通信网络的安全问题与公钥密码没有关系，从前面的分析中可以清楚地看到，移动通信网络从 2G 开始一直到目前的 5G 的第一阶段，它的加密解密、身份认证和密钥分发使用的都是对称密码，所以从理论上来讲量子通信在移动通信领域毫无用武之地。

保护移动通信安全的基础是对称密码，而运营商网络、拜访网络和 SIM 卡的制卡和分发过程就担负着密钥分发管理中心 KDC 的职能[3]，使用对称密码加 KDC 的移动通信网络从加密算法到密钥分发都是非常安全的，量子计算机 Shor 算法只对公钥密码构成威胁，而且这也仅是理论上的、未来的威胁，它对目前的移动通信系统的安全毫无影响。而量子计算机的 Grover 搜索算法可能将对称密码算法的蛮力破解复杂度降半，这意味着在未来的量子计算时代，256 位的密钥空间等效于 128 位密钥长度，仅此而已、不足为虑。

正是由于这个原因，某些特别忧天的杞人们建议在 5G 时代应支持 256 位密钥长度。但是密码界的主流意见反对过早把密钥长度升级至 256 位，毕竟支持 256 位的密钥将导致芯片、手机终端、网络设备升级的各种麻烦。目前制定的 5G 安全标准 Phase1 仅支持 128 位的密钥长度，在 Phase2 才会考虑 256 位的密钥长度。这个决定对于那些企图在移动通信网络中推动量子通信工程者无疑是当头棒喝。

移动通信的密码安全现状和面对未来的 5G 密码安全标准的制定都传达出一个十分清晰明了的信息，传统对称密码从加密算法到密钥分发都是十分安全的，移动通信系统应对未来量子计算机威胁是游刃有余、信心十足，移动通信系统中没有量子通信工程的立足之处，在移动通信系统中推动量子通信工程就是无的放矢。

4）用量子密钥植入替代手机之间密钥直接分发则是：倒行逆势

当然，量子通信在移动通信网络中发展的最大障碍还是在工程可行性方面。量子密钥分发一定需要点到点的光纤接入，也就是说手机后面要拖一根光纤辫子，这不是十足的技术倒退吗？根本行不通。

可能是移动通信市场太诱人了，QKD 无论如何也想挤进去分杯羹，于是有人脑洞大开，竟然想出了让用户去服务站植入密钥的馊主意[4]。这种做法与过去到地下交通站领取密码本没有本质区别，真是一夜回到解放前。

目前的量子通信工程实质上只是量子密钥分发(QKD)，就是利用量子物理方法协商分法密钥的一种技术。某些人利用中文的模糊性误导大众，使得许多人错以为"量子密钥分发"是"分发量子的密钥"，而事实上"量子密钥分发"只是"利用量子的手段分发传统的密钥"。量子密钥分发最后生成的不是"量子的密钥"而是与传统密钥没有任何区别的一串随机数。

量子密钥分发具有私密性是指密钥分发的这个过程具有私密性，而不是产生了一个特殊性质的密钥，更不意味着这个密钥终身具有私密性。因为量子密钥分发生成的密钥落地后就是一个普普通通的随机数。重要的事情必须说三遍，这世上压根就没有"量子的密钥"，只有传统密钥。

量子密钥分发的私密性在空间和时间上均有严格的限制，QKD 分发的密钥只有在分发二点上和结束后的那一刻具有私密性（当然也仅是理论上的私密性）。任何企图把已产生的密钥在空间上拓展或时间上延续都会彻底失去理论上的安全性。举个例，如果由武警把全国高考试卷从北京押送至上海是绝对安全的，那么试卷到达上海站那一刻确实是安全可靠的，但是当这些试卷离开武警官兵后被分送至各个考场并且存放过夜后，如果你认为这些试卷因为被武警运送过所以一定不会出问题，那就是大错特错了。

受物理原理的限制，QKD 无法为手机之间提供直接的密钥分发，所有的间接分发包括量子密钥 SIM 卡植入都会造成严重的安全隐患，其结果一定是弊远大于利，详见第七章第三节。量子通信的 BB84 是一个点到点通信协议，这是一个产生在固定有线电话时代的通信保密方案，却企图用来解决互联网时代的需求，不料迎面扑来的是移动互联网的汪洋大潮，这就是量子通信工程化中一切痛苦和烦恼的根源！

总而言之，保护移动通信安全至少包括私密性和完整性两个方面，量子通信对于前者纯属多余，对于后者完全无能为力。量子通信仅是应对公钥密码危机的一种选项，但是移动通信网络的加密解密、密钥分发和身份认证用的都是对称密码，在移动通信网络中推进量子通信工程是无的放矢毫无必要性。受物理原理的限制，量子通信为手机之间进行直接的密钥分发没有任何可行性，量子密钥植入和密钥间接转发已经完全脱离了量子通信 BB84 协议的框架，它连理论上的安全性都不具备。

综合以上所有的事实，相信大多数的读者对"量子加密手机究竟是李逵还是李鬼"不难做出正确的判断。

参考资料
[1] 从 3G 开始，移动通信网络中的加密算法和密钥分发技术已经非常成熟，当然这并非表示移动通信网络没有安全隐患。许多安全问题都与企业和人员管理有关，生产 SIM 卡的厂商泄漏密钥

就是一个典型例子。可以肯定，如果在服务站展开密钥植入会涉及更多的人员管理，一定会产生更多不可控因素并导致安全噩梦。

本文的讨论范围仅限于手机的语音和数据的直接传输，使用手机上的 App 的通信安全问题与互联网 TLS 协议有关，对此有兴趣请参阅第七章第 2 节："互联网环境中的密钥分发和管理"一文。有必要指出，所谓的量子安全通话手机对几乎所有的 App 的安全毫无助益。

[2] 3G 移动通信网络的用户认证和密钥分发协议

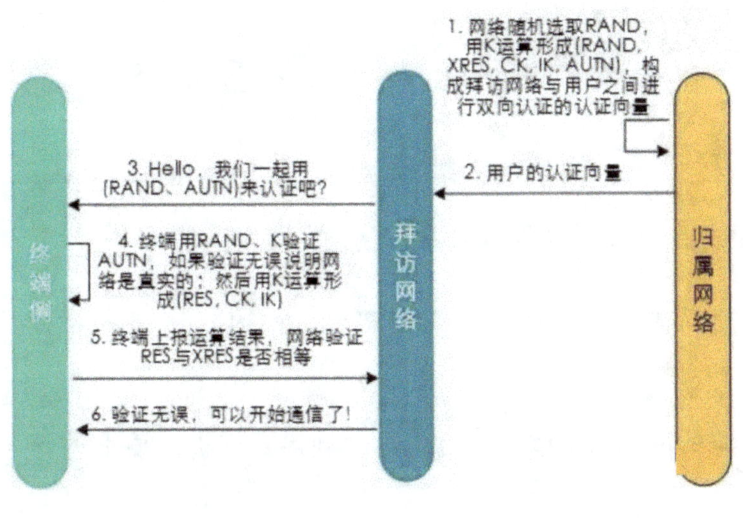

图　8.8

Step1：认证开始时，用户的归属网络生成一个随机数(RAND)，"挑战"由此启动。归属网络认证服务器（AuC）从数据库中提取与手机用户 SIM 卡中一致的密钥 K，通过安全认证算法对 RAND 进行系列运算，生成用于认证的五个参数（RAND, XRES, CK, IK, AUTN）。在这些参数中，XRES 中的 X 代表 eXpected，即期待的响

235

应值，CK 就是后续用于通信加密的过程密钥，IK 是完整性保护密钥，AUTN 是实现用户对网络的认证参数，这个五元参数组构成双

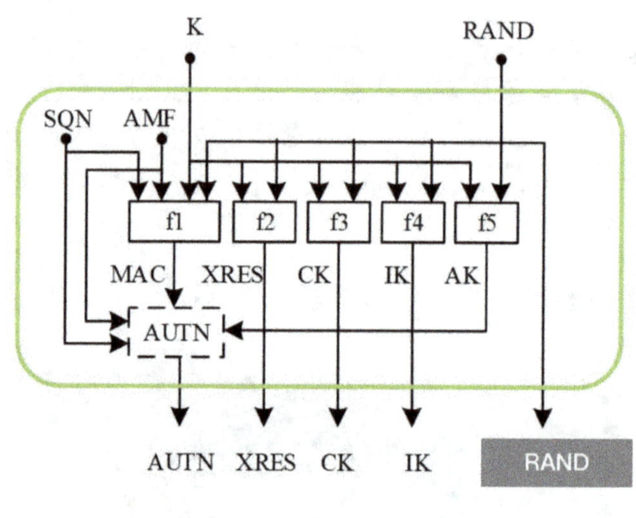

图　8.9

向认证向量。由归属网络发送给拜访网络。

Step2：将双向认证向量（RAND，XRES，CK，IK，AUTN）发送到拜访网络；

Step3：拜访网络将 RAND、AUTN 发送到用户手机，要求进行身份认证；

Step4：手机中的 SIM 卡通过安全认证算法使用 K 对 RAND 作系列运算，对 AUTN 作验证。如果手机终端计算出来的 AUTN 与拜访网络下发的一致，则证明拜访网络确实是从归属网络获得了这个参数，因为只有归属网络拥有 K，能生成这个参数，从而可以认为拜访网络获得了归属网路的授权对用户进行认证；

Step5：手机终端（SIM 卡）将运算的结果上报到拜访网络，网络侧对运算结果进行核对，即验证 XRES 与 SRES 是否相等：

Step6：如果核对认证无误，执行用户接入网络的后续步骤。

认证过程的关键是安全认证算法和密钥 K，移动通信网络中这个密钥 K 分别存放在运营商网络的 AuC（Authentication Center）和用户的 SIM 卡里面。这个密钥在理论上绝不会出现于这两个地方之外。在用户这边，密钥的使用和计算都在卡里面进行，不会出现在手机的内存里面，更不可能在网络上传送。通信的认证过程是基于随机数 RAND 及密钥 K 通过不可逆的函数生成各种参数，从 RAND 和这些参数是无法反推出密钥 K。

AuC 和 SIM 卡的安全是移动通信网安全的基石。AuC 在运营商网络之内，安全防护从设备到管理都有严格的要求；SIM 卡采用抵制篡改（tamper-resist）的硬件设计，外界不允许从卡内读出密钥 K。严格意义上来说，用户自己也无法获知自己的密钥是什么，但拥有 SIM 卡就相当于用户掌握了这个独一无二的密钥。用户还可以设置 PIN 阻止任何外人盗用 SIM 卡。

这个包括了六个步骤的过程被称为 AKA（Authentication and Key Agreement）协议。AKA 使用挑战应答机制，完成用户和网络间的身份认证，并且在身份认证过程的同时生成通信加密密钥。

必须明白，对通信中语音和数据进行加密解密的不是 SIM 卡中的密钥 K，而是在协行 AKA 协议过程中计算出来的十六字节共 128 位的密钥 CK，这个 CK 在手机的每次通话过程中都是不一样的。对语音加密时，CK 结合明文帧号提供与明文等长、一次一密的流加密。

请注意，图中显示的是手机用户甲与拜访网络之间的 AKA 协议过程，同样的过程也发生在手机用户乙与他所处的拜访网络之间，对手机信令和用户数据的加密保护分别发生在空口到 RNC 之间。从 3G 开始加强了信息在网络内的传送安全，采用了以交换设备为核心的安全机制，加密链路延伸到交换设备，并提供基于端到端的全网范围内加密。

本文中的 SIM 卡是 SIM/USIM 卡的统称。USIM 卡在 3G 开始启动，LTE 采用与 3G 相同的 USIM 卡，但 LTE 仅允许 USIM 卡接入，不允许 SIM 卡接入。

AKA 的演进，在 AKA 的前缀上表现出来：在 2G 的时候，AKA 就叫 AKA；在 3G 的时候，应对伪基站风险，增加了双向认证，解决了用户对网络的信任问题，3G 的 AKA 被称为 UMTS AKA；在 4G 的时候，Authentication 部分没有变化，但 Key Agreement 发生了变化，针对无线网络、核心网络，衍生出不同的密钥，解决了无线网和核心网的互信问题，4G 的 AKA 被称为 EPS AKA；5G 的 AKA 增强了归属网络的控制，解决归属网络和拜访网络的互信问题，并被称为 5G AKA。

[3] 5G 的未来规划中会对 SUPI 的加密保护引入了一个新的方式，即通过利用归属网络的公钥对 SUPI 进行加密。在用户的 USIM 卡中存放一个归属网络的公钥，一旦需要向空中接口发送 SUPI，就用该公钥对 SUPI 进行加密，加密后的数据称为 SUCI。拜访网络收到这个加密后的 SUCI 后，将其送回到归属网络，用归属网络的私钥进行解密。这其中涉及的公钥加密算法目前尚未完成定义，只是限定了需要采用 ECIES(Eliptic Curve Integrated Encryption System) 的方式进行计算。ECIES 包含密钥生成模块和数据加密模块两部分，密钥生成模块使用发送方的私钥和接收方的公钥在椭圆曲线上进行多倍点运算，进而生成会话密钥；数据加密模块使用生成的会话密钥对数据进行加密。

[4] https://mp.weixin.qq.com/s/wpkI5TpZmBXF3ccbWGHL2Q

第七节 网络安全与 5G 移动网

据微信号"每日经济新闻"2018 年 8 月 29 日消息，华住酒店集团被爆旗下汉庭、桔子、全季等酒店开房信息遭泄露售卖。数据泄露范围包括：官网注册资料约 1.23 亿条记录；入住登记身份信息约 1.3 亿条；酒店开房记录约 2.4 亿条。

据悉，总计近 5 亿条的信息在暗网上以打包价 8 个比特币售出，约合人民币 38 万元。每 10 条信息的出售价不到一分人民币，一个活生生的人的尊严连一分钱也不值。网上黑客的作为就像偷窃他人的文物放在地摊上贱卖，是可忍，孰不可忍！

同一天还有一条新闻：运营商流量在源头遭劫持，接连导致百度、腾讯、阿里巴巴、今日头条等全国 96 家互联网公司用户数据被窃取。该犯罪团伙利用非法窃取的 30 亿条用户数据，操控用户账号进行微博、微信、QQ、抖音等社交平台的加粉、刷量、加群、违规推广，非法获利，旗下一家公司一年营收就超过 3000 万元。

网上的世界很精彩，网上的世界真的很无奈。"人在网上飘，处处都是刀。"正在向我们走来的新一代 5G 移动互联网，使得网络安全和隐私保护的形势更为严峻。

5G 网络将覆盖手机、智能家居、自动驾驶汽车、远程医疗服务、智能城市服务体系等领域，真可谓一网打尽。试想你坐在高速公路上的自动驾驶汽车里，黑客侵入系统控制了你坐的汽车，或者你的智能家居的数据被盗取，你不仅会失去尊严甚至命在旦夕。加强网络安全、保护用户隐私已经到了刻不容缓的地步。

5G 移动网的安全标准的规划和制定正在紧锣密鼓地推进中。本文将展示 5G 如何实现两个不同的安全目标。第一个目标是保护 5G

网络本身，没有稳定可靠的网络运营一切通信安全无从说起。第二个目标，是提供方法和机制来保护那些建立在 5G 平台之上的各种服务。

5G 网络对于 eMBB（增强移动宽带）、mMTC（海量机器类通信）、uRLLC（超可靠、低时延通信）这三大应用场景和相关的安全要求都有明确的规划。

为了提高通信安全和保护用户隐私，在继承 3G、4G 网络安全技术的基础上，5G 网络又开发了多种全新的网络安全机制，其中的"网络切片"、"多元可扩展认证"和"智能型主动防御"这三种安全机制最值得关注和期待。

一）构建网络切片安全机制

为提高通信系统的灵活性、可扩展性和部署速度，5G 网络将引入 IT 新技术、新架构，这其中包括了 NFV/SDN（网络功能虚拟化/软件定义网络）以及服务导向型架构。

为了用一张物理网络满足不同的业务需求，5G 在网络统一的底层物理基础设施上通过 NFV 和 SDN 这些虚拟化技术生成相应的网络拓扑以及网络功能，为每一个特定业务类型生成一个网络切片（Slice）。每一个网络切片在物理上源自统一的网络基础设施，这样大大降低了运营商运营多个不同业务类型的建网成本；而在逻辑上切片之间又是隔离的，逻辑的独立性为每一类业务对功能的个性化定制和系统的独立运行维护提供了基础。逻辑隔离的网络安全切片，又可用来支持各种应用场景对安全的差异化需求。

网络切片是 5G 及未来通信网络中的一项关键技术，其面向业务配置网络的特性可以有效地助力垂直行业进行数字化转型。不同移动终端的安全性能和对安全的需求在不同的应用场景可以是完全不同的。例如，用于手机之类视频播放的 eMBB 终端，对终端认证、加解密的安全需求同 LTE 类似；而传感器式的终端，由于计算能力有限、安全需求不高、又对成本敏感，它仅需轻量级的认证、加解密算法；对于高可靠安全通信，终端则需要快速接入认证、强加密算法的支持。因此，网络切片安全首先需要为不同终端提供差异化安全保护。

但这些技术的引入也对网络安全带来了巨大的挑战，由于它使网络物理边界变得十分模糊，以前依赖物理边界防护的各种安全机制难以发挥作用。所以，新的安全机制必须适应虚拟化、云化的需要。

网络切片的特征是切片和切片之间在逻辑功能上是分离的，但在物理资源上是共享的。因而切片安全的首要问题是如何做到网络切片之间彻底的安全隔离。如果没有隔离，拥有某个切片访问权限的攻击者，会以此切片为跳板，攻击其他的目标切片。一个切片可以横跨多个子域:如终端、接入网、核心网、承载网等，各个子域的隔离都需要考虑，并进行资源的统筹安排，以达到一致的、端到端的隔离要求。其次，在实际业务运行时，终端切片网络的网元交互、安全协议、流程，都需要考虑到相应的隔离。

二）多元信任模型和可扩展的身份管理机制

在 3G、4G 时代，移动通信网主要业务是语音、短信和移动宽带，业务类型相对比较单一。在传统移动网络中，网络对用户入网认证，并作为管道承载用户与服务间的业务认证，用户与网络构成二元信任模型。这样就铲除了 2G 时代无身份认证而造成的伪基站和身份伪冒的种种困扰。

进入 5G 时代，移动通信网络不只是服务于个人消费者，更重要的是将服务于垂直行业，衍生出极为丰富的新产品。5G 时代不仅仅是更快的移动网络或更强大的智能手机，而是产生诸如 mMTC 和 URLLC 这些链接世界的新型业务。在 5G 网络中，将融合传统二元信任模型，并构建多元信任模型。网络和垂直行业可结合进行业务身份管理，使得业务运行更加高效，用户的个性化需求得以满足。

4G 网络身份管理的主要对象是移动宽带用户，采用以设备为单位的对称密钥管理体制，很好的满足了运营商的要求。而 5G 网络面临大量新增的物联网设备和可穿戴设备，使用传统的用户管理机制在开户、认证等方面成本过于高昂，已经不能完全满足 5G 用户管理的需求，因此需要制定灵活可扩展的身份管理机制，根据业务特征及其新的安全威胁进行优化，在安全和运营成本之间取得平衡。

海量物联网设备对 5G 安全带来了新的威胁和挑战，包括大规模的网络攻击行为，海量设备认证查询风暴等。为了应对这些新的安全威胁和挑战，5G 安全架构需考虑支持分布式安全机制，即根据认证和防御等需求部署分布式的安全功能。分布式安全功能又包括分布式认证和分布式防御两个子功能。

分布式认证：作为 5G 重要业务场景，海量物联网设备同时接入认证将会对网络的数据处理能力提出太苛刻的要求。而传统集中式的认证机制中，每次设备的认证都需要调用核心身份服务器，从而造成针对该服务器的查询风暴冲击。因此 5G 安全架构需要分布式的认证机制以应对海量设备的认证需求。分布式认证机制对于设备的认证可以通过多个分布式的认证节点并行处理，从而减少对于核心身份服务器的访问，支撑海量设备的高效认证。分布式认证节点的部署可以根据海量物联网设备的分布情况进行灵活化的部署，降低网络的认证成本和复杂度。分布式认证机制可以采用基于证书的安全机制，也可以采用基于身份的安全机制。

分布式防御：分布式安全防御技术的理念是通过在网络边缘节点部署安全防御能力，从更靠近源头的地方扼制攻击行为，实现更敏捷的安全防御。具体表现在，为满足海量物联网设备的接入防御机制，5G 安全可将安全防御能力部署在更靠近物联网设备的接入点。防御能力包括 DDoS 防御机制，分布式杀毒防御技术等。此方式可及时地应对设备的攻击行为，降低海量设备的接入攻击威胁。

三）智能化(AI)主动安全防御机制

5G 是个开放的网络，海量物联网设备暴露在户外、硬件资源受限、无人值守，易受黑客攻击和控制，因此将会面临大量的网络攻击。如果采用现有的人工防御机制，不仅响应速度慢，还将导致防御成本急剧增加，所以需要考虑采用智能化(AI)防御来自海量物联网设备的安全威胁。此外，网络攻击日趋自动化，0day 攻击的可能性越来越大，5G 网络需要考虑由被动变主动的安全防御机制。

上面介绍的"网络切片"、"多元可扩展认证"和"智能型主动防御"这三种安全机制至关重要，但它们并不是保护 5G 移动网的通信安全和用户隐私的全部内容，由于篇幅和技术深度等原因，本文就不作更多的介绍了。

因为 5G 运营周期会长达 20 年，在这段时期中，如果量子计算技术进入实用阶段，传统公钥密码被攻击的风险会增大。所以，5G 应为公钥密码算法的升级做好预案。在密钥分发管理体制方面，还是要支持分层结构化的密钥派生机制。同时，为了应对认证机制变化，切片引入和用户面的完整性保护，有必要进一步改革完善传统密钥的生成、分发和管理体制。

5G 网络的安全标准的规划和讨论已经有很长一段时间了，国际组织间的认识正在趋于一致，世界通信巨头中国华为不久前也发表了关于 5G 网络安全的白皮书。所有这些有关未来一二十年通信安全的公开的文件中，均未有一言半语提及量子通信工程(QKD)。这看似意料之外，实在情理之中，是完全合乎思维逻辑、符合工程建设规律的。QKD 事实上只是密钥分发的一种特殊方式，而这种方式在实际应用中有许多工程上很难克服的障碍，它并不适合互联网环境，更不适合面向未来的移动互联网。其原因至少包括以下几个方面。

1) 面向未来的移动互联网决定于 NFV 和 SDN 这两项新技术。NFV (网络功能虚拟化)通过使用 x86 等通用性硬件以及虚拟化技术，来承载很多功能的软件处理，使网络设备功能不再依赖于专用硬件，从而降低网络昂贵的设备成本。SDN (软件定义网络)的核心技术 OpenFlow 通过将网络设备控制面与数据面分离开来，从而实现了网络流量的灵活控制，构建虚拟网络，使得电讯运营商进一步摆脱电讯设备供应商。新一代的网络的总趋势是：网络功能的软件化；硬件设备的通用化；和网络结构的虚拟化和云化。

面对移动互联网的发展总趋势，QKD 却反其道而行之：把软件化的传统密码功能硬件化；增加了量子密钥生成终端、光量子交换器、可信任中继站等专用设备，使得网络硬件进一步专用化而不是通用化，迫使运营商更依赖于设备供应商；同时又在原有的网络环境中叠床架屋，导致网络结构的复杂化和僵硬化，阻碍网络应用服务的灵活化、个性化、和可扩展化，QKD 就是移动互联网发展的绊脚石。

2) 不同移动终端的安全性能和对安全的需求在不同的应用场景中可以是完全不同的。5G 的网络切片技术可以对不同终端和服务提供差异化安全保护。但是 QKD 利用物理方法提供密钥分发，这种技术在性能、价格和方法上没有任何灵活多变性，完全不具备对不同终端和服务提供差异化安全保护的能力。

3) 5G 网络将要采用的多元信任模型、可扩展的身份管理机制和分布式认证机构，QKD 在这些领域毫无用武之地。

4) 5G 网络实施差异化安全服务的根本原因还是一个"钱"字，在移动互联网上的绝大部份用户追求的只能是以尽可能低的价格获取足够的网络安全。在影响到千家万户的互联网环境中，安全必定只能是一个相对性概念，脱离成本价格谈安全是极不负责任的行为。在互联网环境中处处事事宣传无条件绝对安全的 QKD 对于互联网上的普世大众只能是难以承受之重。

5）今日之网络安全不仅只是保护通信信道安全，保护用户隐私已经成为安全的关键。虽然信道安全和用户隐私有一定的联系，但这是两个不同的问题，应对的方法也不一样，QKD 只与通信信道安全有关，它对保护用户隐私的作用非常有限。

总上所述，量子通信真的是生不逢时，这个在互联网前时代提出的密钥分发方案在互联网世界里已经被彻底边缘化，在接踵而至的移动互联网大潮中只能是灰飞烟灭，"量子通信"企图随着 5G 时代的来临飞入千家万户注定只能是黄粱一梦。

第八节 三星新款手机" Galaxy Quantum"的"量子加密"完全是商业炒作

韩国三星与运营商 SK 电讯一起在 2020 年 5 月推出全球首款量子加密智能手机" Galaxy Quantum"。在"量子袜子"、"量子内裤"、"量子小镇"等臭大街的时候，竟然还要不屈不饶地蹭"量子"热点，三星看来也是技止此耳。

三星的葫芦里卖的什么药？扒拉出来一看，其实三星就是在 A71 5G 的基础上安装了 SK 电讯开发的量子随机数生成芯片（QRNG）。QRNG 与量子通信 QKD 毫无关系，退一步，有关系又能怎么样？QKD 本身已经走下神坛。中国发改委最近明确指定了新基建的范围，量子通信已被踢除于外，现在再炒作量子加密已经没有意义。

　　三星的 QRNG 芯片也不是真正合格的量子随机发生器，三星只是打了个擦边球，把一个经典随机发生器乔装打扮成了量子随机发生器。三星的行为就是典型的商业炒作。

　　下面对量子随机发生器作点科普。

　　密码系统的加密算法通常需要随机数。这些随机数主要用作加密时的密钥，或者用于密码系统运作时所需的另外一些参数[1]。加密算法在实施时需要访问随机数发生器（RNG）获取高质量的随机数。

　　量子随机数生成器 QRNG 就是 RNG 的一种。QRNG 的工作机制应该是通过测量量子物理系统中内秉的随机特性，输出的随机性由量子力学基本原理所保证。在理想状态下，QRNG 能以非常高的速度生成完全不可预知的随机序列，由此组成的密钥是保证密码系统安全的必要条件。

　　现在常用的经典 RNG，或者依靠计算机模拟产生伪随机数，也可以从某些经典物理噪声（如热噪声，电噪声等）中提取随机数。事实上在许多经典的 RNG 中，一些硬件的噪声源与量子力学也脱不了关系。三星公司正是利用这一点打了个擦边球，他们是利用 CMOS 图像传感器捕获的光源散粒噪声产生高熵随机序列，然后就把它美化成了 QRNG 。

　　"打擦边球"和"蹭热点"是三星常用的手法，这次的量子随机数发生器 QRNG 与量子点电视 QLED，其实都属于同一个套路。许多物理机制都与量子物理有某种程度的关系，所以有人一定要蹭"量子"热点，还真拿他没有办法。就像有人偏要说自己是诗仙李白的亲戚，你还真无法证明他就是骗子。

　　即使对货真价实的 QRNG 也不要存有太多的期望。实际工作状态中的 QRNG 也很难提供真正的随机数。造成这种情况的一个重要原因是 QRNG 必须与经典电子器件结合方能产生、收集和处理随机数，而经典电子设备会给量子态的测量造成难以控制的因素。

从系统层面看，在经典电路中嵌入 QRNG ，黑客就不仅可以对 QRNG 发动直接攻击，而且还可以发动对经典电路和经典电路与 QRNG 接口部的攻击，结果是黑客可以上下其手、不亦乐乎。相反，RNG 与密码系统的集成更为简单和成熟，所以到目前为止，其整体的安全性其实要优于 QRNG 。

有必要指出，QRNG 只是产生随机数的一种新方法，它在缓解量子计算机对传统公钥密码的威胁方面不可能有什么作为。因此 QRNG 对于信息安全领域的意义是极其有限的。

今日信息系统的安全确实面临一系列严峻的挑战，但如果把这些挑战按危急严重程度罗列出来的话，密钥安全问题根本进不了前三甲。随着信息的电子化和网络化，密码算法全部是由中央处理器芯片完成的，相比这些硬件和操作系统存在的严重安全隐患，密钥安全问题真是小巫见大巫了。而密钥安全隐患也涉及许多因素，详见第七章第三节，随机数发生器只是诸多因素中的一种。认为装备了 QRNG 就有了信息的绝对安全是太"图样图森破"了，幼稚得实在有些可笑。

2020 年 3 月 24 日，隶属于英国情报安全总部(GCHQ)的国家网络安全中心(NCSC)发布了一份白皮书[2]。白皮书阐述了 NCSC 在依赖于量子物理学的两种安全技术上的立场：量子通信 QKD 和量子随机数生成 QRNG。

英国(NCSC)白皮书关于 QRNG 的最后结论直译如下："在可预见的将来，经典 RNG 将继续满足我们对政府和军事应用的需求。但是，如上所述，我们支持继续研究 QRNG 。"

英国情报部门对量子通信技术 QKD 基本上是否定的，对于量子
随机数发生器 QRND 的态度略为客气婉转了一些，只说现在不会
采用该技术，同时又表态会继续支持相关的科学研究。

量子随机数发生器 QRNG 和量子通信 QKD 是一对难兄难弟，不
久前，他们同时被英国安全部门的白皮书所否定。所有带"量
子"头衔的项目其实都只存活在科学实验室中，它们都没有工程
实用意义，这种状况在今后相当长时间内不会得到彻底的改变。

总结一下，三星新手机搭载的 QRNG 芯片不是真正意义上的量
子随机数发生器；退一步，真正的量子随机数发生器也未必能产
生数学意义上的真随机数；再退一步，有了真随机数也不能保证
密码就是绝对安全的。因此，三星的"Galaxy Quantum"新手机
对于保护信息安全的意义十分有限。

对于三星的新手机"GALAXY Quantum"，你可以有 N 个理由选
择它，但千万不要认为它更为安全而打开你的钱包。因为
"GALAXY Quantum"并不会比其他手机更安全，而且有可能恰恰
相反。

参考资料

[1]Cryptographic algorithms often require random
values; these values may be used, for example, for
cryptographic keys, initialisation vectors, salts and
nonces.

[2]《Quantum security technologies》英国情报部门 NCSC 白
皮书

https://www.ncsc.gov.uk/whitepaper/quantum-security-
technologies

第九章 量子通信工程决策中的错误和教训

第一节 量子通信工程项目究竟应该由谁来主导

一个对国家安全和发展有重要影响的大型工程究竟应该如何规划和组织？要回答这个问题，首先得弄清楚科学、技术和工程三者之间的关系。

科学是探索和发现，技术是发明和创造，工程是建设和制造。这三者之间既有某种联系又有着本质区别，它们有各自的内涵并遵循不同的行事原则。

对于科学、技术与工程之间的联系和区别，诺贝尔奖获得者李政道先生有过生动的比喻。他把三者分别比喻为水、鱼和鱼市场。没有水，就没有鱼和鱼市场。基础研究（科学）是水，应用研究（技术）是鱼，开发试验（工程）是鱼市场。没有基础研究之水，就难以养活应用之鱼；没有市场开发，也就没有鱼市场，老百姓也就不能享受到鱼的美味。当然真实世界要复杂得多，有的发展并不完全遵循这样的一维线性关系，但李政道先生对科学、技术和工程这三者的关系还是把握得十分深刻到位的。

让我们用李政道先生的"鱼论"来解剖一下量子通信 QKD 工程的问题。所谓的"量子通信"与基础科学的研究关系不大，水是早已有之，都是欧洲的量子之父们造就的。以中科大为主的团队把水引进鱼塘，干的就是养鱼的活，也就是应用研究和技术开发，这其中主要的工作就是在 BB84 协议基础上作些技术性补充和修改。但是这个团队只养了小鱼几条，这几条鱼无营养又不鲜美而且价格贼贵。这些养鱼人不做好本分工作，却耐不住寂寞，急匆匆越界干起了鱼市场买卖。鱼没有养肥养好，鱼市场哪来什么生意？这就是目前京沪量子通信干线陷入困境的真实写照。要知道，成功不是你起跑有多早，而是取决于你跑得有多稳多远。

发展量子通信技术的正确道路只有一条：养鱼的回到自己池塘去养好鱼，如果鱼的品种多了，又价廉物美，市场就会有需求，自有人会组织市场并向养鱼人求货的。开拓市场搞生产建设，本不是科学家的强项，天才也不能保打天下吧？让从事基础科学研究的去做技术开发，这已经有点勉为其难了，竟然还要越界直接干预工程项目，"垮界打劫"做过了头，鱼死网破一场空是必然的结果。

当物理学家思考非物理问题时，他和所有的人一样无知；当他要对非物理问题发表见解时，他和所有的门外汉一样幼稚。

归根结底，今天社会的飞速发展和进步靠的就是分工合作。科学、技术和工程对人才的培养和要求是相当地不同。由物理学家担任密码工程项目负责人是非常不合适的，物理学家在为人处事方面常常是开脑洞、想入非非，他们不具备密码学家特有的严密谨慎和怀疑一切的"阴暗"心理。

京沪量子通信干线上使用的几十个可信任中继站，在这些中继站里，密码系统中的核心机密——对称密钥是以明码形式数十次的重复出现，密钥完全是裸奔的！对于由此造成的严重安全隐患大概也只有物理学家会无动于衷，这在密码界从业人员看来是不可想象的。

这里有必要强调一下科学家与工程师的重要区别，科学家在科研工作是允许犯错误的，而工程师在项目建设中不能犯错误，工程建设中是有错必究，甚至要追究刑事责任的，工程无戏言！望量子通信工程的决策者组织者深思。

电视剧《暗算》对密码界从业人员有比较形象化的描述，他们是心理素质和思维方式非常特殊的群体。我听人说，进入密码圈子后如果你没有发疯，那么很可能你其实是没有真正进入到密码圈子，嘿嘿。物理学家是很难融入这个群体中去的，一旦进入了这个群体可能再也回不去物理实验室了。我劝实验物理学家做好自己的本分，就不要脚踩两条船了，弄不好反误了卿卿声名。

我们在教育和宣传领域一直存在一个误区，常常把科学家过分地神化美化，使得不少人错以为科学家一定强于工程师。这大概也与我们的文化有关，我们总要把人分成三六九等：干部分成部、局、处、科，科技人员分成科学家、工程师、技术员、技工，一级压一级。事实上，在科技发展的过程中科学家和工程师是各有所长、各尽其职，总体而言是不能简单分高低上下的，也不存在谁听谁的道理。科学家过度介入工程的具体实施很不合适，甚至会造成灾难性后果，中国的量子通信工程就是一个现成的例子。

科学家包办代替工程师的话儿就是"越俎代庖"，这与主祭的人跨过礼器去代替厨师办席没有什么区别。科学家包办代替工程师的活儿已经错了，如果还要跨领域那更是错上加错。举个例子，让杰出的生物学专家施一公到医院去救治病人，这已经很离谱了，而如果让施一公专家领衔监督食品安全，岂不更为荒唐。但这恰恰就是今日量子通信工程建设的现状。

现在差不多有这样一个规律，隔三差五媒体上会报导量子物理方面新的论文发表或重大科学奖励，似乎从一个侧面回应人们对量子通信工程持续不断的批评和质疑。这里的潜台词是这样的：请看某某科学家又发表了如此高大上的论文，他主导的工程项目不会有错的。但如果稍许认真看一下，就会发现这些论文的内容基本上与量子通信工程都没有什么直接联系，即使这些论文百分之百的正确也挽救不了量子通信工程的失败。切记，经济效益才是检验工程成败的唯一标准，与高大上的论文没什么关系。

　　更何况许多看上去"高大上"的论文本身也未必正确，日本诺贝尔奖得主本庶佑说过："我认为《自然》《科学》这些杂志上的观点有九成是不正确的，论文发表十年之后，还能被认为是正确的只剩下一成。首先，不要相信论文里写的东西。对于研究，要一直钻研到眼见为实、让自己确信为止。这是我对科学采取的基本做法。也就是说，用自己的大脑思考，一直做到自己完全想通、完全认可为止。"

　　事实证明，在高大上杂志上发表的论文未必都有实实在在的科技价值，更不等于可以用来主导工程建设，美丽的花朵并不一定结果。这方面有不少历史教训值得我们记取。

　　肖恩（Jan Hendrik Schon）1970 年生于德国费尔登，从小就被誉为神童。别的同学本科都要读 4 年，但他从进入康斯坦茨大学，到当上物理博士，只用了 5 年。博士毕业后，他还成功留校当了老师。但当老师并不能满足他的雄心，一年之后，他就从德国前往美国，加入了曾经称霸世界的贝尔实验室。

　　到了贝尔实验室的肖恩很快就扬名于国际，登上论文发表快手榜的冠军，达到了平均每 8 天一篇研究论文的速度，全都是发表在国际顶级杂志上。肖恩那时俨然已是一颗耀眼的国际顶级学术明星，于 2001 年获得 Otto-Klung-Weberbank 物理奖和 Braunschweig 奖，2002 年获得材料协会杰出青年研究者（项目）奖（Outstanding Young Investigator Award of the Materials Research Society）。甚至有人认为，凭借着在 C60 中实现了 52K 超导这一辉煌成绩，"爱因斯坦二世"、"某某之父"等等头衔都是挺合适肖恩的。

　　那时候，在超导领域肖恩就是冉冉升起科研明星，他在两年时间里发表了 17 篇 Nature 和 Science 文章，还有其他几十篇高档次文章，得到了无数的奖励。正当许多人在等候肖恩得诺贝尔奖消息时，突然有一天爆出了一个大新闻，这家伙做的东西都是假的，真是晴天霹雳！所有的论文和奖励化为一缕青烟。谢天谢地当时美国政府没有把钱交给他去做什么超导工程。

肖恩是没有得诺贝尔奖，那么得了诺贝尔奖的角儿又能怎么样呢？让我们再看一个例子。美国长期资本管理公司(LTCM)，是一家主要从事定息债务工具套利活动的对冲基金，拥有两个诺贝尔经济学奖获得者，他们分别是 Myron Scholes 和 Paul Samuelson。在 1994 年到 1997 年间，它的业绩辉煌而诱人，以成立初期的 12.5 亿美元资产净值迅速上升到 1997 年 12 月的 48 亿美元，每年的投资回报分别为 28.5%、42.8%、40.8%和 17%，曾经以投资 1 美元派 2.82 美元红利的高回报率让 LTCM 身价倍增。

然而，在 1998 年全球金融动荡中，长期资本管理公司难逃一劫，从 5 月俄罗斯金融风暴到 9 月全面溃败，短短的 150 多天资产净值下降 90%。9 月 23 日，美联储出面组织安排，14 家国际银行组成的财团注资 37.25 亿美元购买了 LTCM90%的股权，共同接管了 LTCM，避免了它倒闭的厄运。由两位诺贝尔奖获得者主导的对冲基金在真金实银的竞争中输得一败涂地。

诺贝尔经济奖得主也会看错现实世界的经济走势，物理学家也未必真懂工程建设中的道道坎坎，这其实是同一个道理。不懂这道理的股民会输掉底裤，同样，不明白这个道理的工程决策者会造成国家利益的重大损失。归根结底，真的没有必要盲目崇拜科学家，更不能在工程建设中听任象牙塔中的学术权威瞎指挥。相信科学是相信科学的精神和科学的认识论，相信科学不等同于相信每个科学家，更不能迷信那些披着科学外衣的学术投机分子。

总之，在京沪量子通信干线工程的批评和讨论中，还是要实事求是，用工程指标和经济效益的数据说活，用逻辑思维做出分析和判断。发表多少论文也说明不了任何问题，得再多的奖，哪怕得了诺贝尔奖也与工程建设没有关系。科学家与工程师之间需要相互学习沟通，但绝不能越俎代庖、包办代替。没有通信密码学专家主导的任何量子通信工程，其风险远超"盲人骑瞎马，夜半临深渊。"

第二节 从科学家崇拜到量子通信工程失败

2021 年围绕联想集团的"柳倪之争"上了热搜。这场争论产生了一个"倪院士假想"，拥倪派认为如果倪院士留在联想，由科学家自始至终主导集团的战略部署，那么今日之联想就能碾压苹果、微软和 IBM，成为 IT 的世界霸主。判定"倪院士假想"的真伪十分困难，历史事件不像物理实验，它是无法重演的。但是有些历史事件却非常相似，通过对比分析也许可以得到一些启发。

联想的倪院士与量子通信的潘院士就有许多相似之处。他们都是中科院院士，都从海外学成归国，专长又都是高新科技。更巧的是联想和国盾量子都起家于中科院的三产项目，他们就是中科院树上结的两只瓜。唯一不同的是从事量子通信的"国盾量子"公司中没有出现柳传志那样的霸道老总，潘院士始终主导着量子通信的工程化。因此量子通信工程化的成败就成了判断"倪院士假想"的绝佳参照物。让我们看看潘院士主控下的量子通信工程的现状吧。

2016 年，中科大的潘院士多次在全国主要媒体上承诺：**"我相信量子通信将在不到 10 年的时间里辐射千家万户。"**

一晃 6 年多过去了，也没见谁用上了量子通信，不知潘院士家里是否已经安装了量子通信。不过大家对潘院士还是有信心的，不就再等上二三年吗，作为中国人这点耐心还是有的。

谁知到了 2021 年底，潘院士接受新华社《瞭望》周刊专访时忽然声称："在量子通信领域，我们希望通过 10 到 15 年的努力，发展出完整的天地一体广域量子通信的相关技术，并推动量子通信在金融、政务、能源等领域的广泛应用。"

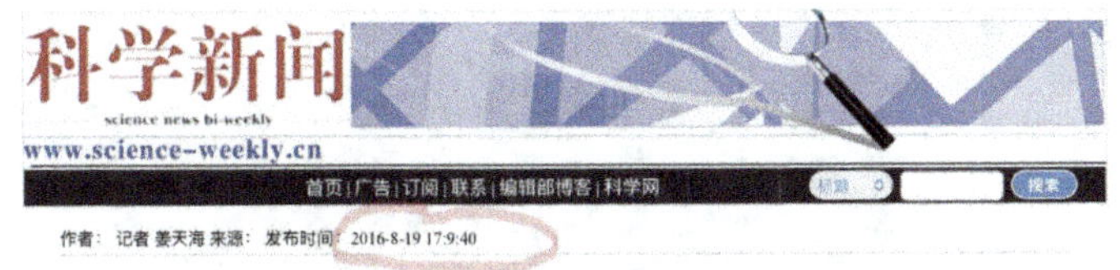

图 9.1

量子通信工程的大跃进被潘院士踩了一脚急刹车，新的发展规划急速调降如下：

- 时间—从今开始再要努力 10 至 15 年；
- 目标—开发出完整的相关的技术；
- 应用—推动金融、政务、能源等领域的应用。

请特别注意，新规划的目标只是开发技术，不再提建设几横几纵的量子通信干线了；新规划只是推动三个应用领域，再也不提千家万户了。

看来芸芸众生要想享用量子通信将是遥遥无期了，这恰如当头一盆冷水浇在了翘首以盼的众人的头顶上，不知"量粉"们情何以堪！

　　其实"量子通信辐射千家万户"这个提法从头开始就是在忽悠。目前所谓的量子通信根本不是一种新的通信技术，它只是利用量子力学原理为传统的密码系统作密钥分发，它其实只是传统密钥分发技术的一种选项，应称为量子密钥分发（QKD）。QKD 无论有多么高大上，撑死了仅能保护密钥分发的安全，密钥分发安全不等于密码系统安全，而密码系统又仅是信息系统安全的一个子系统。把 QKD 称为国之重器，客观上严重误导了国家信息安全的战略部署。

　　今日信息系统安全的短板不在密码上，更不在密钥分发上，保卫信息安全的前沿阵地一直在计算机系统的软件、硬件等方面。但是潘院士近日在接受《瞭望》周刊专访时，仍在宣传 QKD 可以"大幅提升现有信息系统的安全性。"为了夸大 QKD 的作用，可以无视信息安全的基本常识到如此的地步，有些科学家的操守真的远不及企业家。

　　抵抗量子计算机攻击、拯救公钥密码危机—这是 QKD 当年经典的公关台词，这是街头小混混玩的英雄救美套路。可惜这么多年过去了，据称可以秒杀公钥密码的量子计算机却千呼万唤出不来，公钥密码也不是弱不禁风的林黛玉，而半路上又杀出位程咬金—抗量子攻击的公钥密码 PQC。PQC 无论在安全性、兼容性和性价比上全面碾压 QKD。自身都难保的 QKD 还想要英雄救美，实在让人啼笑皆非！

　　QKD 的工程化不仅毫无必要性，而且也根本不具备可行性。横在 QKD 技术发展的道路上有五座大山，它们分别是：1）极不安全的可信中继站；2）不能与互联网兼容；3）缺乏身份认证机制；4）极低的成码率；5）密钥裸奔难以避免。

　　量子通信 QKD 既无工程化的必要性，也不具备工程化的可行性，因此量子通信工程注定不会有前途的。但是科学家往往缺乏工程现实感，他们陷于不切实际的空想中而不能自拔。当量子通信工程化受到通信密码专业人士的质疑和抵制后，自以为是的科学家老羞成怒，于是对批评者霸凌欺压、恶意投诉，直至封号删帖，真可谓是无所不用其极。

霸道总裁和温文儒雅的科学家的形象都是影视剧编造出来的，千万信不得。联想柳总裁的霸道比起潘院士可是小巫见大巫了。如若不信，可去中科院主管的中国科学网，发篇批评质疑量子通信的博客试试看，立马知道科学家可比柳总裁霸道得多了。

中科大某些人耍学阀作风也许在科研领域能得逞于一时，但是在量子工程建设中却踢到了铁板。美丽的"量子"光环、量子之父的头衔和高大上的论文在工程项目面前全都显得苍白无力，工程建设的道理千条万条，归根结底就是一条：经济效益为王，市场才是检验工程的唯一标准。

京沪"量子通信"干线建成已经 4 年多了，接着又建了京汉、汉广、武合等干线上万公里，用户有多少，经济效益又在哪里？没有付费用户的这些"量子通信"干线连日常的运行维护费用都要靠财政补贴，工程资金的还本付息那就更别提了，全部投资打了水漂。

哀莫大于心死、悲莫过于无人，没有付费用户是"量子通信"工程最大的悲哀，它的危害性远较经济亏损严重。中国西部地区的某些高铁项目也存在亏损，但是好歹还有一定数量的乘客，铁路部门的部分亏损可以看作对乘客和高铁沿线地区的补贴。但如果高铁连免费都无人乘坐，那就是无可救药的烂尾楼工程了，而这正是量子通信工程今日之写照！

在大数据时代，要想隐瞒掩盖工程效益一年半载都有困难，但是一个全国性量子通信干线工程 4 年多没有任何经济效益、没有付费用户，全国媒体却视若无睹，问题迟迟得不到解决。我们对科学家的崇拜正在付出高昂的代价。

一个世界上最尊重科学家的国家却不尊重科学，这奇葩现象其实只是刻在中华文化深处的基因密码的表达。因为科学是一个抽象的概念，而科学家却是一个个具体的人，国人本性上喜欢具象而排斥抽象。科学的本质是质疑这又与中国文化格格不入，但尊重科学家则与"天地君亲师"的儒家伦常高度统一，科学家就是现代意义的"师"。把尊重科学异化为尊重科学家，这背后推手就是根深蒂固的中国传统文化，这个问题短期内恐怕解决不了。

从某种意义上说，科学也正在宗教化，如今某些科学家已经异化成中世纪的神职教士。教士是上帝的代理人，科学家则变成了科学的代言人。科学家肉身成圣，他们绝对正确不容质疑。谁胆敢批评科学家，那就是"民科""反智""反科学"，"辱圣者"必遭严厉的惩罚。科学家虽不能如中世纪教廷那样烧死女巫，但他们有媒体和公权力撑腰，能够通过封号禁言让"辱圣者"社死。

遗憾的是，无论是教士还是科学家，他们其实都是凡人。
• 科学家不可能像上帝那般无所不知、洞察一切。他们也会犯错，而且会犯很多很致命的错误。
• 科学家并不如上帝那般心无杂念、公正无私。他们完全有可能为一己私欲而作奸犯科。

科大的国盾量子公司是量子通信设备的龙头供应商，潘院士是国盾量子公司的第二大股东。潘院士一再夸大宣传量子通信的作用，他的所作所为究竟有多少是为了推动科技进步，又有多少是为了自己的股东利益？明星为伪劣产品代言一直为人不齿，为什么科学院院士却可以为自己的公司的产品作不实宣传呢？证监会难道不应该出来管一管吗？

中国社会正处于创新焦虑之中，但多数人仍是计划经济的思维，迷信科学权威的指点迷津，国家之手的大力扶植，其实创新这出大戏的舞台只能设在市场，唱戏的主角一定得是企业家，而不是政府和科学家。如果创新大戏禁锢在大学的象牙塔中，学阀官僚和科技网红又成了戏中的主角，这出戏非演砸不可。中国量子通信工程就是一个最好的例证！

最后需要声明一下，我无意在"柳倪之争"中站队。我并不熟悉联想集团历史，对股份改制和国资流失几乎一无所知，我既非"柳粉"更非"倪黑"。我只是想告诉大家潘院士主导的量子通信工程已经失败，如果倪院士主导联想集团，其结果可能更为不堪。

毕竟国家对潘院士的投入远高于倪院士，潘院士还是中国量子之父，倪院士好像并不是中国计算机之父吧？潘院士都没有做成功的事，倪院士大概率也不会做成功。柳总裁有千错万错，不让倪院士主导联想这没错，不仅没错而且功莫大焉，否则联想的下场可能得比量子通信工程更惨！

我决无冒犯倪院士的意思。我认为科学家的主战场应在实验室中，可以去工程企业界出出主意做做顾问，领军挂帅就免了吧。科学家以凡人之躯承载神力，注定要遭到反噬。倪院士离开联想避免了"走麦城"，实属因祸得福，他得好好感谢当年柳总的驱离之恩啊。

第三节 量子通信工程化过程中的经验教训

近年来，关于量子通信工程的必要性和技术可行性受到了广泛的批评和质疑，已经建成的上万公里的量子通信干线到如今依然不知用户在哪里、收益在何处，真可谓：寻寻觅觅，冷冷清清，凄凄惨惨戚戚。实践是检验真理的唯一标准，市场是评估工程的不二法门，工程项目的现状其实已经为这场量子通信工程的争议写下了休止符。现在真正应该做的是怎样从错误和挫折中吸取教训，认真学习世界各国的经验，把纠错和善后的工作做好。

由于量子通信在工程实施中存在严重的安全隐患，在实际使用场景中又无法与传统密码系统融合，工程成本昂贵难以升级维护毫无经济效益可言，所以量子通信的工程蓝图—BB84协议在1984年提出后，三十多年过去了都没有得到广泛的商业应用。近年来，英国、美国和法国的军方和情报安全机构相继发布白皮书和政府的决策报告，一致否定量子通信的实用价值，详见第五章。

美、英、法三国对量子通信工程化和实用化的总的态度基本上是一致的，但是在具体的应对措施上有所区别。美国的做法比较大而化之，他只说我的军队和情报安全部门不会使用QKD，其它无所谓；而法国在量子通信实用化问题上态度认真、分析详细、应对到位；英国的做法处于美法之间。

"他山之石，可以攻玉。"他国的经验值得借鉴，不要总以为别国不做是因为他们做不来，盲目自信与自卑其实是一对奕生兄弟，他们都会对社会的发展造成严重伤害。

政府推动新技术发展的着力点主要应放在科研领域，对于新技术的工程化产业化中的方向、进度和规模则放手让市场去决定。政府和市场的分工合作是保证新技术产业化成败的关键。

有关国计民生的重大建设项目总有多种应对的技术方案。例如，为了加强通信安全，应对后量子时代的公钥密码潜在的安全隐患，就存在后量子公钥密码PQC软件技术方案和量子通信QKD硬件技术方案。究竟那种技术方案最终能够胜出，实践才是检验的唯一标准，不能让少数人说了算，更不能由政府拍板定案。政府真正的职责是营造公正、公平、透明的竞争格局，让两种技术方案在市场竞争中发展壮大起来，优胜劣汰让市场决定它们的未来。

政府过度的把资源投入到 QKD 方案，在技术方案竞争中一边倒、拉偏架，这不仅对 PQC 方案非常不公平，而且最后也害惨了 QKD 方案。当政府全资投入量子通信工程建设，甚至建成后的运行维护费用全包了，QKD 就失去了在技术上向上提升的原动力，自身的发展空间就变得非常有限。

同时，政府这样的做法也直接扼杀了 PQC 方案的生存空间。无论 PQC 做得有多好，也不会引起任何客户兴趣的。因为量子通信 QKD 的建设和运营成本全部由政府承担了，既然使用 QKD 是零成本的，客户事实上失去了选择的自由。

在应对公钥密码未来的潜在危机中，存在 PQC 和 QKD 两种技术方案，而且 PQC 被更多专家和权威机构看好，QKD 存在许多技术短板，根本不具备可行性，详见第三章。在这样的形势下，政府不支持 PQC 也可以，但总得给这两种技术方案有一个公平竞争的机会吧？国家的政策一再强调："充分发挥市场在资源配置中的决定性作用，更好发挥政府作用，激发各类市场主体活力。"为什么在量子通信这个问题上，政府却要完全代替市场力量，在技术方案的竞赛中既当裁判员又做运动员？这实在有违常理。

政府从宏观或长远的角度可能对某种技术方案会有所偏好，它可以通过科研经费的投放促进某种技术方案的发展。科研经费的投放应该是政府影响技术发展方向的底线，科学研究和工程建设的分界线实际上划分了政府和市场大致的势力范围。政府对工程建设过度的干涉只会事与愿违，即使是科研经费的分配和投入，政府也要虚心倾听各个领域专家的意见，谨慎地行使自己的权力。

科学研究与工程建设尽管关系密切，但它们之间有着本质的区别。科学研究允许试错，工程建设必须慎之又慎，必须追求经济效益，项目开始前对工程的必要性、可行性和实用性做出完整的调查研究。有些人不理解，为什么我支持量子通信科学研究，但是却反对量子通信工程化。有些人错误地认为，京沪量子通信干线工程也没有化多少钱，权当是科学研究有何不可？

其实这真不是钱的问题，至少不是钱的多少问题。有些科学研究比工程建设还要烧钱，但是科学研究中再多的钱有时也不得不化，求的是长远战略利益；工程建设项目中一分钱也不能乱化，追求的是经济效益最优化。

科学研究与工程建设有一个关键的区别：科学研究的执行主体是非盈利机构，与资本市场基本上是隔离的；工程建设的执行主体是盈利机构，与资本市场有着千丝万缕的联系。一个完全没有经济效益的工程项目，由于政府的全资投入并且全额承担后续运营维护费用，可以让项目的承建方仍有很大的盈利空间。而这种虚假的盈利会被资本市场以 IPO 等方式加倍地放大，最后政府的资源和股民的血汗钱一起被资本大鳄吞食。一地鸡毛过后，随风而去的是政府的公信力和人们对尚在萌芽期的新技术的信心。

这就是为什么对新技术的产业化和工程化必须慎之又慎，也是为什么政府应该远离工程建设的技术决策过程的重要原因。政府真正应该做的是加紧监管，要求决策过程公平透明，对资本投资行为全场紧盯，防止各种形式的腐败行为。这真不是杞人忧天，空穴来风，京沪量子通信干线工程引起的"九州量子事件"难道还不值得我们警惕吗？

上面讨论的是 QKD 项目施工方的问题，其实 QKD 更为严重问题在于工程项目的受益方。京沪量子通信干线工程和武合线工程与吃瓜群众完全无关，与各种企业也基本无关，各级政府几乎成了 QKD 的唯一用户和背锅侠，成了政府所有的变相的楼堂馆所。QKD 如果真是好宝贝，政府独享独用似乎又说不过去，如果它是难以吞下的苦果，政府为什么还要扩大建设，难道政府真是要吃苦在先、享乐在后吗？

　　事实证明量子通信工程比"楼堂馆所"问题远为严重。楼堂馆所毕竟还是有用处的，政府建多了，可以退出部分或全部，让社会大众受益。但是各级政府自建的量子通信工程项目如果政府不用，又能给谁享用？

　　事实上量子通信技术在政府机构中很难发挥作用。在许多要求高安全性的系统中，特别是在有着上下级关系的政府和军队机构里，密钥必须实行分级分发和管理。在这些系统中，下级之间通信使用的密钥必须是由上级分发下来的，从而保证上级对它们下级之间的通信内容的全方位监控。

　　但是QKD实质上是通信双方"协商"密钥的手段。密钥"分发"和"协商"是完全不同的概念。"分发"是把已确定的密钥由上级送达下级，"协商"是通信双方共同议定新的密钥。正是这个区别使得"量子通信"根本无法在有严格上下层结构的系统中独立提供密钥的分发管理功能。

　　如果让各级政府部门直接使用QKD技术，那么市与市之间通过QKD协商出了一个新密钥，而这个密钥据说又是"无条件绝对安全的"，他们用QKD协商出来的密钥作通信中的加密解密，把他们的上级省政府和中央政府也全部封杀屏蔽掉？这不是在开国际玩笑吗？

　　总而言之，政府和科学院等事业单位应该远离量子通信的工程化产业化，更不能成为工程建设的独资老板和主要用户，否则会造成诸多的恶果：破坏公平的市场竞争环境，严重阻碍新技术的发展；极度地浪费社会资源；加重金融市场的风险。这还真不是危言耸听，其实有些问题的苗子已经在量子通信工程项目中有所露头，值得有关部门重视。

第四节 岂有文章倾社稷，从来佞幸覆乾坤

2021 年九月初，我在《知乎》专栏批评质疑量子通信工程文章全部被删，并被禁言两周。此事看似意料之外，实乃情理之中。

这让我想到了一个历史故事。公元 200 年，官渡大战之前，曹操往徐州攻刘备，田丰建议偷袭许昌，袁绍以儿子生病为由拒绝。及后田丰奋力直言袁绍缺失，以及分析和曹操兵力部署优劣，认为百姓疲弊，粮食不足，应该用持久战，可惜不被袁绍采纳。田丰恳求力劝，袁绍愤怒，把他投入监狱。后来袁绍兵败，有人对监狱中的田丰说："君必被重用。"田丰回答："如果大军胜利，我必不会死，如今大军失败，我必死已矣。"袁绍归来，左右对袁绍说："田丰因为主公不听他的说话，果然失败而大笑。"田丰随即被杀。

年轻时经常被教导："不但要团结和自己意见相同的人，而且要善于团结那些和自己意见不同的人，还要善于团结那些反对自己并且已被实践证明是犯了错误的人。"当时认为这个要求有点苛刻，觉得要做接班人还真不容易。岁月的磨练让我慢慢明白，"团结那些反对自己并且已被实践证明是犯了错误的人"并不太难，怎样处理反对自己而且最后被事实证明反对正确的人，这才是人世间最棘手的难题！

试想如果量子通信工程今日大获成功、佳评如潮，产品紧销一货难求，那时候又有谁会在乎我在《知乎》专栏上的那些批评质疑量子通信工程的破文章呢？说不定，我要删除自己的那些文章都会有困难，让它们挂在《知乎》上绝对利大于弊，这不更能反衬出潘某人的高大上吗？也许他还会传出话来：我们要团结那些反对量子通信工程并且已被实践证明反对错了的人，欢迎那位徐令予来科大国盾量子看看么。

　　我其实不止一次说过，在量子通信工程问题上我真希望我是错的。如果是我错了，不用潘某人邀请，我自己会去中科大负荆请罪的，学术争论对错都正常，输给中国的量子之父也不丢脸。

　　可惜事实正好相反，我的所有批评质疑量子通信的文章全部被删，并被禁言两周。奇怪的是我的许多文章在《知乎》的专栏里已经存在多年，一直没问题，《知乎》管理团队不仅没有什么异议，而且就在删文禁言前二天还表扬了我，请看知乎的二个通知，它们均生成于删文禁言的前夕。

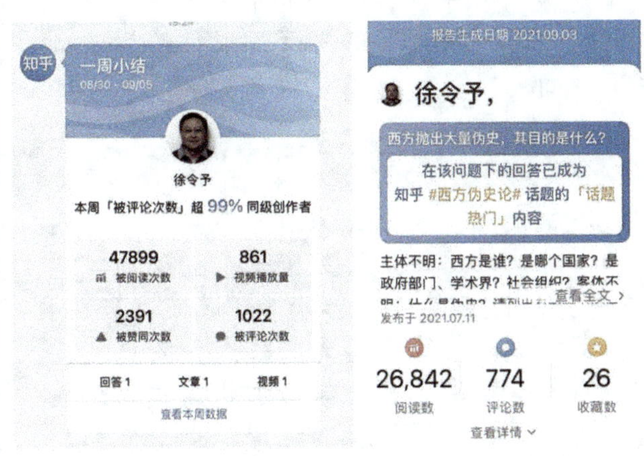

图 9.2

《知乎》这次为什么翻脸比翻书还要快，原因其实也不难理解。因为 9 月 18 日合肥要举行"首届量子产业大会"，会议前我的所有批评质疑量子通信工程文章被删除干净，并且对我禁言直至大会结束。时间点卡得非常精准。

　　三尺微命、一介书生的我只是说点实话而已。我的那些文章主要都是有关量子通信工程的必要性和可行性分析，以及对国外一些权威机构政策报告和专家学者研究论文的分析解读，这些文章在量子通信工程的规划和启动时可能还有点意义。到如今好几年过去了，量子通信干线也建了上万公里，生米已经煮成了熟饭，现在工程的成败已经一目了然，市场毕竟是检验工程技术的唯一标准，多说已经无益。工程要不要做、如何做属于学术争议，工程完成后就只有经济效益和法律责任问题，对于后者我既不在行也无兴趣，我只能挥一挥衣袖不带走一个标点符号。

该做的我已经做了，我的那些文章的阅读量和赞同数都放在那里，信息安全工程技术人员中的大多数站在那一边毫无悬念，公道自在人心，删文禁言又有何用？量子通信干线工程依然是烂尾楼，科大国盾量子的财务报表依旧是不堪入目。"岂有文章倾社稷，从来佞幸覆乾坤。"

文章删就删了吧，我不怨恨《知乎》，有一句很经典的话，"认真，你就输了。"言者谆谆，听者藐藐，量子通信的学术争议早已被利益集团带偏了方向，我无能也无意去唤醒那些装睡的人。

时维九月，序属三秋，忽然想起了鲈鱼莼菜羹的故事。我的那位吴县同乡张翰仁兄，"因见秋风起，乃思吴中菰菜、莼羹、鲈鱼脍"，竟然弃官而去不复回！我在《知乎》那些破文章被删有何足惜？"安能摧眉折腰事权贵，使我不得开心颜"，划过历史的时空，我和张翰、李白的心是相通的。身居南加州的我，鲈鱼莼菜羹不可得以，但是近在咫尺的太平洋里的红斑鱼也是很鲜美的。

人生在世不称意，明朝散发弄扁舟，闲来垂钓碧波上，海阔天空任我行。

第五节 警惕科普中的不正之风

《Newton 科学世界》在"量子传输如何实现"一文中存在严重的错误。《Newton 科学世界》是中国科学院主管、科学出版社主办的，在如此重量级的科普月刊上竟然出现如此严重错误，令人难以接受。

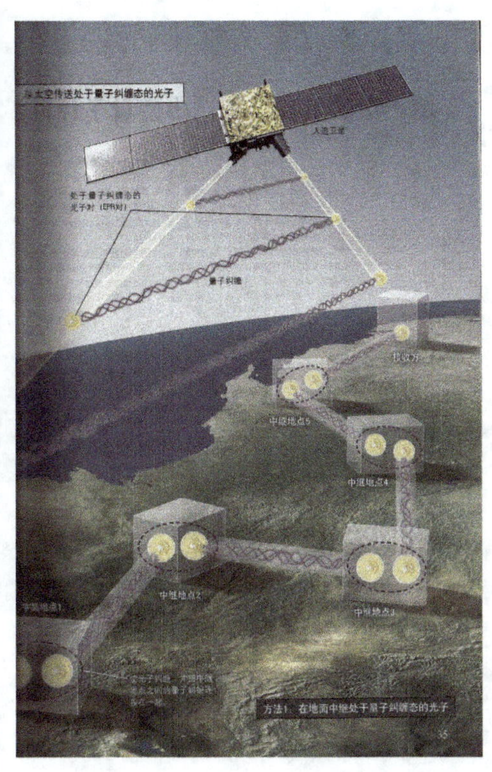

图 9.3

《Newton 科学世界》2019年2月号的第34页上有图片如左：

图片上注明，"方法1：在地面中继处于量子纠缠态的光子"。相应的文字转抄如下：

"如果量子信息通信的距离更远的话，则需要进行中转（量子中继）。也就是说，在短距离内形成多个量子纠缠，之后将它们"整合"在一起，形成一个连接发送方与接收方的长的量子纠缠（左图下方）。"

"另一方面，中国的研究团队不仅采用了地面量子中继的方式，还采用了利用人造卫星从太空传送光子的方式（图片上方），成功地把处于量子纠缠态的光子传送到了遥远的地方。利用这种方法，不仅在中国国内成功实现了 1200 千米的量子信息通信，而且还与距离中国 7400 千米之远的奥地利成功实现了量子信息通信。"

上面的图片和白纸黑字都在强调：中国的量子通信使用的是量子纠缠态。这样的科普实在错得太离谱，事实上中国的量子通信工程与量子纠缠没有一毛钱的关系。

从量子物理的角度来看，量子纠缠是多粒子体系中的量子力学现象，目前量子通信工程实质上仅是密钥的分发，利用的是单光子自旋态（即偏振态）的量子效应，前者是多体问题，后者只是

267

单体问题。在物理实验中，操纵一个粒子肯定比操纵多个粒子要容易得多，工程实施时必须避难就易采取切实可行的方案，利用单光子偏振态是唯一可行的选择。量子纠缠目前只是实验室中娇嫩的花朵，美丽的花朵不一定会结果，量子纠缠在工程应用中的前景还十分遥远和不确定。

国内已建和在建的所有量子通信 QKD 工程（包括京沪干线工程）的技术基础是美国科学家在 1984 年制定的 BB84 协议或该协议的改进版，该协议利用光子的偏振态作为信息载体来传递密钥，与量子纠缠效应真的一点关系也没有。希望媒体告知媒体，请不要在 QKD 与量子纠缠的关系上没完没了的"纠缠"下去了。

但是愿望终究只是愿望，"树欲静而风不止"，隔三岔五媒体一定还会在 QKD 问题上"纠缠"不清的，这背后的原因可能比"量子纠缠"还要复杂。

QKD 报导出现太多杂音和错乱，某种程度上与工程的性质有关。QKD 是跨越量子物理、网络通信和密码学几大学科的综合性工程。量子物理中的许多怪异现象已经够令人糟心的了，通信理论也非省油的灯，再加上密码学中深奥的数学，它们就是挡在学习理解量子通信前面的三座大山。只可惜，大山常有而愚公难见，现代人碰到障碍的首选是走小路、抄捷径、利益最大化。于是乎，各种一知半解、似是而非、人云亦云的 QKD 科普文章就充斥在我们的媒体上。

我们的一些科普作者不仅不愿意下功夫把难懂的科学问题搞明白弄清楚，反而经常会使用一些自己也不了解的生涩难懂的术语来糊弄大众，好像不如此不足以证明自己学富五车、博古通今。QKD 的物理基础是光子自旋态的量子效应，这是量子力学的最浅显的表皮部份，它并没有涉及太多深不可测的微观世界理论。在与量子物理的关系上看，量子通信工程并不比半导体、激光等技术更特殊。一些科普作者千方百计要把量子纠缠硬塞进 QKD 中去，他们可能觉得量子纠缠就是一个高大上的概念，有了量子纠缠不仅让 QKD 戴上迷人的光环，而且作者自己脸上似乎也添了些光彩。

QKD 科普中的许多问题与科普作者的学术水平和科学态度有一定的关系，但如果认为这些问题都可以甩锅给媒体和科普作者，那就太小儿科了。其实 QKD 科普中的许多问题就是 QKD 建设中遇到的一系列的问题的反映和投射。世界上不存在十全十美的工程，一个工程项目有这样那样的问题实属正常，QKD 的问题可能要多一些、严重一点，但只要正视问题也并不可怕。但是 QKD 工程的组织者在问题面前采取了遮遮盖盖、文过饰非的态度，正是 QKD 工程的封闭和不透明导致了 QKD 科普中的混乱和失序。

QKD 科普中的问题和乱象就都集中在 QKD 工程中的一些软肋处，QKD 干线的中继站就是这些软肋中的软肋，《Newton 科学世界》在 QKD 的中继问题上栽跟头不奇怪。可信中继是量子通信的毒瘤，有关详情参见第三章第二节。

无独有偶，有关量子通信京沪干线的科普漫画作品也出现严重错误。这部科普漫画作品由墨子沙龙和科学松鼠会联合创作推出的。墨子沙龙是中国科学技术大学上海研究院主办的科普论坛。为了比较量子通信与经典通信的优劣，该科普作品制作了一张图片[1]。

配合图片的文字为："在可信中继站之间，量子密钥会接力传递。如果有敌人潜入了中继站，密钥就有可能被窃听。但是，相比经典通信的处处设防，可信中继的重点设防容易多了，所以，这种量子通信的实现方案，在现有的技术手段下，极大地提升了通信的安全性。"

"经典通信处处设防 VS 量子通信重点设备"，这个错误观点出现在许多量子通信的科普作品中。持这种观点的作者有教授学者和科普大伽，例如，《纽约时报》2018 年 12 月 3 日发表了《量子加密竞赛方兴未艾，中国已领先一步》的文章，其中引述了中国著名量子通信专家的一个观点："利用传统的通信方式，窃听者可以在光纤线路上每一点拦截数据流。政府难以探测到线上的拦截点的位置。这位专家表示，量子加密技术可以将京沪沿线 1200 英里的可能被攻击的点减少到了几十个。"

我无法判断《纽约时报》在引述过程中是否发生差错，如果量子通信专家们真以为在光纤线路上拦截数据流就可以窃取通信秘密，那么他们的密码学常识已经低到令人震惊的地步。在通信线路上所有重要信息（包括密钥）都是经对称密码加密后以密文方式传递的，这些密文在信道上传输从来不用担心被拦截和窃听，经典对称密码的安全性是有充分保障的。

如果量子通信专家坚持认为经对称密码加密后的密文在通信线路上传输是不安全的，在整条通信线路上是需要点点设防的，那么请问，QKD 在取得共享密钥后，不是也用对称密码加密得到密文再送通信线路传输的吗？事实上 QKD 中的密钥在大多数情况下，难道不也是以密文方式在通信线路上传输的吗？难道在这些通信线路上也需要点点设防吗？如果真是这样的话，那么 QKD 就需要通信线路上的点点设防人员，再加可信中继站的守卫人员，QKD 需要的设防地点和人力不是仍比经典通信多得多吗？量子通信的这些专家们不仅缺乏密码学基本常识，连正常的逻辑思维能力都不具备，由这些专家指导建设 QKD 工程实在令人担忧。

QKD 工程的专家会犯密码学方面的低级错误，看似意料之外，实在情理之中。QKD 工程就是一个通信密码学的工程，它与量子物理的关系并不比半导体芯片、激光光源等工程更特殊更紧密。但是 QKD 工程完全由量子物理实验专家所主导，在这样一个通信密码学工程项目中我们几乎听不到通信密码学的专家学者的声音，岂不咄咄怪事！

由此也不难明白，为什么QKD工程的专家会犯密码学方面的低级错误。隔行如隔山，一个量子物理专家在密码学上闹笑话，其实既不奇怪也没有什么可笑。学术界中隔行犯错，那都算不上错而是傻，犯错者傻，与之争辩的更傻。如果一定要纠错，纠错应该纠在为什么要隔行去犯错？同理，QKD工程最应检讨的是人员的组织上，为什么在这样一个通信密码工程的组织主导和科普宣传团队中不见通信密码学专家权威的身影？

今天社会的飞速发展和进步靠的就是分工合作。科学、技术和工程对人才的培养和要求是相当地不同。由物理学家担任密码工程项目的负责人是非常不合适的，物理学家在为人处事方面常常是太幼稚太天真，他们不具备密码学家那种不相信任何人、怀疑一切的"阴暗心理"。

京沪量子通信干线上使用了几十个可信任中继站，密码系统的核心机密—对称密钥以明码形式几十次的重复出现，密钥是裸奔的！面对如此严重安全隐患，大概也只有物理学家还能安稳睡大觉，这在密码界从业人员看来是不可想象的。

归根结底，量子通信的科学普及和工程建设中的乱象是一体两面，都是外行领导内行的必然结果。量子通信概念的拨乱反正只能等待"王者归来"—等待通信密码学专家的回归。

参考资料
[1]漫画：中国建成量子通信京沪干线
http://songshuhui.net/archives/98952

第六节 "标题党"正在污染我们的科技界

最近的研究表明科学进展从总体来看正在降速并趋于停滞。在 2020 年三月份发表的论文"创意越来越难找到？"一文中，四位经济学家(斯坦福大学的 Nicholas Bloom、Charles Jones、Michael Webb 以及麻省理工学院的 John Van Reenen)声称："来自各行各业、各种公司和各种产品的大量证据表明，科研工作的大量投入，换来的却是研究成效的急剧下降。"[1]

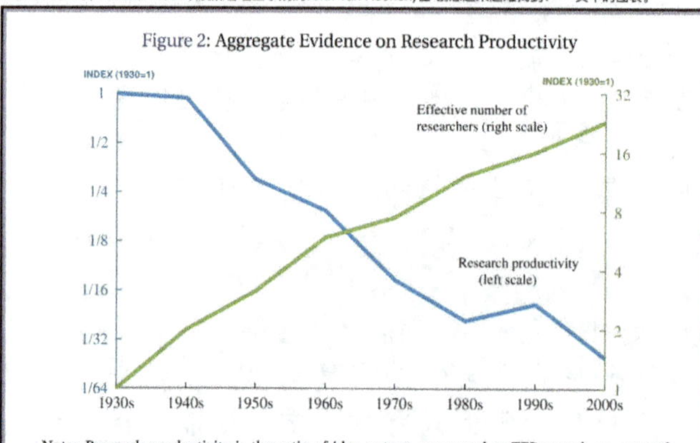

P1)随着研究人员数量的增长，研究结果的产出效率正在下降。这是四位经济学家(斯坦福大学的Nicholas Bloom、Charles Jones、Michael Webb以及麻省理工学院的John Van Reenen)在"创意越来越难找到？"一文中的图表。

图 9.4

论文作者举了一个反直觉的例子，他们借用摩尔定律的形式指出："要实现每两年计算机芯片密度翻番，现在所需要的科研人员数量比 20 世纪 70 年代早期要多 18 倍"。研究发现在农业和医药科研领域也有相同的趋势。对癌症和其他疾病的研究的投入越来越多，但是挽救的生命数量却越来越少。

还有论文指出，"自从 1950 年以来，每十亿美元研发费用产生的新药数量大约每 9 年就减半"。作者 Jack Scannell 和另外三位英国投资分析师称这一趋势为"Eroom's Law"，Eroom 是 Moore 的反写，即摩尔定律翻转了[2]。

今日的科学家时运不济，随着资金趋于紧张甚至下降，对于科研经费和荣誉的争夺日趋激烈。科技界的内卷迫使许多科研人员只能更积极地宣传他们自己的工作，有时甚至逾越了红线。

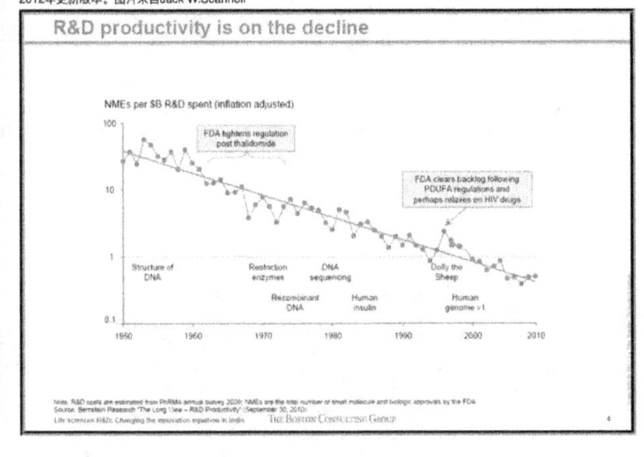

图 9.5

三位荷兰生物医学专家开展的一项新的研究引人关注。他们检查了1974年至2014年的生物医学数据库(PubMed)中所有论文的摘要，搜索25个正面肯定词汇的使用频率，这些词汇包括诸如"惊人"、"独特"、"前所未有"等等。他们的研究结果发表在英国医学杂志(BMJ)[3]，其结论如下。

"使用积极和肯定的词汇的频率从2.0%（1974-80）增加到17.5%（2014），四十年来这些词汇的使用频率相对增长了880%。在这25个积极词汇中间，每一个使用频率都有增加，无一例外。特别是"强健"、"新颖"、"创新"和"前所未有"等词汇，其使用频率的增长比例竟然达到2500%至15000%！这种情况在具有高影响因子的某些期刊略有收敛，而隶属于非英语国家的论文作者使用了更多的积极词汇。"

这三位荷兰作者们的研究结果与流行病学家(John Ioannidis)的发现吻合，2005年，Ioannidis在他的一篇重磅文章中写道："大多数已发表的研究成果是错误的。"[4] Ioannidis认为，研究人员之间的竞争加剧导致实验重复率降低和结果被夸大，虽然其中大多数并不是主观上彻头彻尾的欺诈行为。

荷兰研究人员认为：虽然科研人员可能越来越习惯夸张的写作风格，并更加热衷于科研的结果，但更可能的解释是：科学家可能认为科研的结果及其影响必须夸大和强调才有可能发表。夸大科研成果的做法令人担忧，适者生存的环境会重塑科研人员的品质：最善于出售其成果的人可能成为最后的赢家。现在到了推进新的学术文化的时候了，我们应该奖励质量而不是数量，并且应鼓励研究人员实事求是和尊重客观事实。

改革学术文化也不只是科学界的内部问题，树欲静而风不止，外部环境也非得清理整顿不可。媒体常常是急躁浮夸的风源地。前几天，某医学公众号推出文章《重磅！美国癌症疫苗研发成功，彻底根治率达 97%》，着实吓人一跳。文章依据发表在 (SCIENCE TRANSLATIONAL MEDICINE) 的一篇论文，提到斯坦福大学医学院的科学家将研制的免疫刺激剂注入患癌症的小鼠肿瘤内，刺激其 T 细胞激活，从而达到根治肿瘤的效果，实际就是一种免疫疗法。90 只带病老鼠实验，87 只有效，97%成功率。

稍有医学常识的人都知道，动物实验有效，不等于在人身上都能有效，绝大部分的动物实验用在人身上都没有取得满意的结果。论文本身没有错，"这项成果，让人类看到了彻底击败癌症的新曙光"。但仅仅是曙光而已。媒体在报道这样一篇科学文献时却做了回"标题党"，不知又有多少人被误导？

媒体对量子通信工程的宣传报导更为失实误导。目前的量子通信工程根本就不是新的通信技术，它也不是完整全新的密码技术。保证通信安全的密码技术是一个复杂的综合性系统，它包括了加密解密、密钥分发、身份认真、数字签名等多种功能。量子通信仅仅为密码系统中的一项子功能"密钥分发"提供新的选项。把量子密钥分发（QKD: Quantum key distribution）称作量子通信，极度夸大了 QKD 技术的地位和价值，这本质上就是"标题党"行为。

所谓 QKD 能够保证通信的绝对安全更是无稽之谈。QKD 最多也只能保证密钥分发的绝对安全，密钥分发的绝对安全不能保证整个密码系统的绝对安全，而密码系统的绝对安全只能保证通信的信道安全，它不能保证整个通信系统的安全。而且还必须指出 QKD 的密钥分发绝对安全性目前仅停留在理论上，企图逼近理论极限，在工程实施中往往是难于上青天，而建设和运行成本常常会压垮用户的承受力。事实上目前的京沪量子密钥分发的安全性和经济性都远不如传统密钥分发技术。认为 QKD 工程可以保证通信绝对安全没有任何科学依据。

所以从本质上来说，"量子通信"与"量子袜子"、"量子小镇"都是"悬疑新闻"的产物，均可归属"标题党"。它们是五十步笑百步，不对，应该是百步笑五十步。因为"量子袜子"的那双袜子至少还是可穿的，"量子小镇"的那个小镇也还是可住人的，但是"量子通信"是不能用来通信的，它与通信安全也几乎无关。

主流媒体在宣传报道所谓的"量子通信"上应该严肃认真、实事求是。正式场合应该一律使用"量子密钥分发"，尽量不用"量子通信"。

媒体是社会的良心。"标题党"妨碍了传播公正，误导了公众的价值判断，是精神世界中的雾霾和地沟油，堪称"全民公敌"。拒绝成为"标题党"，避免社会混乱与人心浮躁，媒体工作者责无旁贷。

希望我们的媒体向传统回归向古人学习。我们的古人实在太牛了，他们对于标题党从来不屑一顾的。李商隐留下的千古绝句："春蚕到死丝方尽，蜡炬成灰泪始干。"和"身无彩凤双飞翼，心有灵犀一点通。"它们都来自取名为"无题"的诗篇。在"无题"这个最为平谈简朴的题目背后，诗人字字珠玑、妙笔生花，创造出梦幻之景、天籁之音，独绝千古。

科学和艺术有一点是相同的，都是作品内容为王，作品的内容和价值远胜标题和包装。现代人却常常反其道而行之，心思全放在怎样把苍白庸俗的作品外面加上金光闪烁的标题，于是"金玉其外，败絮其中。"许多现代人常常自以为是，其实与我们的古人相比，还真拿不出多少有价值的东西可以传承万世。

参考资料

[1]https://web.stanford.edu/~chadj/IdeaPF.pdf

[2]Moore's Law 是由英特尔(Intel)创始人之一戈登·摩尔(Gordon Moore)提出来的。其内容为：当价格不变时，集成电路上可容纳的元器件的数目，约每隔 18-24 个月便会增加一倍，性能也将提升一倍。换言之，每一美元所能买到的电脑性能，将每隔 18-24 个月翻一倍以上。这一定律揭示了信息技术进步的速度。

[3]https://www.bmj.com/content/351/bmj.h6467

[4] "Why Most Published Research Findings Are False"：https://www.ncbi.nlm.nih.gov/pmc/articles/PMC1182327/

第七节 对中国科学院准备授予"中国科学技术大学的广域量子通信研究集体"杰出科技成就奖提出异议

中国科学技术大学的广域量子通信研究集体出现在 2019 年度中国科学院杰出科技成就奖授奖建议名单中，令人难以置信。国家量子保密通信"京沪干线"开通已经二年有余，至今没有忠诚的付费用户，没有任何经济收益，整个工程陷入难以自拔的困境。中科大量子通信团队对此负有不可推卸的责任，中国科学院不究其责、反授其奖，让人百思不得其解。

中国科学院杰出科技成就奖条例（试行）列出颁奖的三条评审标准如下：

一）在基础研究或应用基础研究中做出前人尚未发现或者尚未阐明、得到国内外同行公认的重大科学发现或重大技术发明；

二）在关键技术创新与集成或高技术产业化中，为我国经济建设、国家安全、社会可持续发展或科学技术进步做出重大贡献并创造显著经济效益或显著社会效益；

三）在基础性、公益性科技活动中，做出重大贡献并创造显著社会效益。

这个评审标准有三大要素：重大科学发现、重大技术发明和显著经济社会效益。对照这个评审标准，中科大量子通信团队有没有获奖的资格呢？

中国科学技术大学的广域量子通信研究集体没有做出重大的科学发现，这个结论应该毫无疑义。

中科大量子通信团队也没有什么重大技术发明。中科大量子通信团队的主要工作是研制广域量子通信实验系统和建设国家量子保密通信"京沪干线"，他们在这两个项目中使用的核心技术方案都是以BB84协议为基础的诱骗态的改进版。众所周知，BB84协议和诱骗态的原创者分别是美国和韩国的学者，中科大量子通信团队的工作只是在他人原创的协议方案上改善和提高了某些技术性能，这当然算不上重大技术发明。

那么中科大量子通信团队在量子通信产业化过程中有没有显著的经济效益或显著社会效益呢，答案依然是否定的，原因可以归结为以下三个方面：

一）量子通信工程没有实用价值；
二）量子通信工程化完全不具备可行性；
三）卫星密钥分发也无法突破"最后一公里困境"。

上述三个方面问题详细分析如下。

一）量子通信工程没有实用价值

所有已建或在建的量子通信工程都不是新的通信技术。量子通信工程与量子纠缠也毫无关系，它们其实只是利用量子偏振态为通信双方分发密钥的一种硬件方法，简称量子密钥分发(QKD)。量子通信工程为用户协商出密钥后，还得依赖传统密码算法进行加密解密，因为它根本就没有自己的密码算法，所以量子通信工程从来就不是一个独立完整的密码系统。把量子密钥分发(QKD)称为量子密码工程是猪鼻子里插大葱—装象，把 QKD 称为量子通信那更是错上加错。密码系统的关键技术是密码算法，从来就是算法为王，密钥的分发保存主要是应用层面的问题，并没有多少技术含量，这是密码学的常识。

量子通信工程用硬件分发密钥有什么用处呢？QKD 分发的是"一个"对称密钥，再强调一遍：是"一个"密钥，所以 QKD 只能用在对称密码系统中，仅为对称密码的用户分发一个对称密钥。因为量子通信工程没有自己的密码算法，它依赖于对称密码算法，说到底，量子通信工程仅是对称密码系统中的一个子功能。

使用对称密码的用户之间要更新和分发密钥本来就没有什么问题。如果对称密码算法是安全的，那么用对称密码算法更新分发密钥也一定是安全的，另辟蹊径使用量子通信工程分发密钥纯属多余；如果对称密码算法本身是不安全的，那么建设量子通信工程为不安全的对称密码分发密钥又有何意义？由此可知，建设量子通信工程没有必要性。

事实上，在具有严格上下级关系的企事业环境中，密钥的分发、存放和管理是有专门的机构——密钥分发中心(KDC)负责的。两个终端用户是在 KDC 的支持和监督下使用对称密码算法取得对称密钥，而且也把身份认证等相关安全问题也一起解决了。在专用企业网中，量子通信工程为对称密码作密钥分发根本没有切入口，它除了增加成本和添乱不会带来任何益处。

　　在互联网环境中给亿万非熟人之间分发密钥，公钥密码成了唯一的选择。公钥密码把加密解密的核心机密分解在公钥与私钥这样两个密钥中，一个可以公开，把另一个隐藏起来，公钥和私钥的密切配合使得互联网上亿万非熟人之间分发密钥成为可能。量子通信工程用硬件为通信双方只分发"一个"密钥，而不是"一对"密钥，QKD 仍然是对称密码的思维与公钥密码毫不相干，它是无法为互联网亿万非熟人之间分发密钥的。而且量子通信工程为两个用户之间分发密钥时，必须在两个用户之间建立一条点到点直接相连的物理通道，既然用户之间已经"熟悉"到这个程度，那么他们完全可以设定出一个初始密钥，随后用对称密码分发更新密钥，这样做不是更方便更安全吗？

　　归根结底，公钥密码可以为互不相识而且空间位置不固定的用户之间交换密钥，而 QKD 完全无法做到这一点，认为量子通信工程这种原始落后的方式可以为互联网亿万用户分发密钥只是某些人的空想。

　　量子通信工程从本质上与互联网无法融合，它对于互联网通信安全不可能有丝毫贡献；在企事业环境中 QKD 性能上不具备优势，价格成本又难以让用户承受。量子通信工程在现代通信的舞台上不会有寸土立足之地。

　　我们还必须认识到，量子通信工程只是为对称密码系统分发密钥，它最多也只能保证密钥分发的私密性。但是密码系统由密码算法和密钥两部分组成，单有密钥的私密性不足以保证密码系统的私密性。而私密性也远远不能保障通信过程（信道）的安全性。

　　许多人把通信私密性等同于通信的安全性。当然通信安全一定要求通信内容的私密性，但是只有通信的私密性是不足以保证通信就是安全的。通信的安全性有着比私密性更高更强的要求，它不仅要求通信双方传送的内容不能被任何第三者知道，还要确认收发双方各自的真实身份，还必须确认通信内容的完整性和不可篡改性，另外还要保证通信的稳定性和可靠性。所以通信的安全性至少应该包括通信的私密性、真实性、完整性、和可用性。在许多通信的应用场景中，通信的真实性和完整性甚至比私密性更重要，宣传量子通信工程可以保证通信绝对安全就是个彻头彻尾的谎言。

　　一个信息系统可以分为信源和信道两个方面，过去安全隐患主要在信道上，保卫信道安全的密码系统就成为了关注的焦点。但是随着信息系统的数字化，目前信息系统的安全隐患主要发生在计算机的操作系统、中央处理器硬件、计算机内存等方面，信息系统安全的严峻挑战全都来自信源方面。信源成了保卫信息系统安全的战略前沿，密码系统的地位已经进不了前三甲。

　　信息系统的总体安全性遵循木桶短板效应。木桶的盛水量受限于木桶的短板高度，同理信息系统的总体安全性决定于系统中最不安全的因素。提高国家信息系统安全水平最有效的方法应该是增高短板，即把安全工作的重点放在计算机操作系统和各种硬件设备这些短板上。不惜代价增高密码系统这块长板一点也不会改善国家信息系统安全的总体态势，更何况量子通信工程也没有能力增高密码系统的这块长板。鼓吹和推动毫无实用价值的量子通信工程不只是浪费了国家的宝贵资源，它的最大危害性是干涉误导国家信息安全的整体策略。

　　小结一下：量子通信工程是为用户双方分发"一个"密钥的硬件技术，QKD与使用"一对"密钥的公钥密码系统毫无关系；在对称密码系统中传统的密钥分发技术安全成熟、价廉物美，采用QKD在性能和价格上均无优势，所以量子通信工程对于密码系统没有任何实用价值。保卫现代信息系统安全的主战场在计算机的操作系统、硬件和应用软件上，不在密码系统方面；而密码系统安全的重点是密码算法上，不在密钥分发上。作为密钥分发的量子通信工程对于提高国家信息系统安全的整体态势没有实用价值。

二）量子通信工程化完全不具备可行性

QKD 实用化、产业化进程中至今没有解决的要害问题可归结为以下三个方面：

1）量子通信技术困境之一：极低的成码率

QKD 的成码率是单位时间内生成有效的共享密钥总位数。成码率是密钥分发最重要的技术指标，它反应了密钥分发的效率，也决定了该技术的应用范围。目前 QKD 在百公里距离上的成码率仅为数 Kbps，而目前光纤数据通信速率可达 Tbps 级别，两者相差了 9 个数量级，也就是十亿倍！所谓绝对安全的量子通信又必须要求"密钥与明文等长"和"一次一密"，也就是说 QKD 的成码率必须不低于光纤的数据通信速率。所以蜗牛般低速的成码率使得量子通信要为现代化通信保驾护航永远只能是不切实际的幻想。

2）量子通信技术困境之二：不能与互联网兼容

目前量子通信工程使用的是 BB84 这个"点到点"的通信协议，这种点到点的密钥分发技术要求在通信双方之间建立一条被他们独占的物理通路，这种通信方式只能使用电路交换协议（Circuit Switching）。电路交换协议与分组交换协议（Packet Switching）从基础原理上水火不容，而分组交换协议是构建现代互联网的基础。这就从根本上断绝了 QKD 组成现代通信网络与互联网兼容的可能性，它为互联网通信安全提供有效的服务也就无从谈起。这是京沪量子通信干线工程至今未有广泛应用的一个根本原因。

3）量子通信技术困境之三：极不安全的可信中继站

　　京沪量子通信干线中使用了三十多个带有严重安全隐患的"可信中继站"，黑客可以利用这些中继站的计算机系统的安全漏洞发起攻击，也可以在中继站的上百个工作人员中寻找合作者，黑客通过以上手段窃取密钥比直接破解密码要容易得多。采用QKD不仅没有提高密码系统的整体安全性，反而引入了更多原本不存在的安全隐患，所以京沪量子通信干线的安全性要远低于传统通信干线。

　　目前"量子通信"的现状连工程立项的资格都不具备，因为它面临太多难以解决的技术困境。在这些技术难题中尤以"极低的成码率"、"不能与互联网兼容"和"极不安全的可信中继站"最为严重，它们就是阻碍量子通信工程建设的三座难以逾越的大山。量子通信所面临的这三大技术困境是被物理原理所决定了的，单靠工程技术的进步是不可能取得实质性改变的。

　　为了转移视线，掩盖量子通信的三大技术困境，于是就泡制了毫无科学依据、逻辑混乱的两个神话故事：

　　量子通信神话之一：QKD无条件安全性可以用数学证明
　　"量子通信的无条件安全性是可以用数学证明的"实际上包括两句话：量子通信的物理过程可以抽象出一个数学模型，这个数学模型的无条件安全性是可以用数学证明的。把这两句话压缩成一句话，就变成了："量子通信的无条件安全性是可以用数学证明的。"于是一个神话故事就这样产生了。

　　事实上到目前为止，量子通信的抽象数学模型的无条件安全的证明一直是有争议的。退一万步，即使量子通信的抽象数学模型将来被证明是无条件安全的，也不能证明量子通信真实的物理过程是无条件绝对安全的，因为数学模型不等于真实的物理过程。无论数学模型做得多完美，它只可能是真实世界的部分和近似的反映，对模型的任何分析和证明只能是真实世界特性的近似结果。

量子通信神话之二：QKD 可以拯救公钥密码危机

从密码学原理可知，量子通信只能为确定的"熟人"之间分发一个共享密钥，本质上它仅是对称密码中密钥分发的一种选项。公钥密码因为使用公钥、私钥两个密钥，所以才能为互联网千千万万"非熟人"之间分发密钥，并且还可以完成用户认证、数字签名等多种重要功能。而这些保证互联网通信安全的重要功能都是量子通信根本无力胜任的。即使明天量子计算机与太阳同时升起，公钥密码的天塌下来，量子通信也是根本不顶用的，唯有丢人现眼的份。

"量子通信的无条件安全性是可以用数学证明的"、"只有量子通信可以拯救公钥密码危机"是两个毫无科学根据的神话故事，"极低的成码率"、"不能与互联网兼容"和"极不安全的可信中继站"是量子通信工程无法逾越的三座大山。编造和宣传这两个虚假的神话故事目的是为了掩盖量子通信面临的实实在在难以解决的三大工程困境，虚假的神话故事与真实的工程困境是硬币的两面。量子通信面临的工程困境越是残酷真实，走入歧途的工程推动者越发需要依赖虚幻的神话去掩盖自己的窘态；神话故事越是虚假离奇，只能说明故事的编导者面对的困境太真实太严酷了，他们除了忽悠没有任何有效的对策。

三）卫星密钥分发也无法突破"最后一公里困境"

近期量子通信的宣传避而不谈京沪量子干线中的许多严重的技术问题，把关注的重点引向墨子号卫星。他们在有意或无意中误导公众，似乎有了卫星的自由空间量子密钥分发，QKD 中的技术困境有所缓解，远距离量子通信就有了一点希望。其实这是狡辩的贯用手法，妄想用新的谎言去掩盖旧的谎言。

用卫星作 QKD 在技术上问题更多更不成熟，相比光纤的 QKD，它的成码率更低，也缺失现代化组网协议，而且仍旧摆脱不了"可信中继站"的死结。我还是持一贯的宽以待人的立场，不在技术细节上纠缠，把质疑落实在无法回避的硬伤上，卫星 QKD 的死穴在"最后一公里困境"上。

我们先退一万步，假设卫星的 QKD 万无一失，在两个量子卫星通信地面站之间协商分发成功一个共享密钥，请问下一步怎么办？绝大多数的通信用户至少位于量子卫星通信地面站一公里之外，那么这个共享密钥又用什么方法送过去呢？这里无非是两种办法，一是用传统对称密码加密传送，二是用 QKD 的可信中继站接力传递方法。

如果使用前一种方式，那么为什么不全程使用对称密码加密传送密钥呢？用对称密码对密钥加密生成密文后，可用微波中继、海底电缆、甚至通过互联网送之天涯海角的各个角落，比起量子通信卫星传送不知要方便高效多少倍，那么发展卫星量子通信技术又有何用？为了"量子"弃传统密码而不顾，那么就只能吞下安全隐患重重的"可信中继站"这颗苦果，这种所谓的广域量子通信网络就是京沪量子通信干线的放大版，只是成码率更低、更不安全而已。

这里所谓的"最后一公里"当然不是指传输距离只限于一公里，在大多数情况下，从量子卫星地面站到用户的距离远超一公里。在遥远的将来也许可以建造更多经济小型地面站，地面站与用户之间的距离可以缩小。但是只要从卫星天线到用户终端设备的距离不是零，这个"最后一公里困境"就无法回避。

从通信技术层面上看，距离超过一百公里的 QKD 必须依靠带有严重安全隐患的"可信中继站"技术，这与使用光纤还是空间卫星无关。密钥经过每个"可信中继站"都是赤身露体以明文方式接触硬件设备，QKD 的可信中继站将成为黑客窃取密钥的乐园，一条量子通信干线有几十甚至上百个"可信中继站"可供攻击，任何一个节点陷落都意味着密钥的彻底暴露。密钥被窃、安全何在？即使不计技术困难和经济效益，卫星空中分发密钥的最大挑战是"最后一公里困境"，它仍然还得面对"可信中继站"的这个死结。

在开发 QKD 过程中，中科大团队不首先解决"可信中继站"这个老大难的技术问题，却把资源浪费在没有实际意义的空间卫星 QKD 的探索上，即使从科研角度来看，这种本末倒置、避重就轻的做法也令人失望，如果以工程建设的标准来要求，他们的这种做法实在是太不负责任了！

总上所述，中国科学技术大学的广域量子通信研究集体至今未做出过重大的科学发现，他们在研制广域量子通信实验系统和建设国家量子保密通信"京沪干线"过程中也没有催生出重大的技术发明。中科大量子通信团队积极推动的量子通信工程既不具备工程可行性，而且量子通信工程过去、现在和可预见的将来都不会有实用价值。

在快速发展的移动网络时代，用物理方法分发密钥的量子通信不可能有发展前途。中科大量子通信团队犯的是方向性、路线性错误。这些道理并不难懂，可是有些人就是听不进去，装睡的人真的难以唤醒。

道理讲得也够多的了，下面列出 2019 年有关量子通信的三大事件，进一步让事实来说话吧。

1）到今年九月底，京沪量子通信工程完工已有二年，上述三大技术困境一个也没有得到解决。量子通信工程失去自愿付费的忠实用户群，现在只剩下各级政府买单了。工程的投资费用就别提了，估计现在连日常运营维护都无法自理。整整二年过去了，没有经济效益、没有铁杆用户的京沪量子通信工程只能黯然走下舞台，它被市场无情地抛弃是必然的下场。

　　据可靠消息透露，原计划中的多条跨省量子通信干线建设已经全部停工。中科大的"国盾量子"是量子通信设备制造的龙头企业。根据容诚会计所出具的《审计报告》（会审字[2019]6719号），2016 年度、2017 年度、2018 年度、2019 年 1-6 月，科大国盾的主营业务收入分别为 21,029.28 万元、27,248.17 万元、25,690.88 万元和 2,255.83 万元。数据显示，量子通信工程建设从 2016 年开始就增长乏力，去年已经出现负增长，到了今年竟然发生了 80% 的断崖式暴跌！

　　2）今年年中，上百名工程院院士联名上书，明确指出量子通信工程没有实用价值。为此，国家科技部已经对量子通信及量子计算重大科技专项作出了相应的调整。

　　3）十三届全国人大常委会第十四次会议 10 月 26 日下午表决通过密码法，将自 2020 年 1 月 1 日起施行。密码法旨在规范密码应用和管理，促进密码事业发展，保障网络与信息安全，是中国密码领域的综合性、基础性法律。

　　密码法规定：密码分为核心密码、普通密码和商用密码。核心密码、普通密码用于保护国家秘密信息，商用密码用于保护不属于国家秘密的信息。国家对密码实行分类管理。

　　这部密码法高屋建瓴、抓纲带目、纲举目张，它将一举扫清密码领域的雾霾，为密码技术的健康发展指明方向。

　　用密码法对照，量子通信工程立即显出了原形。量子密码技术的安全性不可控，使用极不方便，性价比又太低，所以量子密码技术根本不可能成为合格的商用密码。量子密码技术使用的"可信中继站"存在严重的安全隐患，技术上还处于摸索阶段，而且这种硬件方案在实施时需要太多的设计、生产和维护人员参与，这会给国家密码机构的管理带来难以预料的麻烦，所以量子密码技术注定没有资格成为国家核心密码、普通密码的成员。

量子密码技术向上没有资格成为国家的核心密码、普通密码，向下又没有能力参与商用密码的市场竞争，量子密码就是不上不下的半吊子技术。但是这些年来，量子通信工程一直在打擦边球，依仗政府的全额拨款做着所谓的商用化产业化的工程项目。这场密码界的闹剧到了该收场的时候了，密码法颁布为量子通信工程划下了休止符。

中国科学技术大学的广域量子通信研究集体的主要工作是研制广域量子通信实验系统和建设国家量子保密通信"京沪干线"，这二项工作的目标都是为了实现以 BB84 协议为核心的量子密钥分发技术的工程化、产业化。但是科学分析和铁的事实证明：中科大量子通信团队积极推动的量子通信工程既不具备工程的可行性，而且量子通信工程在过去、现在和可预见的将来都不会有实用价值。

量子保密通信"京沪干线"开通已经二年有余，目前项目运行状态和前景令人十分担忧。现在应该做的是认真总结工程失败的经验教训，把损失减到最低，应该尽量低调处理而不是大张旗鼓的发奖。这是中科大量子通信团队躬躬下台之时，而绝不是他们上台领奖之日。这也是中科大量子通信团队真正接受考验的时刻，一个团队的强大不是他们掩盖错误的本领，而是这个团队自我纠正的能力。公正可能会迟到但从不缺席，纠错是迟早的事，但早纠比晚纠好，自我纠正比强迫纠正要好。

更希望科学院有关领导以实事求是的态度，看清量子通信工程问题的本质，具体问题具体分析不搞泛政治化，采取及时果断的措施尽快结束这场闹剧。

第十章 国内外专家学者对量子通信的批评

第一节 公开批评质疑量子通信的专家和学者

量子通信根本就不具备工程化、产业化最起码的条件，因此，违反科学规律不顾一切建起的京沪、京汉、武合等量子通信干线，多年来没有付费用户、毫无经济收益，全成了烂尾楼工程！

工程建设与科学研究有严格的区别，后者允许探索和试错，但工程失败是要负法律责任的。量子通信工程化的推动者和鼓吹者们首先应该正视和认识错误的严重性，并尽早采取有效的止损措施。但是潘院士及其团队中一些人却反其道而行之，极尽颠倒黑白、混淆视听之能事，他们竟然把失败了的量子通信大跃进吹嘘成了弯道超车的中国奇迹，还信誓旦旦的宣布中国在量子通信领域已经领先西方五至十年，实在令人啼笑皆非。用爱国盾牌来遮掩罪责，莫此为甚！

英国、美国和欧盟等国家军情机构对量子通信和密码系统有着深刻的认识和全面的把握，这才是他们决定摒弃量子通信工程的前提和基础。在现代复杂的工程技术决策中，拒绝诱惑不是无能而是一种定力，许多时候选择不做什么比盲动更占优势；相反，在错误道路上走得越远陷得越深，那不叫领先而是典型的自欺欺人。

中国的量子通信工程团队在错误的道路上越走越远，真可谓是前无洋人后无来者，他们是越来越孤独，现在连圈内人士都对量子通信的实用性提出了尖锐的批评。这些批评质疑者全是世界一流的专家学者，这其中包括了中国、美国和日本等名牌大学里量子信息领域的教授和科学家，有军事和金融机构的信息安全专家，还有国际著名的信息安全专家。

当然，判断科技领域的是非对错自有客观的标准和规范，最权威的专家也不能一槌定音，名称头衔不是最重要的，还是要听其言读其文。部分专家学者对量子通信的批评和质疑罗列如下。

1）中科院院士郑建华是信息分析专家，解放军保密委员会技术安全研究所研究员。他在学术报告会上明确指出，量子通信 QKD 效率低、成本高，很脆弱而且组网有问题，因而现在不会有实际应用价值，在军事领域的价值也不大。中国军方对待量子通信炒作保持了高度的警惕性，没有被捲入疯狂的量子大跃进中。

郑院士的报告中有许多干货，值得关注和学习。视频链接：www.zhihu.com/pin/1390688365801517056

2）郭光灿，中国科学技术大学教授，中国科学院院士。长期从事量子光学、非线性光学、量子信息等领域的科研和教学工作，在包括 Natture 子刊（22 篇）、Phys.Rev.Lett（49 篇）在内的国际学术期刊上发表论文 900 多篇。曾荣获 1 项国家自然科学二等奖、1 项教育部自然科学奖一等奖、1 项中科院自然科学二等奖和"何梁何利"科技进步奖等。现任中国光学学会常务理事、中国密码学会量子密码专业委员会主任。

作为中国量子信息技术的开拓者和引领人，郭光灿院士对于量子信息技术的实际价值和应用前景有着客观和清醒的认识，并对该领域的学术不端和炒作多次做出严肃的批评。

他最近在"量子信息技术研究现状与未来"一文中着重指出："因此整个量子信息技术领域仍然处于初期研究阶段，实际应用还有待时日。"这就再一次证明几年前建成的京沪量子通信干线等一系列工程项目根本没有实用价值，与大跃进大炼钢铁生成的废钢没有区别。

3）Bruce Schneier 是国际知名的安全技术专家，被《经济学人》称为"安全大师"。他著有十几本书—包括他的最新著作《我们有根》—以及数百篇文章、散文和学术论文。他颇具影响力的时事通讯"Crypto-Gram"和他的博客"Schneier on Security"被超过 250,000 人阅读。他曾在国会作证，是电视和广播的常客，曾在多个政府委员会任职，并经常被媒体引用。Schneier 是哈佛大学伯克曼克莱因互联网与社会中心的研究员；哈佛大学肯尼迪学院公共政策讲师； 电子前沿基金会 AccessNow 的董事会成员； 以及电子隐私信息中心和 VerifiedVoting.org 的顾问委员会成员。他是 Inrupt, Inc. 的安全架构主管。

Bruce Schneier 的"量子密码学"一文对量子通信的实用性作出了尖锐的批评，受到业界的广泛关注。

"As Awesome As It Is Pointless.（**量子通信最伟大意义就是它毫无意义**）Bruce Schneier 的这句名言令人振聋发聩，彻底揭示了量子通信这场闹剧的本质。

4）Horace P. Yuen 美国西北大学电子和物理系教授，1996 年获得国际量子通信奖，2008 年他又获得了 IEEE 光子学会的量子电子奖。是量子通信安全领域国际上公认的学术权威，他对 QKD 安全性发表了一系列重量级论文，受到了国际上不少同行的好评。

Yuen 教授 2016 年发表在 IEEE 上的论文：量子通信安全性 (Security of Quantum Key Distribution)。该论文的摘要直译如下：

阐述了量子密钥分发（QKD）面临的安全问题，本文重点关注那些本质上属于密码学和信息论的问题，而不是基于物理学的问题。论述了有关安全标准的问题。已经证明，攻击者的成功概率是安全的基本标准，任何理论上的安全标准都必须与之相关才能具有实际的操作意义。分析了对轨迹距离标准的普遍解释中所犯的错误。 QKD 协议的安全证明针对三个主要特征进行了讨论和评估：它们的有效性、完整性和所达到的数值安全级别的充分性。在所有这些特征中都发现了问题。看起来，QKD 安全情况与普遍看法截然不同，QKD 生成的密钥并非绝对安全的。我们在讨论经典密钥分配的信息论安全性问题时使用了简单但完整的定量描述，该描述也适用于量子情况。在附录中，我们简要概述了有关 QKD 安全性证明的一些重要历史事件，将当前 QKD 证明的安全性与传统对称密码的安全性进行了不太适宜的比较，并且把对本文一些要点的反对意见和答复也作了罗列。

需要注意的是，所谓的 QKD 理论安全性证明完成在 2000 年，而 Yuen 教授这篇反驳的论文发表于 2016 年，该论文的附件一（APPENDIX I HISTORY OF QKD SECURITY PROOFS）特别值得一读。该论文充分证明了"QKD 的理论安全性证明已经完成"这个论断是完全没有科学根据的。

5）Takehisa Iwakoshi（岩越 丈尚）
Mie Univ.，日本三重县国立大学
Dept. of Information Engineering

岩越博士 （Takehisa Iwakoshi）是日本三重县国立大学量子通信技术的专家，多年来通过论文和演讲对量子通信 QKD 的实用性做出了全面和严厉的批评。他的代表作是"量子通信将始终处于基础研究，还是已经为提供优质产品作好了准备？"(Will Quantum Always Remain Basic Research or is it Ready to Power Great Products?)

2022 年 3 月岩越博士在国际光纤通讯会议（OFC）上演讲是一篇声讨量子通信的檄文，讲稿包括幻灯片 34 张，图文并茂，简练生动，获得了众多专业人士的认可和支持。本章第四节中对这个演讲中的两张图片有详细的介绍。

6）王雪金博士是美国华尔街金融机构的信息安全专家，数十年专注于信息安全攻防的第一线，积累了丰富的实战经验。他对量子通信工程的批评是非常接地气的，我的"文学城"博客中专设一个栏目收录了他批评 QKD 文章共九篇，栏目链接如下。

https://blog.wenxuecity.com/myblog/64367/127684.html

7）李红雨是通信密码界的资深工程师，多年来他撰写了一系列批评质疑量子通信的重磅文章，发表在中国科学网等媒体上，受到了业界的广泛关注。他批评量子通信卫星的文章收录于本章第五节。

第二节 量子物理专家对量子通信的负评

因为持续批评质疑中国的量子通信工程，我在国内已经"社死"。我的知乎、头条等账号被封，文章被删除干净。

在所有的媒体中，中国科学网可能是对我最"慈悲为怀"的了，他们保留了我的账号，而且没有删除我的文章，只是对其中的三十多篇（约为总数的四分之一）作了屏蔽处理。科学网编辑可算是刀下留情，枪口抬高了二寸。

当然还想批评质疑"量子通信"那是门也没有。我试着几次发文都没通过审核，无论怎样婉转曲折的批评、和风细雨的劝说一概被拒之门外，没得商量！

2022 年事情发生了转机，6 月 16 日，中国科学网上突然出现这样一条新闻，【郭光灿院士：不实宣传和夸大炒作，造成量子世界的奇谈怪论】。郭光灿与潘建伟是中科大的同事，都是中国量子物理领域的顶级专家和学术权威，作为圈内人士的郭院士对量子通信提出严肃批评具有风向标意义。

看了郭光灿的批评后，我就截了两个图并给出了文章的题目和链接，生成短文一篇发于科学网。文章发出后，审核程序冗长，我估计凶多吉少也就不抱多大希望。封杀就封杀吧，反正封的是郭光灿院士的文字，关我何事，带着这样阿Q精神就上床睡觉了。早上起来发现文章竟然通过了审核出现在了科学网上，也有一定的阅读量，正常的科学争议演变成如此格局，令人扼腕叹息。

我在科学网上发的文章"量子物理大师对量子通信的评价"的链接：
https://blog.sciencenet.cn/blog-2761988-1343645.html

郭光灿的文章中关于量子通信的评价有三点值得关注：
1. 量子密码系统无法达到"绝对安全"，只能是"相对安全"
2. 京沪量子保密通信干线这类城际网离实用仍然相当遥远
3. 国家是否需要建设量子通信卫星组成的网络应当慎重研究

郭光灿院士在"量子信息技术研究现状与未来"一文中指出：

第二个问题，量子密码真的绝对安全吗？

凡事无绝对，量子密码也如此。此前，物理学家提出了若干量子密码协议（如BB84），并从信息论证明这类协议是绝对安全的，激励了许多科学家加入"量子密码"研究行列。

但人们很快发现，任何真实物理体系都无法达到量子密码协议所需求的理想条件。存在各种各样的物理漏洞，使研制出来的实际量子密码系统无法达到"绝对安全"，只能是"相对安全"。

虽然，可以经过努力堵住各种各样的物理漏洞，甚至提出安全性更强的新的密码协议（如"设备无关量子密码协议"等），但终归无法确保量子密码物理系统可以做到"绝对"安全。

不过，这种相对安全的量子密码也是实际可用的。因为只要能验证真实的量子密码体系可以抵抗现有所有手段的攻击，就可以认定这类量子密码在当下是安全的，可以用于实际。但要指出的是，量子技术时代没有绝对安全的保密系统，也没有无坚不摧的破译手段，信息安全的攻防将进入"量子对抗"新阶段。

郭光灿院士在该文中还特别强调：

当前量子密码的研究状况是：

(1) 城域(百公里量级)网已接近实际应用，密钥生成率可满足"一次一密"加密的需求，现有各种攻击手段无法窃取密钥而不被发现．当前必须建立密钥安全性分析系统以检查实际量子密码系统是否安全，并制定相应的"标准"．

(2) **城际网的实用仍然相当遥远**，关键问题是可实用的量子中继器件尚未研制成功．构建量子中继的核心技术是可实用的量子存储器和高速率的确定性纠缠光源，这两种技术尚未取得突破性进展．

(3) 经由航空航天器件实现全球的量子保密通信网络，建造这个网络困难重重，除了密钥安全性及高速率的密钥生成器的问题之外，还有如何能实现全天候量子密钥高速分配．**国家是否需要建设这种网络应当慎重研究．**

　　郭院士文中的"城际网"就是像京沪量子保密通信干线，京汉、汉广和武合等量子保密通信干线，这些已经建成的工程项目离实用仍然相当遥远。说白话就是这些量子通信工程比烂尾楼都不如，因为有些烂尾楼也许还能废物利用，而量子通信工程离实用还远在天边。

　　郭院士文中的"经由航空航天器件实现全球的量子保密通信网络"指的就是像墨子号量子通信卫星项目，郭院士认为国家是否需要建设这种网络应当慎重研究。希望决策部门能够认真倾听郭院士的肺腑之言。

　　郭光灿院士是量子信息技术领域的顶级专家，他对自己长期从事的研究工作的实际价值和应用前景始终保持清醒的认识，不无限拔高、不炒作宣传，把实情告诉公众。郭院士守住了一个科学家的最后底线，应该为他点赞。

第三节 安全技术专家 Bruce Schneier 对量子通信的评价

Bruce Schneier 是国际知名的安全技术专家，被《经济学人》称为"安全大师"。他的"量子密码学"一文发表后受到了极大关注，文后的答辩和评论也十分精彩，强烈建议阅读原文。

译文

量子密码学又回到了新闻中，其基本思想在理论上仍然令人觉得难以置信的酷，但在现实生活中几乎毫无用处。

量子加密背后的想法是，使用量子通道进行通信的两个人可以绝对确定没有人在窃听。海森堡的不确定性原理要求任何测量量子系统的人会产生干扰，这种干扰就会提醒合法用户存在窃听者。没有干扰，就没有窃听者，就这么简单。

本月，我们看到了有关维也纳新的量子密钥分发网络以及英国的量子密钥分发技术的报道。很棒的东西，但像 BBC 宣传的"'牢不可破'加密系统启动"这样的头条新闻就有点过分了。

1980 年代初，Charles Bennett 和 Giles Brassard 奠定了量子密码背后的科学基础并构建了技术原型，从那时起，工程技术一直在稳步发展。我在《应用密码学》第 2 版（第 554-557 页）中基本上描述了它是如何工作的。至少有一家公司已经在销售量子密钥分发产品。

请注意，这与量子计算完全不同，量子计算也对密码学有影响。几个小组正在致力于设计和建造一台与经典计算机根本不同的量子计算机。如果建造了一个——我们在这里谈论的是科幻小说——那么它可以分解数字并很快解决离散对数问题。换句话说，它可能会破解我们所有常用的公钥算法。对于对称密码学来说，这并没有那么可怕：量子计算机可以有效地将密钥长度减半，因此 256 位密钥现在只能与 128 位密钥一样安全。相当严肃的东西，但距离实用还有几年的时间。我认为当今最好的量子计算机只能分解数字 15。

虽然我喜欢量子密码学——我的本科学位是物理学——但我认为它没有任何商业价值。我不相信它可以解决任何需要解决的安全问题。我不相信它值得花钱，除了少数技术爱好者之外，我无法想象会有人购买和部署它。使用它的系统不会神奇地变得牢不可破，因为量子通信没有解决系统的弱点。

安全是一个链条；它的强度和最薄弱的环节等同。数学密码学虽然有时很糟糕，但却是大多数安全链中最强大的环节。我们的对称和公钥算法非常好，即使它们不是基于非常严格的数学理论。真正的问题在别处：计算机安全、网络安全、用户界面等等。

密码学是我们在安全方面做得最好的领域。我们已经有了好的加密算法、好的认证算法和好的密钥协商协议。也许量子密码学可以使这种联系更牢固，但为什么会有人瞎操心呢？现实世界还有更严重的安全问题需要担心，花精力保护那些问题会更有意义。

正如我经常说的那样，这就像在地面上投入巨大的赌注来保护自己免受接近的攻击者。争论桩子应该是 50 英尺高还是 100 英尺高是没有意义的，因为无论哪种方式，攻击者都会绕过它。量子密码学不能"解决"所有密码学问题：密钥通过光量子作了交换，但实际的加密解密依然由传统数学算法完成。

我一直支持安全研究，我很喜欢关注量子密码学的发展。但作为产品，它没有未来。并不是说量子密码学可能不安全；而是传统密码学已经足够安全了。

第四节 日本量子通信专家全面彻底否定QKD的实用性

岩越博士（Takehisa Iwakoshi）是日本三重县国立大学量子通信技术的专家，多年来通过论文和演讲对量子通信QKD的实用性做出了严厉的批评，在业内引起了很大的影响。俗话说"堡垒容易从内部攻破"，岩越博士的文章揭开了量子通信的华丽外衣，让人们看到了原来里面爬满了虱子。

强烈推荐 2022 年 3 月岩越博士在国际光纤通讯会议（OFC）上演讲，讲稿包括幻灯片34张，图文并茂，简练生动。

这里挑选最具概括性的二张图片，并给出译文如下：

QKD 安全性未得到证明

实验层面

• 不可能证明 QKD 系统的安全性，因为没有发起群体/连贯攻击的攻击者

• 不可能穷尽所有未知的设备缺陷和侧道攻击

理论层面

• 许多研究人员认为 Shor 和 Preskill 在 2000 年证明了"准备—测量型" QKD 和"量子纠错型" QKD 是等价的

• 但反例表明前者在香农安全意义上永远不能为一次性密码提供(IID keys)密钥，这与后者是不同[1]。

密码学专家共识

• NSA/USA、ENISA/EU、NCSC/UK、ANSSI/France （美国、欧洲、英国、法国的军情机构）均不推荐 QKD。

• 为了使整个系统成为信息论安全（ITS），QKD 需要 ITS 认证程序，而 QKD 不能独立完成这个功能

• 与软件加密不同，QKD 需要通过硬件补丁和升级应付各种黑客攻击，这非常不现实

• QKD 容易受到拒绝服务(DoS)攻击，因为 QKD 的信号太脆弱

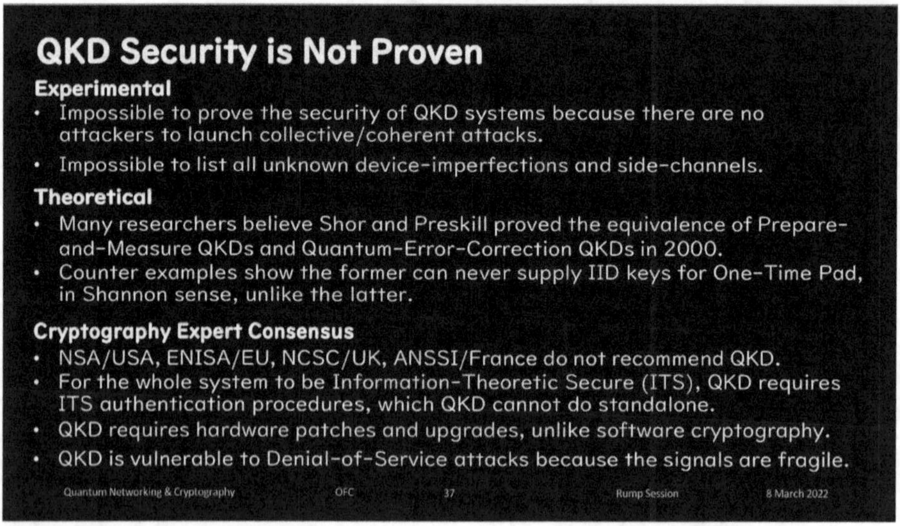

QKD Security is Not Proven

Experimental
• Impossible to prove the security of QKD systems because there are no attackers to launch collective/coherent attacks.
• Impossible to list all unknown device-imperfections and side-channels.
Theoretical
• Many researchers believe Shor and Preskill proved the equivalence of Prepare-and-Measure QKDs and Quantum-Error-Correction QKDs in 2000.
• Counter examples show the former can never supply IID keys for One-Time Pad, in Shannon sense, unlike the latter.
Cryptography Expert Consensus
• NSA/USA, ENISA/EU, NCSC/UK, ANSSI/France do not recommend QKD.
• For the whole system to be Information-Theoretic Secure (ITS), QKD requires ITS authentication procedures, which QKD cannot do standalone.
• QKD requires hardware patches and upgrades, unlike software cryptography.
• QKD is vulnerable to Denial-of-Service attacks because the signals are fragile.
Quantum Networking & Cryptography
OFC
37
Rump Session
8 March 2022

图 10.2

QKD 没有实用性
- QKD 将处于无休止的研发阶段，始终没有产品推出
- QKD 研究人员应该研究更好的量子通信协议，例如：
  YOO ——使用明亮量子态的量子密码学
- 详细参考资料和附录：

https://www.researchgate.net/publication/357791716

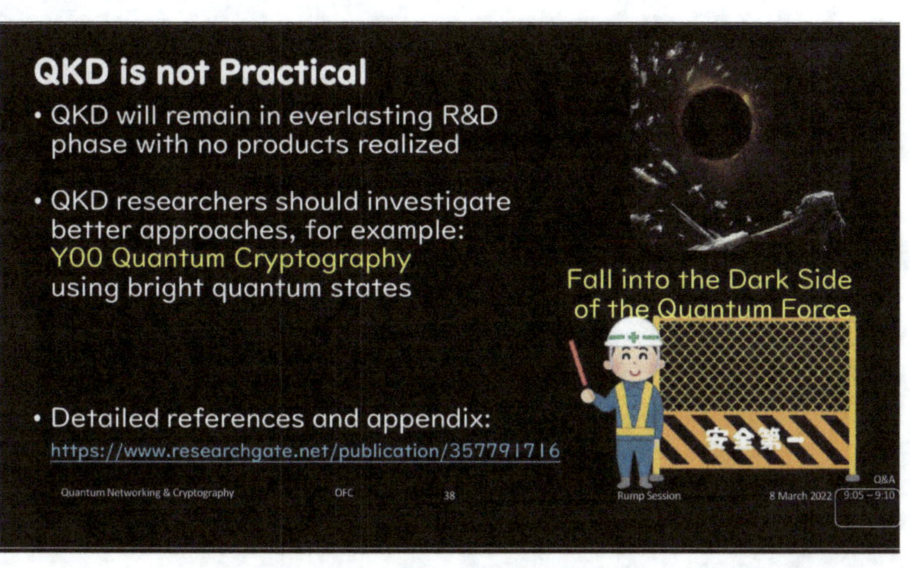

图 10.2

参考资料

[1] 关于 "IID keys" 的含义我直接请教了岩越博士，他的回答如下：

"IID keys" is a very short-hand term I and Prof. Yuen often use, but I admit it is not widely used among the world.

IID is, as you may know, a short-hand term of "independent and identically distributed." In Chinese, it should be written as "独立同分布."

More concretely, consider a bit string. If each bit of
the string is not dependent on the other bits, and if the
probability distribution of bit "1" or "0" appearing
is exactly 1/2, the probability distribution of bits in
the string is said to be IID.

"IID keys" is rather a coined word by Prof. Yuen. It
means the probability distribution of the generated key
strings (for the attacker) is IID.

So, probably it should be written as 鍵之独立同分布性於
攻撃者側 in Chinese. (Sorry, if not. At least I tried
to.)

As we have explained, the IID-ness of the key for the
legitimate users is not a matter for the security of
stream ciphers including one-time pad (or Vernam cipher).
The IID-ness of the key for the attacker is the serious
matter, as VENONA project showed.

VENONA project (as following URL, or attached.)
https://en.wikipedia.org/wiki/Venona_project

If the key string lacks the IID-ness for the attacker,
even Vernam cipher or OTP is deciphered. This is what
Shannon proved.

$Pr(x \mid c) = Pr(x)$
where x + k mod 2 = c and
x: the plaintext
k: the key string

c: the ciphertext

If the key string is not IID for the attacker, the above is never be satisfied. This is the most important problem of QKDs, as you are aware; the generated key never be IID for the attacker. But QKD researchers often do the following
mistakes.

1. the generated key is IID (for the legitimate users) so
   the following OTP is perfectly secure.
2. the generated key is IID even for the attacker thanks to
   entanglement distillation.

The problem 2 is the serious mistake in the case of Prepare-and-Measure QKDs, but even in the case of Entanglement
   -Distillation QKDs, the key is never be IID for the attacker
   with a small probability.

If somebody believes the Problem 1 solves any security issues, the person should learn the security from the beginning.

Especially in the case of VENONA, they concentrated on the non-IID-ness of the key to decipher the "OTP." Thanks to the definition of $c = x + k \bmod 2$, the key string behaves as "noise" for the attacker in reading the plaintext.

This is so-called the wire-tap channel model. If the "noise" construct binary-symmetric channel with a probability of 1/2 to flip the bits in x, the attacker cannot read the x at all. If the probability is not 1/2, the attacker can launch "frequency analysis" to decipher x.

It is written in Sec. II-A of my IEEE-Access paper. https://ieeexplore.ieee.org/abstract/document/9344692

This is what Prof. Yuen called "Bit-Error-Rate Guarantee" for the security of any stream ciphers.

第五节 "墨子号"卫星的祛魅

本节文字作者：李红雨

前言

量子通信（简称量通）的"京沪干线"是一个在各方面技术完全不具备的情况下强推的一个工程化项目，这样一个项目一开始就受到广泛的质疑，几年实践下来，那些当年的批评都一一得到证实，现在无论量通团队还是官方，对于"京沪干线"的得与失基本上绝口不谈，在这期间量通完成了 IPO 上市操作，在"京沪干线"的问题不断被揭露的情况下，仍然继续建设了几条类似的量通线路，然而，这些项目的实际应用状态也不得不在年报中披露一二，可以看到的是，除了一些政府导向的政策性项目外，量通迄今为止都没有在商业领域推出任何一个成功的项目，唯一得到广泛宣传的电信量子保密手机，在业内也成了众人的笑柄，没有在销售渠道露面就销声匿迹了，毫无疑问地量通在工程项目的应用领域败局已定。

尽管量通在地面上的工程项目与炒作无法继续维持下去，但是他们仍然有天上的"墨子号"卫星可以不断做文章。只要稍微留意一下就不难发现，有关"京沪干线"以及相关项目的进展，量通早已经放弃了宣传炒作的声音，但是"墨子号"这盘回锅肉仍然不断在媒体上翻炒。之所以如此，主要还是因为"墨子号"毕竟在名义上还停留在科学实验的阶段，不会受到工程项目多方位严格的评审，不存在工程验收的问题，相关的实验内容细节公开的也远不够，这些客观因素提高了针对"墨子号"进行评判的门槛。

"墨子号"基本情况介绍

"墨子号"量子科学实验卫星是在 2016 年 8 月 16 日发射升空的，它设计预期需要完成三大科学实验任务，包括量子纠缠分发、量子密钥分发、量子隐形传态。这三部分工作的成果分别公布在《科学》和《自然》两个国际顶尖的科学杂志上。其中发表在《科学》杂志上的论文是有关量子纠缠分发的工作，最具科学意义，里面不仅仅讨论了量子纠缠分发工作本身，更重要的是进行了贝尔不等式的类空（Space-Like）验证，文章标题为：（SCIENCE 16 Jun 2017 Vol 356, Issue 6343 pp. 1140-1144 DOI: 10.1126/science.aan3211），该论文获得美国科学促进会颁发的 2018 年度克利夫兰奖，2022 年的诺贝尔物理奖也是颁给有关贝尔不等式的三个实验验证的先驱者，这个领域的理论和实践无疑具有重大意义；另两项工作发表在《自然》杂志，主要讨论的就是量通那套东西，文章标题分别 Satellite-to-ground quantum key distribution（Nature volume 549, pages43 - 47 2017）和 Ground-to-satellite quantum teleportation（Nature volume 549, pages70-73 2017）。

　　"墨子号"是低轨准太阳同步卫星，这种类型的轨道特点就是围绕地球自传轴运行，或者简单说就是差不多沿着经线方向运行，并且每天都会在固定时间经过固定地点的上空，这样的轨道特性意味着如果卫星想要同时"看到"地面两个地点，并保证这两个地点相距尽可能远，同时满足同时观测的时间最长，就需要将地面两个观察点尽可能安排在大致相同的经度上。具体到"墨子号"卫星，其轨道高约 500 多公里，轨道周期大致为 95 分钟，一天围绕地球运转 15 圈，能够同时观察地面的最大距离大概是 5000 多公里。

　　"墨子号"实验主要涉及到两个卫星地面站，相距 1203 公里，一个是位于青海省德令哈，地处北纬 37.37° 东经 97.36°；另一个是位于云南省丽江，地处北纬 26.83° 东经 100.47°。由于两站处于临近经度线上，这才能保证在尽可能远的距离上获得尽可能长的观测时间，最长的距离意味着最短的时间，反之亦然，不可兼得，所以德令哈与丽江两个观测站的建立是经过特别精细挑选的。

　　根据国盾量子彭董事长介绍，"墨子号"单次过地面站的时间为 9 分钟，期间卫星扫过的地面距离大致为 4000 公里，这与卫星同时可观察的最大距离相差不多，期间每分钟扫过的地面距离大致为 400 多公里。由于考虑到卫星并不正好过地面站天顶，这会损失理论上最长可观测时间，加上地形限制，地平线附近的卫星是无法稳定可靠观测的，所以与理论计算可观测的最大距离也存在合理范围的偏差。还特别需要注意的是，这里提到的 9 分钟并不是能够同时观测两个地面站的时间，想要同时观测到两个临近经度，相距 1200 多公里的地面站，需要在第一个地面站观测到卫星的 3 分钟后，第二个地面站才能观测到卫星，才能正式进入同时观测的阶段，这个阶段的极限持续时间大致在 6 分钟左右。由于在很低的仰角下，光需要在大气中走过更长路才能被地面站接收到，期间光的损耗极大，因此要确保观测信号强度，观测的起始和终止仰角不会很低，会进一步降低理论可同时观测的时间。

　　"墨子号"在开始进行观测的时候，首先需要进行星地间发送器与接收器之间的对准操作，这就会用到一个叫做 APT（high-precision acquiring, pointing, and tracking，高精度捕获、指向、追踪）的系统，就我个人的观点，这个 APT 系统才是"墨子号"最大的成果，能够广泛应用在空间激光通讯领域，但是这跟量通团队无关，很可惜的是这个成果没有获得足够的尊重，很少有人知道这项成果是哪个团队完成的。

　　采用 APT 进行星地对准的操作，卫星需要向地面站发送绿色（~532 nm）信标激光，地面站也需要向卫星发送红色（~671 nm）信标激光，通过双向信标的精密伺服反馈机制，校准星地间激光通信的信道。有关星地之间信标校准过程有广泛传播的炫酷延时摄影图片，参看下图，绿色的圆弧就是"墨子号"用绿色信标描绘出的运行轨迹，红色的扇面是地面站发射的信标激光。由于卫星处于持续的动态运行中，需要在实验过程中每隔一小段实验时间，就进行一次校准的操作。

图 10.3

需要指出的是，由于光在大气中存在很大的信道损耗，这主要包括光束衍射、指向误差、大气湍流（散射）以及大气吸收，实际观测的结果来看，在绝对晴朗的夜晚，信道衰减因为观测仰角的问题会从 64dB 到 82dB，如果遇到风沙云雨的天气，任何光都无法可靠地透过大气。信道损耗如此之大，地面站想要稳定观测，卫星发射的激光应该不会太弱，"墨子号"实验采用的泵浦激光光源功率大约为 30mW，通过一系列的光路，最终能够每秒向地面站发射大约 590 万所谓的纠缠光子对。

除了信道损耗，环境中还存在大量的自由光子，白天当然无法进行试验，即使伸手不见五指的漆黑夜晚，没有任何人工光污染的情况下，每台地面检测器依然能够收到 500 至 2000 个光子/秒的星月光，这些自由光子将与纠缠光子一起被检测接收，成为干扰"噪声"，在只对偏振方向进行检测的情况下，纠缠光子与自然环境光子不可被区分，因此导致实验结果不可避免地受到严重污染。

有关量子纠缠分发
（省略）

有关量子密钥分发

Satellite-to-ground quantum key distribution 这篇论文介绍了有关星地间密钥分发的工作，发表在 2017 年的《自然》杂志上（Nature volume 549, pages43 - 47），属于"墨子号"三大科学项目之一，这里简单介绍一下里面描述的内容。

星地间 QKD 实验是在"墨子号"与兴隆地面观测站(北京附近，40°23′45.12″N，117°34′38.85″E，海拔890m)之间进行的，由于星地之间的观测仰角不同，星地之间的距离将在 650 公里左右到 1200 公里之间的范围变化。

类似于贝尔不等式验证实验采用的红外光，星地 QKD 采用的也是 850nm 红外光，采用 APT 系统进行星地间精确捕捉锁定。"墨子号" 每天晚上在北京时间 12:50 左右沿着太阳同步轨道经过兴隆地面站一次，持续时间约 5 分钟，QKD 发射机从大约 15° 仰角发射信号，当卫星在另一端达到 10° 仰角时试验结束。在实验的 描述中，具体提到 2016 年 12 月 19 日的详细测试过程及测试结果。该次测试持续时间为 273 秒，最小测试距离为 645km，最大测试距离为 1200km，期间地面站收集到 3,551,136 个探测事件，其中筛选的候选密钥为 1,671,072 位，筛选候选密钥速率从 645km 的 ~12kbit/s 下降到 1200km 时的 ~1kbit/s，最终在这些候选密钥中协商出 300,939 位最终密钥，平均成码率为 ~1.1kbit/s。

与地面上的采用诱骗态模拟 BB84 协议的技术方案相同，星地间的 QKD 同样采用诱骗态而不是单光子的 BB84 协议。诱骗态技术上的概要描述就是，以脉冲代替单光子对密钥信号和诱骗信号的偏振方向进行调制，密钥信号和诱骗信号采用不同的脉冲强度，或者说平均光子数，其中密钥信号脉冲强度为 μs 个光子数，诱骗信号的脉冲强度有多个，分别为 μ1， μ2，…个光子数，密钥与诱骗脉冲按照一定的概率随机穿插发送。具体实验中采用 3 强度协议，其中三个级别的 μ：高 μs=0.8、中等 μ1=0.1 和 μ2=0（真空），分别以 50%、25% 和 25% 的概率随机发送。地面站检测不同脉冲强度信号的概率分布，如果分布不符合预期，大概可以怀疑存在窃取部分信号光子导致概率分布出现偏差或者错码率增加，从而推测存在窃密的操作，这就是诱骗态安全性的保证。当然这里还有一个安全的前提，那就是假设窃取一部分光子的人，因为单量子叠加态不可克隆原理，导致他无法复制同样的光子并混在发送的信号中。

有关诱骗态安全性证明的内容无法展开谈，这部分的计算推导其实是蛮复杂的，但是因为其复杂，也意味着所谓证明结论的可信度极低，况且哪怕就是这种证明本身也明确指出，在零损耗情况下，提高密钥和诱骗脉冲的强度能够提高系统传输的鲁棒性，即成码率，但是同时意味着系统敏感度降低，难以发现窃密者，鲁棒性与敏感度是相互矛盾的对立面，不可同时获得。最安全的状态就是成码率为 0，当存在距离原因、信道原因，环境湿度温度等造成的各种损耗逐渐增大时，系统的鲁棒性与敏感性的关系趋于复杂化，导致安全分析无法预测，增强脉冲加强鲁棒性的做法能够抵抗损耗带来的复杂性，但是同时必然带来安全性的降低。论文没有提到发射脉冲的功率，应该不会很低。诱骗态在理论和实践上离安全这个概念是非常遥远的，它没有完成公认的安全证明，也禁不起真正的安全检验。

星地间激光脉冲存在的损耗包括衍射、指向误差、大气湍流和吸收，同时也包括掺杂了自然环境的噪声光子。在 1200km 处，论文中预估的损耗，衍射为 22dB，大气吸收和湍流造成的损失在 3 dB 到 8 dB 之间，由于指向误差造成的损失小于 3 dB，合计起来损耗只有最高不超过 33dB，这个损耗出奇的低，对比前面提到的贝尔不等式实验至少 62dB 的损耗，我们不知道这中间的巨大差异是什么原因导致的，由于自然光子噪声不可避免，也无法排除在实验结果之外，论文并没有对这项数据进行预估，我有一种不好的预感，或许这些看起来特别低的损耗是由自然光补充进来的，这可就真不知道如何看待实验的结果了。

由于衍射的效应，卫星发射的激光光束在经过 1200km 后，在地面上的直径将扩大到 10 米，而大气的散射效应，就是我们看图 10.3 信标的红绿激光，会把光束扩散得非常远，这意味着当我们能够看到信标的激光时，也能够看到密钥和诱骗脉冲的携带的信息，尽管偏振方向会有所改变，但是做技术纠正并不是什么难事，那样的话，在不被感知的情况下，密钥信息其实已经完全暴露给窃密者了，谁说窃密者必须在信道上窃密，物理世界提供了太多侧道可供窃密，所有安全证明都针对的是信道上窃密行为，连侧道是什么都不知道的情况下，就不要提什么安全证明了。论文中很诚实地承认了多种侧道信息泄露的可能性，也承认对此无法进行分析，可惜的是，在媒体宣传的时候，量通从来没有对公众这么坦诚，他们给了普通人太多模糊不切实际的绝对安全的承诺与期望。

论文的开头摘要，第一句话提到 QKD 需要利用处于叠加态的单个光量子来保证无条件的安全性，这确实与不可克隆原理的叙述是一致的，但是却与贝尔实验论文中提到的未知态完全不同。事实是，BB84 协议或者诱骗态协议，发送的光子脉冲偏振方向对于发送者来说是必须可知，因此既不是叠加态也不是未知态，开篇第一句话就是错的。论文的结尾，用单光子在 1200km 的光纤中的衰减导致成码率极低，600 万年才能获得一位候选密钥作对比，显得星地间的 QKD 更加高效实用，但是一来，你星地用脉冲诱骗态，为啥让光纤跑单光子，这太不公平吧？光纤起码能保证跑过去的光子是原装的发送者的光子，星地 QKD 你都不知道接收到的光子是哪个妈生的？

由于星地间 QKD 协商出来的密钥并不会用来加密星地间的信息，论文展望部分中，提出一个有趣的应用场景。首先"墨子号"与北京的兴隆地面站做 QKD，协商出来密钥 K，然后卫星保存好密钥 K 后，过了两个小时来到乌鲁木齐的南山站，与南山站用 QKD 协商出来密钥 K1，"墨子号"再用 K1 对 K 进行加密后发给南山站，这样南山站与兴隆站就都有了密钥 K，然后两个站之间就可以愉快地交谈了。但是这里其实有个商业的问题，"墨子号"并不是一个傻中继，它是一个中间服务商。打个比方，"墨子号"就是苹果公司，南山和兴隆就是两个需要作保密通信的苹果手机使用者，这两个作保密通话的人是否愿意把彼此之间最私密的密钥交给苹果保存？这样的通信安全谁打算要？更不用说这个苹果公司还把密钥满天撒了。能够做这样的应用展望，说明量通团队对于信息安全理念的理解太不接地气了，连普通人都有的起码的安全常识都没有，甚至论文审稿人也不具有同样的常识，对于《自然》杂志这类顶刊来说，真是匪夷所思。

2018 年诺贝尔生理医学奖获得者日本京都大学特别教授本庶佑在参加一个记者访谈对话中就说：

关于研究，我自己本身总有想知道些什么的好奇心。还有一点，我不轻信任何事物。媒体经常报道某个观点来自《自然》或是《科学》，但是我认为《自然》、《科学》这些杂志上的观点9成是不正确的，10 年过后就会知道只有 1 成是真的。所以我首先不相信论文或者其它文章。只相信自己的眼睛能确认的观点，这就是我对《科学》杂志采取的态度和做法。也就是说，只有通过自己思考，觉得可以理解才会接受。

上面这段话要是出自路人甲口中，大概会被认为属于啥也不会，只会口出狂言的无能之辈，但是出自诺贝尔奖获得者口中就显得有些份量。通过我们自己分别对两篇《科学》、《自然》杂志论文的分析，其实也不难与本庶佑教授产生共鸣。

有关洲际量子保密视频会议

2017 年 09 月 30 日，央视新闻报道，我国于 29 日通过"墨子号"卫星，在与北京兴隆站与奥地利维也纳附近的格拉茨（Graz）地面站进行了星地间的密钥分发后，由中科院院长白春礼与奥地利的安东·蔡林格进行了世界首次量子保密视频通话，是的，就是获得了 2022 年度诺贝尔物理奖的安东·蔡林格，也是潘建伟的老师。

有关这次量子保密视频会议的技术细节，在 2018 年 1 月 19 日通过媒体进行了披露，由于量子视频会议没有论文形式的文章提供权威性的参考，所以相关的分析内容是从媒体和相关人士的只言片语的披露中拼凑出来的，可能会与实际的情况有所出入，不过总体来说应该距离真实情况相距不远。

首先注意几个时间点，"墨子号"是 2016 年 8 月 16 日发射升空，2017 年有关"墨子号"的三大科学实验任务都已经完成，并在同年分别以类似直通车的速度发表了论文（我们对以如此之快的速度，连续在顶刊上发表多篇论文印象深刻），按照中国科研的传统，发表了论文，就算真正完成了全部"墨子号"预定的任务，而此次 2017 年 09 月 30 日举行的洲际量子视频会议应该算是一次"汇报演出"，是向"墨子号"项目的总领导汇报"墨子号"究竟能做些什么实际的工作。

我们先摘录一下 1 月 19 号发布的有关技术细节的报道，其实也不多，但是基本能解析出大概：

1 月 19 日，中国科学技术大学披露了首次洲际量子通信的更多技术细节。通过"墨子号"的中继，相距 7600 公里的中国和奥地利完成量子保密通信。

北京向维也纳发送了一张大小 5.34kB 的"墨子号"照片，而维也纳则向北京发送了一张大小 4.9kB 的薛定谔照片，使用一段 80kbit 的量子密钥进行一次性加密。

这次量子保密通信与潘建伟的博士导师、奥利地科学院 Anton Zeilinger 教授合作完成。"墨子号"向北京附近的兴隆地面站和维也纳附近的格拉茨（Graz）地面站进行了量子纠缠分发，与两个地面站间各自产生一段密钥。接着，按照地面指令，"墨子号"给两段密钥进行逐位异或运算，将结果发送给其中一个地面站，由此，中欧两个距离长达 7600 公里的位点之间建立了密码。

此外，中国科学院还与奥地利科学院进行了洲际量子保密视频会议，采用 128 位高级加密标准（每秒刷新 128 位种子密钥

表）。视频会议持续了 75 分钟，共传输约 2GB 数据，中奥双方交换了一段 560kbit 的量子密钥。

我们前面分析已经知道，相距 7600 公里是不可能同时看到北京和维也纳的，所以想要进行对两个地面站进行 QKD，只能等待"墨子号"分别飞临北京和维也纳上空，由于"墨子号"采用太阳同步轨道，已经知道卫星飞临北京的时间正好是午夜 12 点，飞临维也纳也必须是夜间。那么两个地面站是如何实现共享密钥的？在前一节有关 QKD 应用展望中其实已经指出了具体的方法，这里再根据报道的例子重新做一下演绎。

"墨子号"需要在飞临北京和维也纳的时候分别与地面站进行一次 QKD，为叙述方便，不妨把协商出来的两个密钥分别称为 **B**（eijing）和 **V**（ienna），这两个密钥必须拿出来其中一个作为北京和维也纳的共享密钥，我们假设共享密钥是 **B**，那么当"墨子号"携带密钥 **B** 飞临维也纳，并与维也纳协商出密钥 **V**，"墨子号"用密钥 **V** 对 **B** 进行异或加密，将加密结果通过普通通信信道发给维也纳，维也纳用自己已知的密钥 **V** 将接收到的密文同样进行异或操作，就能将北京的密钥 **B** 还原出来，这样北京和维也纳就都有了共享密钥 **B**。

我们注意到新闻稿中特意提到"墨子号"与两个地面站分别做了 QKD，也知道"墨子号"将获得的两个密钥逐位进行了异或操作，也知道"墨子号"只将加密结果发给其中一个地面站，说明另一个地面站的密钥其实就是约定好用来做共享密钥的，这与我们的分析完全吻合。这个时候，加密密钥是你知我知墨子知，好在"墨子号"属于科学院，要是属于第三方，比如 CIA，不知道这个视频会议的安全性评估该如何来做，总不能以后谁要用个量子密钥，还得自己发颗卫星上去吧？否则你如何相信一个第三方拿着你的密钥不会监视你的所有加密信息？

　　文中举出的例子，北京向维也纳发送了一张大小 5.34kB 的"墨子号"照片，维也纳则向北京发送了一张大小 4.9kB 的薛定谔照片，两张照片的总信息量是 81.92kbit，这与提到用了 80kbit 的密钥正好对上号，显然采用的加密算法就是异或操作。

　　有关量子视频会议，用到的密钥总长度 560kbit，持续 75 分钟的总视频数据达到 2GB，或者 16Gbit，这自然不可能采用 OneTime Pad 加密方式，因为想要获得 16Gbit 的共享密钥，靠"墨子号"的 QKD，哪怕在最理想的情况下，我们知道每天也只能协商出~300000bit 密钥，那么总共需要大约 53000 天的时间，大概 145 年，这还得是天天好天气，无风无雨无云无雾，真要等到地老天荒了。

　　好在量通还有经典对称加密算法，不需要遵循 OneTime Pad 的绝对安全加密原则。这次视频会议采用的加密算法是 128 位密钥的 AES（Advanced Encryption Standard），有趣的是，量通故意把 AES 算法名称翻译成高级加密标准，搞得听起来好像是量通特意为这个视频会议发明了一个什么高级量子加密算法似的，弄得连做信息安全的人都不知道这是个什么神秘的量子加密算法，我一开始也被这个莫名其奇妙的算法名称搞得一头雾水。不要辩解说量通团队不知道 AES 算法是业界约定俗成的专有算法名称，就像从来没有人管 DES 算法（Data Encryption Standard）叫数据加密标准，只是如果量通的新闻稿中明确说采用了 AES 算法，会让做 IT 的人顿失神秘感，大概会撇撇嘴内心嘀咕一声"就这？"。

　　量通特别善于采用陌生的名词或专有技术名词，制造阅读理解的门槛，让你不知不觉地以为自己的无知，而油然升起对量通的敬畏感。这次将 AES 算法故意翻译成汉语，用这种小话术，会让人将一个天天使用的加密算法理解成一个神秘的不可言说的高级加密算法，他们就是希望让你产生这个错觉，我怀疑量通团队里有心理大师坐镇。一个国家级科技团队还用玩这种语言歧义性的小把戏来糊弄公众，实在令人大失所望。

大概量通觉得没有做到 OneTime Pad 加密这个绝对安全的算法内心有些不安吧，所以每隔 1 秒刷新一次密钥，对应地说，每一个 128 位密钥通过 AES 算法重复使用大约 28000 次就更换下一个密钥。总共 560kbit 的密钥，大约可以切分成 4400 个密钥，1 秒更换一次密钥，正好是 73 分钟，与视频会议持续 75 分钟大致也能对上号。

由于"墨子号"在理想状态下每天最多只能获得 300kbit 密钥，想要获得 560kbit 的密钥至少需要 2 天的时间来准备。这可是纯粹靠天吃饭的 2 天，而且要知道，至少还有大半个地球"墨子号"都是白天飞临，那是啥 QKD 都做不了。为了准备这 75 分钟会议的密钥，北京和维也纳两地的量通团队干的活确实很辛苦。有这两天纯靠运气的时间，早就带着保存加密后密钥的 U 盘从北京到维也纳飞两个来回了。

以上就是有关洲际量子保密视频会议的技术分析，星地间的 QKD 安全性在前一节做了很概要性的讨论，AES 算法本就是现在互联网最常用的加密算法，是此次视频会议真正的采用的加密算法，它的安全性的确没有什么问题，只是这与量通一点关系都没有。至于 1 个密钥复用 28000 多次无疑会降低安全性的，但是具体降低的量级评估还无法做到，这属于经典加密算法的研究领域，与量通无关。单就这个洲际视频会议而言，并没有什么值得夸耀的地方，只不过把星地间 QKD 做了两次而已，这点毫无新意的内容确实写不出来什么好论文，只不过一来可以向科学院领导做汇报，再者可以拿出来在媒体上再来一番耀眼的宣传而已。

总结

　　"墨子号"属于科学实验卫星，或许需要以宽容的态度来对待，但是由于面向公众大量夸大其词的宣传，导致公众对它有非常不切实际的错误认知，因此也需要对"墨子号"进行祛魅化。

　　其实从"墨子号"发表在《科学》、《自然》的论文分析来看，这些论文与其说是论证了一些重要的科学原理或者科学技术问题，还不如说是有关"墨子号"的实验工作简报，里面没有什么任何理论价值与发现。由于空间的开放性，几乎每个技术数据的背后都有各种歧义性的解读，侧道效应层出不穷，杂乱噪声淹没实验数据，论文对这些缺少多视角多方位的完整分析，只是一味将实验统计结果朝着预设的方向做硬性解读，观点失衡，显得科学的品味并不高。譬如说贝尔不等式实验，就因为存在大量无法剔除的自然光子噪声，使得结论很可能与其声称的截然相反。讽刺的是，"墨子号"以惊人的噪声数据，用相同的理论推演，获得与阿斯派克特们相同的实验结论，间接质疑了 2022 年度诺贝尔物理奖的可靠性，这反而会在科学发展史上留下一个刻痕，单这个结论就足以让"墨子号"获得整个科学界的瞩目了，可惜的是，这个反证的结论量通是没有能力看到的，他们可怜地只能看到他们想看到的无关紧要的结论。

　　"墨子号"进行的贝尔不等式验证实验，用于产生纠缠光子对的方式是通过 PPKTP 的参数下转换机制，由于用来生成光子的入射光子偏振方向已知，出射的光子对偏振方向与入射光子偏振方向严格相关，产生的光子对不应该被看成处于叠加状态，只能认为具有相关性，不具有纠缠性的基础，用来做贝尔不等式验证实验并不合适。

　　量通在谈到星地间 QKD 的安全性保证的时候，会强调对于窃密者而言，光子的偏振方向是未知的，应用不可克隆原理能够避免窃密者测量并仿造相同偏振方向的光子。一般人很少能够意识到叠加态和未知偏振方向有啥不同，但那就是彻彻底底地不同。量通的 QKD 无法应用不可克隆原理来作为安全证明的理论基础，未知仅是对窃密者未知，对发送者是已知，此时的光子不处于叠加态，不适用于针对叠加态的不可克隆原理。

"墨子号"星地间 QKD 采用的激光脉冲形式的诱骗态，有关单光子形式的 BB84 协议安全证明不适用激光脉冲，潘建伟也多个场合强调多光子是不安全的。有关诱骗态安全性证明并不可靠，况且哪怕诱骗态自己目前给出的证明也提示了诱骗态无法兑现绝对安全的承诺，这也是为什么量通通常不愿意面向公众提起诱骗态的重要原因。

星地间的 QKD 在理想的天气环境下，每天也只能在夜间至多不超过 5 分钟做密钥分发工作，能够获取的密钥不过 300kbit，而且地球多半地区因为卫星飞临的时候处于白天，就完全无法进行 QKD。尽管这可以采用星座的方式解决，但是由于无法避免的物理侧道效应，比如大气的散射等，空间 QKD 事实上就是向卫星地面站临近的区域分发明文形式的密钥，安全性无从谈起。

总的说来，"墨子号"三大科学实验任务以发论文作为标志，应该说已经完成了它的使命，由于诸多原因，尽管在科学界"墨子号"并没有引起什么反响，但是面向中国公众的宣传效果已经达成，并一直作为量通团队引以为傲的成果。通过这篇有关"墨子号"的通俗解读，希望能够起到祛魅的作用，包括公众对于《科学》与《自然》杂志的神秘崇拜心结也需要破除。由于圈子效应导致的认知固化，同行评审往往起不到纠错的作用，尤其跨领域的学科更是如此，于是这类充满争议结论的文章就能通过评审登载在顶级的科学期刊上。这种提醒我们要善于用怀疑的眼光观察世界，用自己的头脑进行独立思考，而不要轻易相信那些专家们强加给我们的答案。

9 798218 117429